酒店餐饮服务与管理

蔡洪胜 主编

任翠瑜 王占伶 海 然 副主编

清华大学出版社

北 京

内 容 简 介

本书为配合国家创新创业与就业工程、加强高职实践实训教学而编写,主要内容包括初识餐饮管理、餐饮服务操作技能、餐饮对客服务技能、餐厅服务设计与管理、餐饮菜单设计与管理、饮品知识与服务技能、餐饮原料采购与库存管理、餐饮成本控制。本书采用项目式教学方式组织全书,侧重餐饮知识和对客服务与餐饮服务操作技能的培养,让学生在教中学,学中做,做到教、学、做一体化。

本书既可以作为旅游及餐饮相关专业的专业教材,也可以作为酒店管理人员的学习参考用书。

图书在版编目(CIP)数据

酒店餐饮服务与管理/蔡洪胜主编. —北京:清华大学出版社,2021.4(2023.8重印)
ISBN 978-7-302-56526-0

Ⅰ.①酒… Ⅱ.①蔡… Ⅲ.①饭店—商业服务—岗位培训—教材 ②饭店—商业管理—岗位培训—教材 Ⅳ.①F719.2

中国版本图书馆 CIP 数据核字(2020)第 182641 号

责任编辑:聂军来
封面设计:常雪影
责任校对:李 梅
责任印制:杨 艳

出版发行:清华大学出版社
　　　　网　　址:http://www.tup.com.cn,http://www.wqbook.com
　　　　地　　址:北京清华大学学研大厦 A 座　　　　邮　　编:100084
　　　　社 总 机:010-83470000　　　　　　　　　　邮　　购:010-62786544
　　　　投稿与读者服务:010-62776969,c-service@tup.tsinghua.edu.cn
　　　　质量反馈:010-62772015,zhiliang@tup.tsinghua.edu.cn
　　　　课件下载:http://www.tup.com.cn,010-83470410
印　装　者:三河市龙大印装有限公司
经　　销:全国新华书店
开　　本:185mm×260mm　　　印　张:13.75　　　字　　数:329 千字
版　　次:2021 年 4 月第 1 版　　　　　　印　　次:2023 年 8 月第 3 次印刷
定　　价:45.00 元

产品编号:086858-01

本书编委会

主　　审：熊久香　李　浩　王若军

主　　编：蔡洪胜

副主编：任翠瑜　王占伶　海　然

参　　编：王兴和　宋　博　张启伦　苑　鑫

　　　　　王光健　王占伶　杨　真　张京朋

我国经济的快速发展不仅促使旅游市场逐年扩大,而且也带动了酒店业务的繁荣。餐饮服务机构不只是游客就餐的地方,也在传承着悠久的中国历史和丰富多彩的民俗文化。餐饮机构既是现代社会交往的场所,也是开展各种商务活动的中心,餐饮服务机构每天都在迎接来自世界各地的客人,餐厅服务已成为我国对外开放的窗口。

为全面贯彻党的二十大精神,发挥中国服务标准在现代商贸服务业的引领性作用,促进国内外服务标准互联互通,本书为配合国家创新创业与就业工程、加强高职实践实训教学而编写。本书严格按照教育部关于高职高专教育教学改革“加强职业教育、突出实践能力培养”的要求,有力地配合了高职高专教育教学创新和教材建设。本书结合酒店餐饮实际工作岗位的具体要求,注重全面介绍餐饮基础知识,注重服务操作、实践技能与实战能力的系统化培训,且全书采用新颖、统一的版式设计,包括学习目标、技能要求、小贴士、项目小结、思考练习题和实践课堂等,能够帮助学生更好地掌握所学知识。

本书是针对餐饮服务员或即将成为餐饮服务员及餐饮爱好者编写的,具有定位明确、知识系统、内容丰富、案例鲜活、职业针对性强、应用性强、实用性强等特点。本书既适合作为各类旅游星级饭店、社会高档餐馆的餐饮一线服务人员岗前培训教材,也可作为职业教育旅游及酒店相关专业学生的必修教材,还可作为酒店从业人员的培训教材,同时可供饭店管理者参考使用。

本书由北京经济管理职业学院副教授、餐饮与休闲专业带头人、李浩国际餐饮艺术大师工作室联系人蔡洪胜主编并统稿。编写人员有蔡洪胜(项目一),北京诺金酒店王兴和(项目二),北京经济管理职业学院宋博(项目三),世界中餐业联合会海然(项目四),北京经济管理职业学院张启伦、苑鑫(项目五),太原旅游职业学院任翠瑜(项目六),首都经济贸易大学密云分校王占伶(项目七),青岛酒店管理职业技术学院王光健(项目八),北京市文化与旅游委员会职业鉴定中心杨真、北京友谊宾馆张京朋(附录),全书由中国第一届职业技能大赛餐饮服务(国赛精选项目)裁判长熊久香、李浩国际餐饮艺术大师工作室技术技能大师李浩、北京经济管理职业学院管理学院院长王若军主审。

在编写本书的过程中,我们走访听取了众多业内专家和学者的宝贵意见,并得到了中国旅游饭店协会、北京诺金酒店、长富宫饭店、北京前门建国饭店等旅游饭店与酒店业务经理的大力支持和协助,在此特向这些提供资料和案例的旅游酒店从业者表示衷心的感谢。由于编者水平有限,书中难免存在疏漏和不足,恳请各位专家、师生及广大社会读者给予批评指正。

作 者

2023 年 8 月

本书补充材料、更新　　　　　　　　　　　　　　附录

及勘误等教学资源

目 录

初识餐饮管理

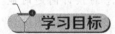

学习目标

1. 了解餐饮部的基本任务、组织机构、经营特点及管理职能；
2. 了解餐饮部在饭店中的地位及餐饮部与饭店其他各部门的联系；
3. 掌握餐饮产品的构成及特点、餐饮服务特点。

技能要求

1. 了解餐饮服务产品的特点和发展趋势；
2. 熟练掌握餐饮企业的组织机构，具备餐饮企业经营战略策划、设计布局及各相关业务部门日常运作管理能力，取得餐饮从业人员资格证书。

引导案例

冯先生邀请几位朋友来到上海某酒店的中餐厅，在一个包间内用餐，包间内共有两桌客人。进餐中，服务相当周到，冯先生等人感到非常满意。一会儿，旁边那桌客人开始退席了，只见服务员热情地帮他们拉开座椅，穿戴衣帽，并按他们的要求将客人送至休息室休息。

看到这种情景，冯先生与同桌的朋友小声交谈了几句后，便继续用餐。在服务员为他们斟倒酒水的时候，冯先生问服务员，为什么那一桌客人可以到休息室休息。服务员微笑着告诉他，那是客人预先订好的，如果冯先生等人需要，也可以进行安排。

用餐结束后，服务员为他们结清了餐费，但没有为他们拉开座椅，穿戴衣帽，只是站在包间门口礼貌地向大家点头示意，口中说道："请您走好，欢迎再次光临。"众人穿戴完毕后，便匆匆离去了。

走到餐厅门前时，站在这里的一位服务员微笑着对大家说，欢迎他们再次光临。

"我有一样东西忘在包间里，请你让负责那个包间的服务员帮我找一下送来。"冯先生眨着眼睛对她说。

门前的服务员连忙去问。不一会儿，包间的服务员和门前的服务员一同赶来，告诉冯先生没有看到任何东西。

冯先生笑着对包间的服务员说："其实,我只是想和你开个善意的玩笑。对于你们的服务,我们感到很满意,只是觉得你们对待客人态度上有点差别。我在餐桌台布的下面留下了具体的意见,请参考。"说完这些,冯先生等人嘻嘻哈哈地离开了餐厅。

回到包间,服务员掀开台布,果然发现有一张纸条,上面写着："服务员您好,您的服务总体是好的。但您告诉我休息室需要预订后,在餐后并没有主动询问我们是否需要。拉开座椅、帮助客人穿戴则不需要预订,对客人应一视同仁。"

【评析】

本例通过服务员在客人用餐结束后的一个小差错,说明了送客程序的重要性。确实,有些宾客在用餐完毕后并不需要服务员为其拉开座椅或穿戴衣帽,但作为送客中的礼貌服务程序来说,这是不可缺少的项目。服务员在送客服务中,应处处小心,时时谨慎,善于发现客人在礼节方面的需要。如果案例中的服务员在客人问她餐后到休息室休息的预订问题时能够引起重视,主动询问客人在餐后有没有这种需要,并在餐后主动为客人拉开座椅、帮助穿戴,就不会使宾客产生礼节待遇不同的感觉。

另外,在宾客离开餐桌前,应仔细检查有无遗忘物品;宾客离开后,在撤台和整理的过程中,也要尽快检查宾客的遗忘物品,如有发现,立即送回。

任务一 餐饮服务产品及其基本特点

一、餐饮产品概念与构成

(一) 餐饮产品概念

1. 餐饮的产生

为生活而吃饭—为吃饭而生活—产生服务行业。

2. 为什么学习餐饮

(1) 餐饮是组成饭店的必要部分,同时也是重要的利润中心之一。

(2) 以点映面:点——餐饮,面——酒店经营。

(3) 餐饮部的特殊性——四"最":职工最集中、业务环节最繁多、技术水平要求最高、牵涉的学科知识最广泛。

(4) 宾客对餐饮产品的需求。宾客对餐饮产品的需求是多方面的,归纳起来有两大类,一类是对餐饮实物本身的需求,以满足充饥、补充营养等生理需要,这类需求是宾客对餐饮产品的直接需求;另一类是对与餐饮实物有关的服务内容的需求,以满足宾客对安全感、支配控制感、信赖感、便利感、身份地位感、自我满足感等的需求,这类需求通常被称为对餐饮产品的间接需求。

宾客的直接需求可由餐饮实物及相应的设施设备给予满足,宾客的各类间接需求则应由相应的间接产品去满足。

① 直接产品包括餐饮实物、餐厅、酒吧及有关设备设施,如菜肴、酒水饮料等餐饮产品,

桌椅、餐具、空调等用品。

② 间接产品包括环境、气氛、服务态度、安全、便利等。

（二）餐饮服务产品的构成

餐饮服务产品是餐饮企业提供的满足宾客需要的物质商品和服务的总和。从宾客的角度来说，餐饮服务产品就是一次就餐经历。餐饮服务作为旅游饭店服务的必要组成部分，在旅游饭店的营销组合中有着越来越重要的地位，成为饭店生存与发展的基础。

餐饮服务产品既有旅游产品的共性，也有其自身的特点，这就决定了餐饮管理的独特性和复杂性。

二、餐饮服务产品的特点

（一）服务是餐饮服务产品的主体

在餐饮服务产品中，物质产品是不可缺少的，但更重要的是服务。宾客到餐厅消费，是为满足就餐的需要，不仅要消费物质产品，更要消费服务。

从产品销售的角度更能说明餐饮服务产品的这一特点。任何商品的销售或购买都伴随着服务的销售或购买，而任何服务的销售或购买也必定伴随着商品的销售或购买。根据服务与物质产品在整体产品销售过程中所占的地位、重要性的不同，可以把产品中服务与商品的情况分为两种类型。

（1）助销服务，借助服务以销售商品为主，如各类商品销售部门。

（2）助销产品，凭借物质商品以销售服务为主。物质商品起着促进某种服务、技术或技艺销售的作用。

按照这种分类方法，餐饮服务产品属于第二种情况，产品中的物质商品是助销产品，主体是服务。从根本上说，餐饮服务产品是一种服务产品。与普通社会商品相比，餐饮服务产品服务居于主体地位；与饭店整体产品相比，餐饮服务产品中的物质商品则要复杂和重要得多。

拓展阅读

上海某饭店的一个餐厅内来了两位中年宾客，他们身着高级西服，面色黝黑，说着不太标准的普通话，看上去像是少数民族客人。服务员安排他们入座后，开始请他们点菜。两位客人点了几个中低档的菜，并要了几瓶啤酒。酒、菜上桌后，他们风卷残云般地用起餐来。客人的胃口很好，不一会儿，酒、菜都吃得差不多了。服务员走上前想问他们还需要些什么。

一位客人问她还有什么好的酒和菜。服务员心想，刚才点菜的时候他们没有点名贵的酒菜，现在又想要好的，可能只是随口问问而已。因此，她不以为然地告诉他们："好酒、好菜有的是，就是价钱太贵了。"两人一听，脸上顿时显露出愠色，一位客人从随身带的皮包里拿出厚厚一叠100元人民币，在服务员面前一放，然后用生硬的普通话说："把你们这里最好的酒和菜拿上来，我们有的是钱。"

服务员见此情景不禁一愣，连忙赔笑说："先生，我不是这个意思，我是看你们吃得差不多了，以为你们吃好了。真是对不起，我马上去拿菜单，请您随意点菜。"说着忙劝他们把钱收起来,并把菜单取了过来。在她热心的介绍和推荐下,客人又点了一个高档菜、两杯高档的法国酒。服务员善意地劝告他们,先品尝一下酒和菜,觉得好再继续要。

在服务员耐心介绍和热情服务下,客人的不满终于消除了,一位客人向她点点头说:"如果你在我们第一次点菜时也这样服务,我们会更高兴。"

【思考题】

(1) 本案例说明了在餐饮服务中的什么问题?

(2) 服务人员如何进行正确的餐饮推销?

【评析】

在餐饮推销服务中,服务员要善于洞察宾客的消费需要和消费心理,不能只从直观的现象来分析宾客的消费能力,更不能说一些有伤客人自尊心的话。本例中的服务员只是从客人用餐标准一般、用餐快要结束等表面现象来判断宾客的要求,虽然是无意中说出"价格太贵"的话,结果还是得罪了客人。

此外,在餐饮推销服务中,要有强烈的推销意识和高超的服务技巧。本例中的服务员在客人刚开始点菜时没有积极推荐和介绍高档的酒、菜,失去了一次推销的机会。在客人想要高档酒和菜时,错误地认为他们在开玩笑,又失去了一次推销机会。应该懂得,只要餐饮活动还没有结束,就存在推销服务的机会,服务员在任何时候都不应放弃推销。

当然,服务员从客人的角度考虑,替他们节省费用是一件好事,但要对消费对象判断准确,并通过具有技巧的语言来加以试探。例如,善意地向宾客介绍菜肴和酒水的容量与价格,根据需求情况帮助他们选择,并一定要尊重客人的意见。

(二) 餐饮服务产品的无形性

虽然餐饮服务产品具有一定的实物形态,但由于服务是产品的主体,所以仍具有无形性的特点。餐饮服务产品没有具体的形态,最终销售的产品没有详细的数值标准,生产过程中无法据此进行生产控制,导致餐饮生产过程中产品质量控制困难。由于产品的无形性,消费者无法对产品进行检验和试用,只能根据服务人员的介绍对餐饮服务产品进行想象,给产品的销售带来了困难。

餐饮企业应尽量有效地向宾客展示服务项目和服务内容,说明这项服务能给宾客带来什么样的便利和利益,即宾客从中可以得到什么乐趣和享受,这比服务如何高级、食品如何丰盛更能吸引消费者。由于产品的无形性,宾客也会从餐厅的社会形象、声誉等因素来判断餐饮服务产品质量的好坏。

(三) 生产与销售的同一性和同时性

餐饮服务产品的生产过程和销售过程几乎是同时发生的,即当场生产当场销售,消费者与生产者直接接触,不经过其他中间环节。餐饮企业的产品只能等到消费者到来后才能进行生产和销售,而不能进行异地生产与销售。

这一特点对生产过程有很大的影响。餐饮服务产品的生产过程时间短,产品是现点、现做、现消费。因此,为了不让宾客过多地等待,生产过程必须控制在合理的时间范围,餐饮企业必须备有充足的原料和经验丰富的生产人员才能满足宾客的需要。

餐饮企业所销售的食品和菜式是宾客到来后,由宾客个别订菜生产出来的,属于个别订制生产,与工业品的大批量生产有很大的区别,很难达到质量的统一与稳定,也难以大幅度地提高生产效率。生产量的预测也比较困难,因为每一个营业日来多少宾客、消费多少食品很难预测,难以制订切合实际的生产计划。

(四)餐饮服务产品的不可贮存性

餐饮服务产品的一次性特点表现为餐饮服务不能被贮存以应付将来之需。虽然餐饮企业的仓库可以贮藏食品原料、饮料长达数月甚至一年以上,但厨房一般只能生产当天的食品(厨房生产的食品即使可以冷藏贮存,其品质也非常不稳定,质量会迅速降低),服务人员无所事事所浪费的时间也不能从第二天的工作中弥补回来。

餐饮企业无法在清闲时间进行生产贮存产品,而等到销售量增大时再把产品拿出来进行销售,实际上等于说,餐饮企业的生产能力是相对固定的,没有太大的潜力可挖。而宾客的需求量却在不停地发生变化,因而造成了企业应付需求量波动的困难。餐饮服务产品的一次性特点要求企业管理者必须采取必要措施来适应市场变化,尽量避免需求量变化给企业带来的压力和损失。

(五)餐饮服务产品的复杂性

餐饮服务是饭店各种服务活动中涉及学科知识、专业技艺比较多的一种业务活动。餐饮服务产品的构成中既有食品饮料等物质产品,也有无形的服务,比饭店中的其他产品要复杂得多。餐饮企业的生产与服务人员必须通晓烹饪技术,掌握与食品饮料及其服务有关的其他学科的知识,如心理学、物理、化学、营养学等。

餐厅的布置、色调气氛、灯光、音响等因素对宾客进餐时的情绪的影响要用到心理学知识;厨房中许多机械的工作原理,只有具备相当的物理学知识才能真正理解并合理运用;餐饮企业中化学原理的应用则更为广泛,如烹调过程中,食物性质及颜色、形状的改变,要有较好的化学知识才能理解、掌握,并以此指导实际操作;食品卫生和营养学知识也是极其重要的,如微生物知识、常见食物中毒的防治、各种营养素对人体的作用、人体对营养素的需要量等。

任务二 餐饮服务在饭店中的地位及作用

旅游饭店的产品构成中,餐饮服务是极为重要和关键的一环。在住宿和餐饮两项服务中,由于餐饮服务成本高、利润低、管理难度大,因此旅游饭店历来比较重视客房服务的经营管理,而餐饮服务多处于次要位置。

随着社会经济的发展,旅游者对饮食的要求越来越高,促使旅游饭店的餐饮服务水平不断提高。而且,饭店间的竞争也日趋激烈,越来越多的饭店都利用自身在餐饮方面的特点来吸引宾客。竞争促进了餐饮业务的发展,也提高了餐饮服务在饭店中地位。

一、饭店服务的必要组成部分

饮食是人维持生命的第一需要,饭店作为旅游者旅行过程中的生活场所,无论如何不能缺少餐饮服务。从我国古代的驿站,到后来的迎宾馆、民间旅店、城市客店,住宿和饮食就是必不可少的服务项目。国外的饭店也是如此,英国早期的习惯法规定,旅馆必须承担为住店旅客提供住宿、饮食和安全的义务。

由此可见,餐饮服务对于饭店来说不是可有可无的,而是应尽的义务。后来,美国有关饭店经营的法律也规定,饭店必须为宾客提供食物和住宿。由于饮食是旅行者必需的生理需求,有需求就会有供给。古今中外的饭店,无论有无法律规定,餐饮服务都是一项重要的经营业务。

现代旅游饭店已发展成一种综合性的服务设施,这种情形还有加强的趋势。根据我国旅游饭店星级评定标准的规定,档次越高的饭店,服务项目要求越多,这反映了旅游管理部门对于饭店业的理解和要求,实际上这也是旅游者的要求和饭店业发展的需要。

作为旅游者居住的综合性服务设施,没有餐饮服务对于饭店是一个重大问题。尤其在目前情况下,我国相当一部分的住店宾客要在所住饭店的餐厅就餐,如果没有完善的与宾客消费水平相适应的餐饮服务部门,既影响宾客的旅游生活,也影响到饭店的经营与生存。所以说,餐饮服务是饭店服务的必要组成部分,餐饮部是饭店中不可缺少的业务部门。甚至可以说,没有餐饮服务的饭店算不上真正的旅游饭店。

 拓展阅读

一天晚上,北京某四星级饭店的对外餐厅正在营业,餐厅内气氛热烈,餐厅外还有等待用餐的宾客。突然门外下起了大雨,餐厅外等餐的宾客顿时都涌进了休息室。几位用完餐的客人被大雨阻在门前,无法出去。过了一会儿,餐厅经理见雨仍停不下来,便让服务员去为要走的客人联系出租车,但门外的出租车很少,只有几位客人坐车走了,门前仍有人在等车。

餐厅内的一对法国老年夫妇也在餐厅门前等候。服务员小安见他们手中没拿雨具,神情也比较焦急,便走上前询问。原来,客人在旅游中和儿子走散后碰巧到这里吃饭,现在又迷了路,小安得知后急忙帮他们联系出租车,但客人却说不清楚住在哪家饭店,手中也没带所住饭店的地址和电话号码。

小安忙找到一张北京的英文地图让他们找,他们还是说不清楚,只是记得住在城东的一家五星级饭店。小安又问他们所住的房间号,他们说是昨天晚上刚到,房间号也记不起来了。小安请他们先到休息室等候,为他们拿来热茶和手巾,记录了他们的姓名后便去打电话询问。经过一番电话询问,小安终于查出客人住在××饭店。当小安把这个信息告诉客人时,他们非常高兴,但一定要小安陪他们回去,怕出租车司机弄错。小安请示过餐厅经理后,亲自为客人叫了出租车,并拿了雨伞送他们上车。

当车赶到××饭店时,两位老人的儿子正在大厅里焦急地等待,他见小安将老人安全送到饭店,非常激动,忙用英语表示感谢。老人也激动地说:"你们饭店餐厅的服务太好了,送客一直送到了家,我们还要到你们那里去用餐。"说完,就拿出钱酬谢小安。小安微笑地对他们说:"热情地迎送客人是我们应该做的,中国人是最讲礼貌的,而真诚礼貌地待客是无价的。"他谢绝了客人的酬谢后就离开了。

【评析】

送客服务除了注重礼貌礼节之外,还应保持一种真诚和友好的超值服务意识。本例中,服务员小安在雨天能够将迷路的外宾送到所住的饭店,就是这种意识的具体表现。如果只是简单地按规定的送客程序服务,不考虑宾客具体的个性要求,超过服务程序范围就推诿或敷衍,就谈不上超值服务。因此,服务员在送客服务的程序化中,应结合宾客的个性要求和客观环境的变化,不断完善程序中所没有的内容,使送客服务的形式更加生动和实用,让宾客感到更多的真情和温暖。

二、饭店营业收入的主要来源

餐饮服务理应为饭店带来经济利益。一般来说,餐饮作为饭店主要的业务活动,餐饮部门的收入在饭店各部门中仅次于客房。我国旅游饭店餐饮部门的营业收入约占饭店收入的1/3;在欧美国家,餐饮收入占饭店总收入的35%左右。

受诸多主客观条件的影响,如饭店的位置、装潢、设施设备、饭店管理者的经营思想、经营传统、厨师力量等,不同饭店餐饮部门的收入在饭店总收入中所占的比例会有比较大的差异。餐饮经营较好的饭店,收入甚至可以超过客房的收入而居第一位。有一些类型的饭店由于受特殊条件的影响,餐饮收入的比例也比较高。例如,美国的汽车旅馆业,其餐饮收入可占到总收入的近一半。

餐饮收入的高低也受客源结构的影响。旅游团队多时,饭店餐饮收入较高;而散客比例上升时,餐饮收入多呈下降态势。这是因为团队宾客的餐饮消费可由旅行社安排在饭店内,是比较容易控制的因素;而散客可以自由地选择就餐场所,饭店无法控制他们的行为,只能用优质服务和有特色的食品来吸引宾客。

三、饭店服务水平的客观标志和因素

相对于客房服务来说,餐饮服务有灵活性、多变性和复杂性的特点。餐饮服务的水平客观地反映了饭店的服务水平,直接影响饭店的声誉和竞争力。

餐饮服务水平由两部分内容构成,一是食品菜肴的生产水平,即厨房的烹调技术;二是餐厅服务水平。餐厅服务水平既包括服务人员的服务态度和服务技术水平,也包括餐厅的装饰布局、风格情调、音响、色彩、餐具等的质量和水平。

餐饮服务水平取决于饭店经营管理水平,又能通过上述因素直观地反映饭店的整体服务水平。宾客可以根据饭店餐饮服务水平来判断客房服务水平,从而选择服务水平高,自己感到满意的饭店。

卓越的餐饮经营必然会对饭店产品的销售产生良好的影响。世界各地因餐饮服务水平出色而获得成功并经久不衰的饭店很多,如里兹饭店公司、美国的马里奥特饭店公司都是饭店业界久负盛名的以注重餐饮服务而著称的饭店公司。也有的饭店因有出色的餐厅设施和服务而声誉鹊起,如美国华尔道夫饭店的屋顶星光餐厅、世纪广场饭店的餐厅,都以其精美的餐饮服务产品和独到的服务而闻名于世。

当然,因餐饮服务设施和服务不良而致饭店经营失败的例子也比比皆是。例如,建于20世纪20年代的美国纽约的某饭店因餐饮设施的局限和餐饮经营的失败,已改成了办公大楼。如果一家高级饭店,拥有豪华的客房,却配以蹩脚的餐厅和低劣的服务必然无法获得成功。难怪有人说,如果饭店不拥有一流的餐厅,便会沦落为"破落的小客栈"。

此外,餐饮部又是平衡饭店经营中季节性差异的部门。旅游饭店经营中的季节性变化比较大,在旅游者集中的季节,饭店往往超负荷运转;而在旅游淡季,饭店则相对比较冷清,设施设备的能力不能充分发挥出来,但是可以通过做好餐饮服务来提高淡季的营业水平。

因餐饮服务的对象与客房不同,既有外地旅游者,也有当地居民,故饭店餐饮部门可以借助有效的促销活动,如文艺表演、娱乐活动或节假日的价格折扣等来吸引更多的当地宾客,增加餐饮收入,平衡饭店经营的季节性差异,提高饭店设施设备的利用率和服务人员的劳动效率。

四、创立饭店品牌的重要依据

随着旅游管理的规范化,我国和世界上大多数国家实行了饭店分级管理制度,对饭店的建筑、装潢、设施设备水平、服务项目等都做了明确的规范。同一等级的饭店,要按管理部门的统一规定进行建设、装修和运营。饭店产品中,客房一般很难做出特点,很少有人评价某个饭店的客房有什么特点。在诸多因素中,只有餐饮服务具有充分的灵活性来体现企业的个性。一般饭店都是靠餐饮打出名气,创出饭店的品牌,树立企业的独特形象。

中国饮食文化内容和形式丰富多彩,各地都有不同的特色和传统。饭店餐饮部门可以充分挖掘中国饮食文化的内涵,利用不同地方的饮食传统与特色,创立有本企业特色的餐饮服务产品与服务。这样既可以弘扬祖国传统文化,又能树立企业形象,提高企业知名度和竞争力。

拓展阅读

一个雨天的晚上,庄小姐和男友到北京某饭店的西餐厅用餐。进餐前,她没有将雨伞挂在休息室,而是在进入餐厅后随手把伞靠在了座椅旁,又将手提包挂在了椅子的后面。用餐期间两人交谈得很热烈,没有注意到旁边有人已经盯上了她的手提包。

这天,餐厅用餐的人很多,服务员也非常忙碌。庄小姐和男友用完餐后,由男友付过账,就匆匆离去了,完全忘记了带走雨伞和手提包。出了饭店门口,雨已经停了,他们开着车离开了饭店。十几分钟后,庄小姐突然发现雨伞和手提包不见了,手提包内有2万多元现金、手机、身份证等物品,这下可急坏了她。想了一会儿,她记起是忘在了饭店,便急忙与男友开车返回寻找。

赶到餐厅时,他们发现刚才的座位已经有人在用餐,雨伞和手提包已经不见了。庄小姐神情焦急地询问为他们服务的服务员,有没有看到她的手提包和雨伞。服务员说,在翻台的时候没有看到。当服务员得知庄小姐丢失了重要物品后,急忙将餐厅经理找来解决此事。

为了不影响其他宾客,经理将他们请到了休息室,又联系保安部、当事的服务员和在丢失物品的餐位上用餐的客人等人,共同回忆和调查,初步认定,庄小姐用餐时,服务员确实看到了她背后挂的手提包,但在翻台时没有看到,以为是他们已经带走了。在他们离开的同时,有两个东北口音的男人也提着包离开了。认定这些基本情况后,饭店马上协助庄小姐报了案。庄小姐离开饭店时,苦笑着对男友说:"看来以后要找一家不会丢钱的地方吃饭了。"

【评析】

本例提示我们,送客和翻台服务时应注意观察客人所携带的物品,确保宾客的财物安全。宾客到饭店来消费,首先关心的是安全,如果他们在就餐过程中出现了人身和财物方面的问题,饭店当然负有一定责任。为了得到宾客的信任,保证消费者的财物安全,服务员应仔细观察和记住宾客带入餐厅的物品,在宾客离开前提醒他们拿走,同时也要注意附近餐桌宾客用餐的情况。保护宾客的利益,是服务员义不容辞的责任。

另外,客人起身离开时,应马上翻台检查,如发现客人遗留的物品应马上追上客人送还。餐厅门前与客人道别的服务员,应再次观察客人的物品情况,发现客人遗忘东西应提醒他们取回。

宾客在餐厅丢失和遗忘物品的事情时有发生,服务员在工作中应仔细观察和用心记忆。遇到此类问题时,管理者应尽快查验监控录像,保护客人权益的同时也为今后营销打好基础。

任务三 餐饮服务组织

一、餐饮企业的类别

一般称餐饮企业为餐厅或餐馆,指为宾客提供家外就餐服务的商业性企业。国外对餐厅的解释为:在一定的场所,公开地为一般大众提供食物、饮料及就餐所需的设施或场所。一般来说,餐饮企业必须具备以下三个基本条件。

(1) 必须要有接待宾客所需的空间、设施。

(2) 能够为宾客提供食品饮料以及相应的服务。

(3) 以赢利为目的,即餐饮服务组织的企业性。

世界上餐饮企业种类繁多,千姿百态。按照企业的不同特点、不同的分类方法,可以将它们分为不同的类别。

(一)按照企业组织形式分类

按照企业组织形式,餐饮企业可以分为独立的社会餐馆和饭店的餐饮部门。

一般来说,餐馆是独立经营、自负盈亏的独立的企业法人;而饭店的餐饮部门则以餐饮部、餐厅的形式出现,是饭店整体服务的组成部分,餐饮部门不是独立的企业。但是,由于餐饮部门的业务与经营方式和饭店其他部门的服务相比有明显的差异,近来饭店的餐饮部门独立经营渐成风尚,如以承包或租赁的形式经营饭店的餐饮部门。

(二)按照企业的服务对象分类

按照企业的服务对象和我国有关政策规定,我国的餐饮企业可以分为餐馆、旅游涉外定点餐馆、旅游饭店餐饮部门三种类型。

(三)按产品或服务的特点分类

按产品或服务的特点,餐饮企业可分为正规式餐厅、风味特色餐厅、自助餐厅、连锁快餐厅等。

（四）按餐厅的档次分类

按照餐厅的档次，餐饮企业可以分为低档餐厅、中档餐厅、高档餐厅。

二、饭店餐饮经营的限制性因素

（一）综合性经营的困惑

一般来说，饭店是综合性服务设施，饮食服务只是其中之一。按照中国旅游饭店星级管理制度的规定，档次越高的饭店，服务项目应该越全面，这也是符合国际惯例的。综合性服务可以比较好地满足顾客住宿、饮食、商务、健身、娱乐、会议等各种各样的需求，体现了饭店企业的特点。但是，各种不同性质的服务组合在一起，相互之间的关系如何处理、各种业务如何更好地协调发展就成为难以解决的问题。其中，餐饮服务比较典型，面临着企业综合性经营与专业化发展的两难选择。

餐饮服务与饭店企业的其他服务项目相比，生产过程复杂，管理难度大，环境要求高，投入也相对较大。但由于饭店企业的综合性特点，不可能将过多的资源集中于餐饮服务，餐饮经营也就不可能有太大的发展。而且，作为企业经营活动的组成内容，餐饮服务必须符合企业的整体要求，这在一定程度上会限制餐饮服务的专业化发展空间。

（二）缺乏必要的灵活性

在企业整体环境的限制下，餐饮经营缺乏必要的弹性，对市场变化的适应性比较差。尤其是当市场变化需要企业进行比较大的变革时，饭店则无法应对。例如，由于消费者对知情权日益看重，餐饮生产与服务的信息透明以及可预见性在许多企业成为市场竞争的重要手段。但是，饭店企业因为需要保持整体环境的协调与优雅，无法满足餐饮经营在食品原料展示、厨房生产加工过程公开等方面的要求，不利于提高餐饮服务的吸引力。

（三）难以进行特色经营

特色是餐饮服务的吸引力所在。但餐饮经营的特色并不是单由某一方面的特殊因素所形成，而是系统组织的结果，需要企业的经营决策、采购、生产、服务组织等各方面的协调与配合。饭店企业的餐饮部门并不是独立的企业，对各部门的协调难度可想而知。而且，特色经营有较强的市场针对性，有时这种特色可能会与饭店企业的目标市场发生矛盾，当然不能因部门特色危害企业的整体利益。因此，饭店餐饮服务难以有突出的特色。

饭店的餐饮部门与独立的餐饮企业在业务流程上并无大的差别，主要是由于企业组织形态的差异导致经营状况的差异。正是饭店组织形态的特点，使得饭店餐饮服务面临上述限制性因素的影响。

三、饭店餐饮经营的优势与机会

（一）具有较强的企业综合实力与经营的稳定性

综合性饭店投资多，规模大，其综合实力是一般社会餐馆所难以比拟的。综合性饭店一般还具有较长的生命周期,能够在较长的时间周期内保持经营稳定,有着丰富的经营经验。这对于饭店的餐饮服务无疑是强有力的支持,使餐饮经营的抗风险能力大大提高,有利于餐饮服务的长远发展。

（二）可以利用饭店的综合性吸引力

饭店有齐全的设备设施和丰富的服务项目,有着不同需求的顾客都会前来消费,不同的服务项目之间可能产生互补作用。虽然饭店的综合性对餐饮服务的专业化发展有一定的不利影响,但事实上,饭店餐饮消费者相当部分要依赖企业的综合性吸引力。

（三）人力资源方面的优势

从整个饭店及餐饮业的情况看,从业人员综合素质普遍不高,尤其是受教育程度大多较低,严重制约行业发展。但相对来说,饭店业的情况要好一些,因为饭店在工作条件、待遇、发展前景等方面的吸引力远远好于一般社会餐馆,可以在一定程度上吸引到比较优秀的员工,使饭店的餐饮经营具备较好的人力资源基础。

（四）饮食观念的变迁带来前所未有的机会

由于科技发展,人们对于饮食与健康的关系有了更为科学的认识,饮食必须安全、卫生、营养合理的观念逐步深入人心。社会普遍要求从食品原料、烹饪制作到饮食服务,都必须符合卫生要求,防止不良因素对人的健康产生影响。饮食活动的安全、卫生与健康将成为不容忽视的最基本的条件,即饮食消费的科学化。

另外,在对外开放的过程中,对外来饮食文化的吸纳也是饮食文化变化的重要内容。饮食文化在上述几方面的变革,将对餐饮服务提出更高的要求。由于饭店餐饮部门在设备设施条件、人员素质、企业实力等方面具有比较明显的优势,更能适应现代餐饮消费的要求,因此有相对较好的发展机遇。

小贴士

我国主要客源国的饮食习惯

日本人不喜欢吃肉、猪内脏和羊肉,每个餐桌上都喜欢放一些甜酸萝卜丝或新鲜腌白菜、扬州酱菜等;中国菜中喜欢吃广东菜、北京菜、淮扬菜和不很辣的川菜;喜欢绍兴酒和乌龙茶;爱吃鱼,但要去刺,还喜欢吃生鱼片;每逢喜事爱吃红豆饭。

日本人的饮食习惯和我国有许多相似之处。他们早上爱喝稀饭,午饭、晚饭吃米饭,也使用筷子。日本人也有过端午节吃粽子的习惯,但要配上一盘豆沙而非包在粽子里。在中秋节,日本人则吃团子,但不包馅心,团子煮熟后放在盘子里,在上面加一层豆沙。

美国人以西餐为主,但也喜欢中餐。美国人的口味一般喜欢清淡、鲜嫩、爽口、微辣、少酸、咸中带甜;喜欢吃对虾、牛肉、鸡肉、羊肉、猪肉等;也喜欢新鲜蔬菜,如青豆、菜心、豆角、蘑菇等。他们不喜欢吃动物的内脏、豆腐、海参之类的食品;吃肉不愿啃骨头,吃鱼最好不带刺,喜欢吃广东菜和微辣的川菜;特别喜欢蛋糕,圣诞节时梅子布丁和火鸡是不可缺少的菜点;他们喜欢白兰地、威士忌和咖啡、冰水。

英国人主要吃西餐,但也喜欢中餐,午、晚餐喜吃中国菜。英国人的菜肴中带汤水的菜较多,颇喜欢烧、烤、煎、炸牛肉,对羊肉和野味也很感兴趣,但讲究调味品如芥菜粉、酱油等的运用,喜欢吃牛肉、鱼虾、鸡鸭、野味、绿叶蔬菜、蘑菇、竹笋等。不爱吃动物内脏、海参和松花蛋等,他们重视大盆菜,喜爱肉馅和各式布丁,三餐中最讲究晚餐,喜欢威士忌、啤酒、矿泉水和菜。

泰国人的主食是大米,副食主要是鱼和蔬菜。泰国人喜欢吃辛辣的菜肴,对辣椒非常感兴趣。他们喜欢吃的民族风味是咖喱饭,咖喱饭是用大米、肉或鱼片、青菜调入辣酱油做成。泰国人喜食鱼虾、盐水虾、炒鸡等,不吃牛肉;泰国人喜欢把鱼露作为调味品,不喜欢酱油。饭后有吃水果的习惯,喜欢中国菜中的广东菜和四川菜,喜欢啤酒、橘子水、矿泉水等。

法国人喜欢的口味是鲜嫩、味咸、甜、酸。早、午餐较简单,比较重视晚餐。他们喜欢鲜嫩的牛肉、鸡鸭和海鲜;他们也爱吃鲜嫩的蔬菜,对竹笋、蘑菇特别喜欢;喜欢吃糖醋鱼、咕咾肉、香酥鸡鸭等中国菜;爱吃各类水果,特别是香蕉、橘子和西瓜等;喜欢中国的淮扬菜;喜欢白兰地、威士忌、葡萄酒、啤酒和矿泉水。法国是奶酪之国。

任务四　餐饮管理组织结构设置

一、餐饮管理的概念

餐饮管理是对企业的厨房生产、产品销售、餐厅服务等进行的各项组织管理活动的总称,是组织企业的人员、设施设备,利用食品原材料向宾客提供餐饮服务产品的整个过程,是完整的产、供、销过程。客源组织、产品生产、餐厅服务是餐饮管理的三大环节。

这里所说的餐饮管理主要是指旅游饭店的餐饮管理。饭店的餐饮部在管理体制、管理制度、经营思想等方面必须接受饭店的领导,要符合饭店的情况。

二、餐饮管理的任务与管理职能

(一)管理任务

(1)按照饭店选定的目标,通过市场调查选择目标市场,进行餐饮产品的市场定位,研究销售策略,扩大市场占有率。

(2)加强食品原料的采购、贮存和发放的管理,建立有效的成本管理制度,在保证餐饮生产需要的前提下,降低原材料成本。

(3)加强食品生产过程的管理与控制,发挥生产人员的积极性和创造性,确保产品质量。

(4)做好餐厅的服务组织,制定餐饮服务标准、标准服务程序和服务操作规范,提高服务质量,更好地满足宾客的各种需要。

(5)科学合理地组织客源,即及时根据宾客需求的变化情况组织产品生产,吸引更多的客源。

(6) 加强成本核算和成本控制,降低劳动消耗,提高企业的经济效益。

(二)管理职能

饭店餐厅是饭店的业务部门,是饭店管理机构总系统中的一个子系统。在企业管理的层次中,餐饮管理属于具体的和基层的管理。

餐饮决策是餐厅管理人员根据饭店的要求,在掌握大量信息的基础上,对餐饮经营管理的重大问题做出决定。例如,餐厅的类型、规模、档次的决策,菜单的选择,餐厅经营管理目标的确定等。

饭店餐饮的任何决策目标都要通过预算、指标、工作、标准操作规程等一级级下达,并逐级制订计划保证目标实现。例如,饭店重新规定了食品成本率,那么餐饮管理的各层次都要制订相应的计划,餐饮部经理可能要做出计划,在销售政策方面有所调整;厨师长须制订计划调整菜单,调整高成本菜式和低成本菜式之间的比例,从价格上控制食品成本;餐厅经理也要做出计划,增加高利润菜式的销售比例,以提高利润降低成本,完成成本率指标。

餐饮组织是指分派任务,并规定谁应该对这些任务负责。组织工作还要求餐厅经理明确各项任务之间的关系,即确定工作岗位和各岗位之间的相互关系,并且要为各岗位配置合格的工作人员。

指挥是使整个系统运转起来。当然,餐饮指挥不仅是发号施令,而且要建立有效的指挥制度和系统,运用有效的办法,调动员工的积极性。

协调是一种重要的管理职能,包括纵向协调和横向协调。餐饮部因业务分工可分为采购、验收、贮藏、发放、服务等不同环节,只有对各环节的工作进行有效的协调,整个餐饮部的工作才能顺利地运转。

控制是把餐厅各部门、各环节的活动约束在计划要求的轨道上,包括对人、物、活动的控制,如采购数量控制、服务质量控制、销售控制、成本控制等。

三、饭店餐饮部概述

(一)概念

饭店餐饮部是一个职能部门,是饭店生产和销售饮食产品、为宾客提供相应服务的部门。

(二)餐饮部在饭店中的地位

(1) 餐饮部是饭店满足客人基本生活需求的主要服务部门。从最基本的观点出发,食、住、行是人们外出旅行或旅游的必要条件,其中住和食尤为重要。饭店、餐馆应旅游的产生而产生,随旅游的发展而发展。

(2) 餐饮部是饭店获得经济收益的重要部门之一。餐饮部的收入在饭店总收入中所占的比例因地、因饭店状况而异,受到饭店本身主、客观条件的影响。就目前国内而言,餐饮部的营业收入约占饭店营业收入的1/3。

（3）餐饮部是饭店在市场营销中的重要组成部分。在日趋激烈的饭店市场竞争中，餐饮部占有极其重要的地拉，一直充当饭店营销的先锋。相对于饭店的其他营业部门来说，餐饮部在竞争中更具有灵活性、多变性和可塑性。

（4）餐饮部是平衡饭店经营中季节性差异的重要手段之一。旅游饭店在经营中往往带有一定的季节性特点，旅游旺季，饭店超负荷运转；而在淡季，设施设备、人员等闲置较多。餐饮的季节性变化没有这样明显。

（三）餐饮部的任务

饭店餐饮部主要承担着向国内外宾客提供优质菜肴、饮料、点心和优质服务的重任，并通过满足用餐者的各种需求，为饭店创造更多的营业收入。

餐饮经营包含进存环节、生产环节、销售服务环节三大环节，即供、产、销过程。所以，餐饮部的任务可以分为以下五个方面。

（1）加强食品、酒水原料的采购、储藏、发放管理，保证生产活动的需要。

（2）提供能满足客人需要的优质餐饮产品。

（3）提供恰到好处的优良服务。餐厅是销售餐饮产品的场所，产品销售的关键是要为客人提供优质的服务，优质的服务必须是恰到好处的服务，必须及时根据客人的需求来提供服务。及时服务是要掌握好服务的时间，如客人到达后何时点菜。同时，要根据不同的服务对象，提供针对性的服务，还要洞察客人的心理，提供恰到好处的服务。

（4）广泛组织客源，扩大产品销售，增加营业收入，提高创利水平。增加餐饮收入与餐饮利润是饭店餐饮部的主要目标，餐饮部应依据饭店所在地的市场变化情况以及饭店本身的状况，设定经营范围、服务项目和产品品种。

（5）为饭店树立高品质形象服务。餐饮部与客人的接触面广、量大，且又是直接接触，面对面服务时间长，从而给宾客留下的印象最深，并直接影响客人对整个饭店的评价。

（四）餐饮部的经营特点

1. 餐饮生产的特点

餐饮生产的特点可以分为以下六个方面。

（1）餐饮生产属于个别订制生产。餐厅销售的菜肴是客人进入餐厅后，由客人单独订菜，然后将其制成产品。

（2）生产过程时间短。

（3）生产量难以预测。

（4）餐饮产品易变质、腐烂。食品原料一般易腐烂变质，不易保存。

（5）餐饮产品的口味难以有统一标准。

（6）生产过程业务环节多，管理难度大。餐饮部的生产包括原料采购、验收、贮存、发放、生产、销售和服务等环节，业务环节多，管理难度也较大，任何一个环节出现差错都会影响产品质量，提高成本，降低餐厅的收益。

2. 餐饮销售的特点

餐饮销售的特点包括以下三个方面。

（1）销售量受餐饮活动场所的限制。

（2）销售量受就餐时间的限制。客人一日三餐是有一定的时间性的。

（3）销售以现金为主，毛利率高，资金周转快。餐饮的毛利率一般都在 50％ 以上。其产品都是现生产现销售，原材料不易长期保存，有的原料，如蔬菜、面包、牛奶、鲜活鱼虾等需要当天进货，所以原料周转较快，资金周转也较快。

什么是毛利率？

毛利率是反映盈利能力的主要指标，用以衡量成本控制及销售价格的变化。

按生产成本的性质将成本分解为变动成本和固定资产成本后，毛利率的计算公式为：

$$毛利率 = \frac{售价 - 变动成本 - 固定成本}{售价}$$

在固定制造费用比例较大时，如果生产数量较多，则产品的单位固定成本变小，在其他条件不变的情况下，导致单位生产成本变小，毛利率提高，反之则会使毛利率下降。

（4）餐饮部门固定成本高，投资比例较大。餐饮业生产需要大量的硬件，如各种厨房设备、各种贮存设备，所需劳动力成本高，日常开支大。

四、餐饮管理组织结构设置

餐饮服务产品的生产过程，无论饭店规模的大小，基本由食品原料的采供保管、厨房加工烹调、餐厅酒吧服务三个主要部分组成，有的大中型饭店的餐饮部还设有管事部。餐饮部门的内部结构因各饭店规模的大小和餐饮部门本身职能的不同而形式各异。不过，目前我国旅游饭店餐饮部门一般都以上述三部分为基础设置内部机构。在内部岗位设置上采用垂直领导、横向协调的方针，使餐饮部门成为一个有机的整体。

饭店的餐厅和酒吧是餐饮服务的前台部门。随着饭店业的发展，餐厅酒吧的种类越来越多，而且饭店规模越大，档次越高，餐厅酒吧数量就越多。无论餐厅多少、规模大小，大多采用四级管理制，即经理、主管、领班、服务员。酒吧通常设酒吧经理或主管。

厨房是餐饮部的生产部门，为餐厅服务，与餐厅配套。一般的旅游饭店都有多个厨房，除了主厨房之外，各餐厅通常还有配套的专用厨房。饭店厨房的业务由厨师长负责，下设各类主厨、厨师领班和厨师及其他生产人员。

在现代酒店中，通常采购部门是财务部门的下属部门，因为这样会更有利于成本的控制。而在餐饮企业中，采购部门通常是一个独立的部门。原料采购、保管机构的设置各饭店差异较大。由于原料的采购、验收、贮存、发放对餐饮服务产品的质量、成本有很大的影响，因此在管理的组织结构上必须有所保证。一般小型饭店可由厨师长兼管采供，中型饭店多在餐饮部内设立专门采供部，大型饭店则通常与餐饮部同级的采供部负责全饭店的物资原料的采购工作。

由于饭店规模大小不一，其餐饮部组织机构的设置千差万别，大、中、小型饭店餐饮部组织机构设置如图 1-1～图 1-3 所示。

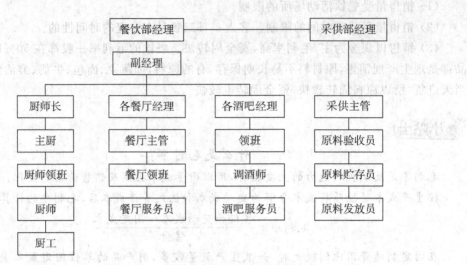

图 1-1 大型饭店餐饮组织机构设置

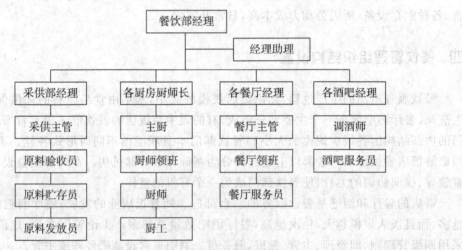

图 1-2 中型饭店餐饮组织机构设置

图 1-3 小型饭店餐饮组织机构设置

五、餐饮部主要岗位的岗位职责

餐饮部的主要岗位包括餐饮总监、餐饮总监助理(餐饮经理)、行政总厨、餐饮部文员、中西餐厅经理、中西餐厅领班、中西餐厅迎宾员、中西餐厅服务员、中西餐厅传菜员、中西餐厅划菜员、中西餐厅酒水员、宴会厅经理、宴会厅领班、餐务预订员、宴会服务员、大堂吧领班、大堂吧服务员、大堂吧调酒员、中餐厨师长、中餐热菜领班、炉台厨师、打荷厨师、中式点心厨师、中餐冷菜厨师、管事组领班等。

(一)餐饮总监

在驻店经理的领导下,餐饮总监全面负责酒店餐饮的一切经营管理,了解餐饮市场的现状及发展趋势,了解对客的服务状况以及餐饮产品的创新情况,改进服务及操作程序,确保产品质量标准和卫生要求,合理控制成本及毛利率,提高宾客满意度,增加经济效益。

1. 工作职责

(1)编写计划与报告。

(2)制订酒店餐饮部年度、月度经营管理计划,并确保相关人员都能对此有充分的了解。

(3)定期将餐饮部的年度、月度工作计划按要求递交酒店管理公司餐饮总监,并遵从管理公司餐饮总监的协调。

(4)定期向酒店管理公司餐饮总监递交指定的酒店有关餐饮的各种报告。

(5)审阅餐厅经理和行政总厨递交的工作计划和工作报告。

2. 政策、标准与流程

(1)按照管理公司组织结构设置标准,制定餐饮部所有员工的工作说明书。经酒店人力资源部的协调和酒店总经理的批准后执行。

(2)确保酒店管理公司制定的餐饮制度及产品标准的贯彻执行。

(3)更新改良服务流程设计、管理系统,精简运作程序,并递交管理公司餐饮总监核准实施。

3. 绩效评估

(1)监察餐厅、厨房有关服务,以及产品、设施等的一切运作。

(2)制定和评估餐厅经理、行政总厨的年度绩效考核。审批基层管理人员的年度绩效考核与检查的标准与方法。

4. 人力资源

(1)提名餐厅经理和行政总厨的任免,递交驻店经理批准。

(2)核准除餐厅经理和行政总厨外所有餐饮部管理人员的任免,并递交酒店人力资源部留档。

(3)遵照集团的人力资源政策和计划,落实执行餐饮部的培训计划与人力资源开发计划。

(4)根据人均效率及实际需要制定餐饮部各岗位人员的分配指引,递交驻店经理核准的同时递交管理公司餐饮总监做横向统计分析参考。

(5) 与员工保持良好的沟通,及时掌握员工的思想状态。

5. 经营管理

(1) 了解市场信息及竞争对手状况,做好市场定位,及时协同驻店经理及总经理做出决策。

(2) 参加酒店会议,主持部门会议,落实酒店会议相关内容,了解部门工作情况,布置部门工作。

(3) 督导加强防火防盗安全工作和食品卫生工作,控制食品和饮品的标准、规格要求,保证产品质量。

(4) 策划餐饮部各项重要活动,如食品节、节假日活动等。

(5) 了解餐饮市场发展状况,掌握酒店的菜肴状况,制订适合目前酒店市场的菜肴创新计划,并督导行政总厨落实执行。

(6) 督导管理人员做好服务的创新,保证较高的服务水准。

(7) 每日巡视餐厅、厨房及后台各区域,掌握服务及管理动态。

(8) 每日阅读经营日报表,了解部门及各区域经营情况,掌握经营趋势,发现问题及时做出调整。

(9) 拜访酒店餐饮的重要客户,与酒店宾客保持良好的沟通,掌握宾客的消费心理。

(10) 对整个就餐环境及设施设备进行整体协调部署。

(11) 控制原料成本,减少浪费,制定合理的定价策略,以便有效控制毛利率。

(二) 餐饮总监助理

餐饮总监助理协助餐饮总监负责餐饮服务运转与管理,负责完善和提高各营业点的服务工作,确保向宾客提供优良服务和优质产品。餐饮总监助理的岗位职责如下。

(1) 协助餐饮总监督导各餐厅、酒吧的日常工作,保证高质量的服务水准。

(2) 编制餐饮部各种服务规范和工作程序,参与制定各餐厅、酒吧的工作计划、经营预算,并督促和检查员工认真贯彻执行。

(3) 协助制作并监督实施餐饮部各项培训计划。

(4) 负责对下属进行考核、评估。

(5) 协助餐饮总监制订和实施各项餐饮部推销计划。

(6) 与餐饮总监、行政总厨共同定期分析营业成本,采取有效措施,加强成本控制。

(7) 参加部门例会,提出工作建议,并落实餐饮总监布置的相关工作,把结果向餐饮总监反馈。当餐饮总监不在时,代餐饮总监行使职责。

(8) 做好各餐厅、酒吧的内部协调工作及与其他相关部门的沟通合作,尤其是协调好前台服务与厨房生产的关系,确保工作效率,减少不必要的差错。

(9) 开餐时,巡视各营业点运转情况,负责督导、检查各餐厅服务质量,广泛征集客人意见和建议,并组织落实。

(10) 负责检查员工仪表仪容和执行规章制度的情况。

(11) 督导下属对所辖范围的设施设备进行维护保养。

（三）行政总厨

在餐饮总监领导下，行政总厨全面负责厨房组织和运转的指挥、管理工作，拟定各厨房人员数量，提出各厨房管理人选，组织制订厨房管理制度、工作程序，督导下属贯彻实施。通过设计和生产富有特色的菜点产品吸引客人，并进行食品成本控制。行政总厨的岗位职责如下。

（1）根据餐饮部的经营目标和下达的生产任务，负责中西餐市场开发及发展计划的制订。

（2）会同餐厅经理，根据各餐厅预算和档次，研究确定零点、宴会、团队等餐饮毛利率标准，控制成本核算，报餐饮总监审批后，督导各厨房实施。

（3）负责菜单的制定，根据市场需求变化，督导各厨房管理人员及时调整与更换菜单，并审核各厨房管理人员制订的菜单，使之与餐厅市场定位相适应。

（4）负责签发原料申购单、领货单，督导各厨房每日做好鲜货原料的质量把关，发现问题，及时纠正。

（5）检查厨房物料损耗和使用情况，分析成本，做好成本及费用控制工作。

（6）每天检查各厨房的工作，督导员工按规范操作，发现问题，及时提出改进措施。

（7）协助餐饮总监做好重要接待活动（如宴会、重要宾客接待和食品节、美食节）的策划、组织和落实工作，必要时亲自烹制主要产品，保证产品质量，提高饭店声誉。

（8）及时了解客人反馈意见，掌握厨房菜点质量和销售情况。根据客人反馈和市场变化，经常性推出特色菜，积极创造品牌菜。

（9）组织厨师长进行定期的业务研讨和对外交流活动，拟订培训计划，定期开展厨师技术培训，做好下属的考核、评估工作。

（四）餐饮部文员

餐饮部文员的岗位职责如下。

（1）熟练掌握并执行酒店的制度和操作规范。

（2）在餐饮总监（经理）的领导下，负责餐饮部文书工作，协助餐饮总监处理有关信函以及公文的收发、管理工作；做好月度、年度计划、总结的文字整理及打印工作，负责建立、整理餐饮部文件档案。

（3）制定本部门的各种报表、表格，并对各种报表分类保存，定期装订、存档。

（4）参加部门例会，做好会议记录。

（5）做好各种文件、报表的英文翻译工作，并负责收集和购买资料。

（6）负责餐饮部人员的考勤，员工奖金和工资、补贴及员工劳保福利用品的核算发放工作。

（7）做好餐饮部办公室各种办公用品的领用和保管、记录，做好办公费用的控制工作，并做好办公室的卫生工作。

（8）做好办公室日常接待，接听电话，接待来访，做好记录，妥善处理，准确传达上级的指示。

（五）中西餐厅经理

1. 职责概述

中西餐厅经理具体负责中餐厅、西餐厅和咖啡厅、酒吧及房内用膳等的日常运转和管理工作，保证以舒适的就餐环境、良好的服务来吸引客源，通过向客人提供有程序、高标准的服务来获取最佳效益。

2. 具体职责

（1）在餐饮总监助理的领导下，负责中餐厅的日常经营管理工作。

（2）制订中餐厅年度、月度经营管理计划，领导餐厅员工积极完成各项接待任务和经营指标，努力提高餐厅销售收入；分析和报告餐厅年度、月度经营管理情况。

（3）参加餐饮总监（经理）主持的工作例会，提出合理化建议。全面掌握中餐厅情况和重要接待活动，主持召开中餐厅有关会议。

（4）巡视中餐厅的营业和服务情况，检查领班的工作和餐厅的服务质量，抓好餐厅设施设备的保养和卫生、安全工作。

（5）控制餐厅低值易耗品成本，抓好成本核算、节能控制，加强物品原材料的管理，降低费用，增加盈利。

（6）了解厨房的工作程序和相关知识。

（7）发展良好的客户关系，亲自督导或参与重要接待活动，积极征求宾客意见和建议，处理客人投诉。监督建立并完善客户接待档案。

（8）与厨师长保持密切联系和合作，提出有关食品销售建议，及时将客人需求反馈给厨师长，为食品原料的采购和厨房出菜提供依据。

（9）做好中餐厅领班的排班工作，监督餐厅领班制定排班表，带头执行酒店各项规章制度。

（10）负责与相关部门的工作协调，处理各类突发事件。

（11）审核中餐厅的营业收入，做好结账控制工作，杜绝发生舞弊行为。

（12）负责对下属的考勤、绩效考核和评估，组织开展餐厅培训活动，掌握员工的思想状况、工作表现和业务水平，做好餐厅人才开发和培养工作。

（六）中餐厅领班

中餐厅领班的岗位职责如下。

（1）在餐厅经理领导下，贯彻饭店经营方针和各项规章制度，负责所在班组的日常管理和接待工作。

（2）根据所在餐厅的年、月度工作计划，带领员工积极完成各项接待任务和经营指标，努力提高餐厅的销售收入，汇报每日经营接待情况。

（3）参加部门例会，提出合理化建议，了解每日接待、预订情况并召开班前例会。

（4）组织带领员工完成每日接待工作，及时检查物品及设施的节能状况、清洁卫生、服务质量，使之达到所要求的规范和标准，并保证高效、安全、可靠。

（5）全面掌握本区域内客人用餐状况，及时征询宾客意见、建议，解决出现的问题，处理客人投诉。

（6）合理安排员工的排班，保证各环节的衔接，使接待工作顺利完成。

（7）每日填写工作日志，做好餐厅销售服务统计和客史档案的建立工作。

（8）定期对本班组员工进行考勤和绩效评估，组织、实施相关的培训活动，及时掌握员工的思想状况、工作表现和业务水平，做好餐厅人才开发和培养工作。

（七）中西餐厅迎宾员

中西餐饮迎宾员的岗位职责如下。

（1）服从领班安排，按照工作程序与标准做好引位工作。

（2）全面掌握预订信息，在开餐期间接受和安排客人预订，登记并通知服务人员。

（3）主动热情地迎送客人，适时向客人介绍餐厅或酒店设施，回答客人询问，保持良好的服务形象。

（4）及时准确地为就餐客人选择并引领至客人满意的餐位，安排客人就餐并递上菜单、酒水单。处理好没有餐位时的宾客关系。

（5）负责保管菜单和酒水单，发现破损及时更换，使之保持良好状态。

（6）适时征询宾客的意见、建议，记录客人的相关信息，做好客史档案的信息收集工作，及时与服务人员沟通，提高宾客满意度。

（7）调换并保管餐厅布草，保证其正常使用量，及时向领班报告不足和损耗情况。

（8）当班结束后，与下一班做好交接工作。营业结束，做好所管辖区域卫生，做好收尾工作。

（八）中西餐厅服务员

中西餐厅服务员的岗位职责如下。

（1）服从领班安排，与传菜员密切合作，按照工作程序与标准为宾客提供高效、优质的点菜、上菜、酒水、结账等环节的餐饮服务，保持良好的服务形象。

（2）认真做好餐前检查工作，并按标准摆台，准备开餐的各类用品和用具。负责区域设施、设备的清洁保养工作，保证提供优雅、清洁、安全的就餐环境。

（3）熟悉菜单和酒水单，向宾客进行积极且有技巧的推销，按规格填好客人的点菜单和酒水单。

（4）及时征询宾客意见和建议，尽量帮助客人解决就餐过程中的各类问题，必要时将客人意见填写在质量信息卡上并反映给领班。

（5）做好区域餐具、布草、杂项的补充替换工作。

（6）当班结束后，与下一班做好交接工作，检查环境设施，做好收尾工作，杜绝能耗浪费。

（九）中西餐厅传菜员

中西餐厅传菜员的岗位职责如下。

（1）服从领班的安排，按照工作程序与标准做好传菜工作并提供必要的送餐服务。

（2）做好开餐前毛巾等物品的准备工作，协助服务员布置餐厅和餐桌、摆台及补充各种物品。

（3）负责将值台服务员开出的并经过餐厅收银员盖章的饭菜单传送到厨房，做好厨房和餐厅内的沟通工作。

（4）熟悉菜单，根据订单和划菜员的布置，将菜准确传递到餐厅内相应台位，向服务员报出菜名。

（5）及时检查所传递的菜食质量及分量，对于不符合质量标准的菜点及时送回厨房处理。用餐结束后，关闭热水器、毛巾箱电源，将剩余的饭菜送回厨房，收回托盘，做好管辖区域的卫生，做好收尾工作，与下一班做好交接工作。

（十）中西餐厅划菜员

中西餐厅划菜员的岗位职责如下。

（1）服从领班安排，按照工作程序与标准做好划菜工作。

（2）熟悉菜点知识，了解当天的餐务预订情况，及时与厨房联系，及时掌握当天缺菜和时菜，并与服务人员沟通。

（3）开餐前准备好各类厨房必备的调料和佐料，补充餐厅用酱醋，并准备和保管好各类餐厅要用的垫盘及公勺、汤勺、饭勺等用品及所用的点心。

（4）根据服务员开具的点菜落单，及时与厨房联系，按客人就餐情况安排传菜员按顺序准确无误地出菜至相应台位。

（5）严格控制餐厅出菜的质量，发现问题及时与厨房协调解决。

（6）用餐结束后，整理好划菜台，并做好所管辖区域的卫生，做好收尾工作。

（7）保管好划菜单，并于第二日及时上交财务部。统计相关菜肴的销售情况，并将数据信息及时传递给领班。

（十一）中西餐厅酒水员

中西餐厅酒水员的岗位职责如下。

（1）服从领班分配，按工作程序和标准为餐厅服务人员提供宾客所点的酒水饮料。

（2）负责酒水、饮料的领用和保管工作，每日开餐前领足当天要用的酒水、饮料并在每天营业结束后进行清点和整理。

（3）熟悉各种酒水名称和特性，对提供的酒品进行初步的质量把关。

（4）每天开餐结束后，负责填写酒水销售盘点日报表，做到报表和酒水库存数量相等，销售数和账台所收金额相等。

（5）定期检查酒水、饮料的保质期，如快到期要及时通知领班，以便及时处理。

（6）负责所属区域的卫生工作。

（十二）宴会厅经理

1. 职责概述

在餐饮总监助理的领导下，宴会厅经理具体负责宴会部的日常运转和管理工作，保证以舒适的就餐环境、优质的食品和良好的服务来吸引客源，通过向客人提供优质的服务，树立良好的形象，提高效益。

2. 具体职责

（1）制订宴会部的市场推销计划,确保经营预算和目标的实现。

（2）制订宴会部的各项规章制度并督导实施。

（3）负责大型宴会的洽谈、设计、组织与安排工作,并参与大型活动的接待工作。

（4）负责与相关部门的工作协调,处理各种突发事件。

（5）与厨师长保持良好的合作关系,及时将客人对菜肴的建议和意见转告厨房。

（6）每日检查本区域卫生及设施设备状况,保证接待工作的正常运行。

（7）控制宴会厅的经营情况,在宴会期间,负责对整个宴会厅的督导、巡查工作。

（8）督导员工正确使用宴会厅的各项设备和用品,做好清洁保养,控制餐具损耗。

（9）出席餐饮总监(经理)主持的工作例会,提出合理化建议,主持宴会厅内部会议,分析宴会业务情况,积极开展各种宴会促销活动。

（10）负责对下属的考勤、绩效考核和评估,组织开展培训活动。

（11）审核宴会厅的营业收入,做好结账控制工作,杜绝发生舞弊行为。

（十三）宴会厅领班

宴会厅领班的岗位职责如下。

（1）负责所管宴会厅的日常管理和接待工作。

（2）参加部门例会,了解每日餐厅预订情况并召开班前例会,布置班组每日具体工作。

（3）掌握本区域内客人用餐状况及服务质量状况,及时征询宾客意见、建议,解决出现的问题,处理客人投诉。

（4）每日检查本区域卫生及设施设备状况,保证接待工作的正常运行。

（5）协助餐厅经理做好宴会厅的布置方案,并督导员工落实执行。

（6）调动员工积极性,做好充分准备,高效率、高质量地完成各项接待及服务工作。

（7）制订培训计划,对员工进行培训、考核、评估及技能指导。

（8）合理编排员工班次,保证各环节的衔接及工作的顺利进行。

（9）做好宾客客史档案的收集、建立和完善工作。

（十四）餐务预订员

餐务预订员的岗位职责如下。

（1）服从宴会厅经理安排,按照工作程序与标准做好餐务预订工作。

（2）全面掌握饭店接待情况和餐厅的餐位及其预订情况,控制好餐位的利用率,避免超额预订,实现餐厅利益最大化。

（3）接受和安排客人餐前预订,适时向客人介绍餐厅或酒店设施,回答客人询问,始终保持良好的服务形象。

（4）及时、细致地做好预订情况的登记工作并及时通知各餐厅引领员或领班,每天向宴会厅经理汇报预订情况。

（5）记录客人的相关信息,做好客史档案的信息收集工作,及时与服务人员沟通,提高宾客满意度。

（6）当班结束后,与下一班做好交接工作。营业结束,做好所管辖区域卫生,做好收尾工作。

（十五）宴会服务员

宴会服务员的岗位职责如下。

（1）负责宴会厅的清洁卫生工作，以满足宾客对就餐环境的需求。

（2）负责宴会的开餐准备工作，按规格布置餐厅和餐台及补充各种物品。

（3）礼貌待客，按程序为宾客提供就餐服务。

（4）熟悉各种服务方式，密切注视客人的各种需求，尽量使客人满意。

（5）按程序结账并负责宴会结束后的清洁整理工作。

（十六）炉台厨师

炉台厨师的岗位职责如下。

（1）熟练掌握并执行酒店的制度和操作规范。

（2）负责零点、宴会、团队会议等各类菜点的烹制、出品工作。严格按照菜品主料、配料、调配和操作规程烹制，保证菜点质量。

（3）了解客情，做好开餐前的各项准备工作。

（4）对需要提前加工的菜点，认真做好上粉、腌渍、煎炸、穿酿、挂排、上浆、滚、煨等半成品加工，然后按烹制要求上灶制作。

（5）对客人有特殊要求的食品，采用特殊方法烹制，保证客人需求。

（6）根据厨师长和领班安排，烹制厨房提供的特式茶点和食品节、美食节等美食菜点，积极进行产品创新。

（7）按菜单先后顺序及技术要求烹制各种食品，保证出品质量和出菜时间。

（8）做好开餐前炊具、厨具、用具及调味品等的准备工作和灶头卫生。工作完毕，清洗灶头、生产工具和做好包干区卫生，保证烹制工作的顺利开展，对需修理的设备提出建议。

（9）下班前认真检查，关闭水、电、气等阀门，保证厨房的安全。

（十七）打荷厨师

打荷厨师的岗位职责如下。

（1）熟练掌握并执行酒店制定的各项制度和操作规范。

（2）根据营业情况备齐各类器皿、用品，做好各种调味料、小料的准备工作，并做到加工精细，符合标准，品种齐全。

（3）准确掌握客流量及宾客进餐情况，及时调整出菜速度。

（4）协助灶台人员调理上菜次序，原料的初、热加工，出菜前摆好造型和原料拍粉，菜点盛器等。

（5）根据菜单要求并按上菜顺序上菜，做到不积压、不错乱、不疏漏。

（6）严把菜品质量关。对大型宴会、团队、会议等各类菜点的留样，存放冰箱，并注明日期、单位，确保菜品质量，做到有据可查。

（7）根据宴会的要求、档次和菜品的特点，合理、精心点缀，力求高雅脱俗。

（8）工作中的物品要摆放整齐，便于使用，经常查看，防霉、防变。工作完毕后合理存放各种调料、小料，防止交叉污染。

（9）烹调后需加工的食品要用专用砧板，生熟分开，注意食品卫生。

（10）下班前检查设备及食品的存放，确保安全。

（11）做好包干区域的卫生工作。

（十八）中式点心厨师

中式点心厨师的岗位职责如下。

（1）在中餐面点领班的领导下，负责中式面点及风味小吃的制作。

（2）熟悉各类点心配料比例，各类原料特性、贮藏方法，并熟知点心设备的使用。根据操作规程和火候保证出品色好、味鲜，质地恰当。

（3）不断钻研新技术，根据餐厅信息和客人的意见反馈进行面点产品的创新。

（4）每日上班整理厨房卫生，准备面案及灶头所需工具，检查烤炉、烤箱、微波炉等设备，做好各项准备工作。

（5）按领班安排的生产任务及面点花色品种，领取面粉、调料和馅料等原料，并做好和面、发面、拌料、醒面、制馅、面点食品造型等各项加工。

（6）合理使用和节约原材料，即妥善收藏剩余的原料，生、熟馅料和售剩的点心。

（7）每日工作结束，整理灶头、案板和各种生产工具，严格执行食品卫生法规，把好食品卫生质量关。检查水、电、气、油等设备开关，保持厨房整洁、卫生和安全。

（十九）中餐冷菜厨师

中餐冷菜厨师的岗位职责如下。

（1）在中餐冷菜领班的领导下，负责冷菜、水果盘和各种果汁的制作。

（2）贯彻食品卫生制度，严把菜食质量和卫生关，对冷菜的质量和卫生负责。

（3）接收零点和宴会订单，严格按规格切配装盘，准确向餐厅发放。

（4）根据餐厅的信息和客人的反馈，积极进行菜品创新，不断调整菜品的变化，提高顾客满意度。

（5）妥善保管好原材料，严格按有关卫生法规及饭店制度冷藏、保鲜和存放食物，做好开餐后收尾工作。

（6）随时保持个人工作岗位及包干区的卫生整洁，并做好冷菜间的消毒工作。

（7）定期检查、整理冰箱，保证存放食品的质量。

（8）正确维护并使用器械设备，并保持完好清洁。

（二十）管事组领班

管事组领班的岗位职责如下。

（1）在行政总厨的领导下，全面负责餐饮原料的初步加工供应，以及餐具、盛器和其他物料的保管工作。

（2）检查厨房、洗碗间的清洁卫生是否达到标准，督导员工做好责任区域的卫生。

（3）督导属下按照规范清洗各种器皿和保管各类物资，做好洗碗间的餐具破损率和消毒液、电灯、物料消耗的控制工作。

(4) 定期盘点,报告损坏、短缺器皿的情况,做好记录。及时申领所需的清洁用品。

(5) 督导保管员做好贵重餐具的保养工作,研究并使用科学有效的方法进行保养。

(6) 检查粗加工的出品质量,在确保符合厨房使用标准的基础上提高净料率。

(7) 督导水产养护员妥善看护各类河鲜、海鲜,提高存活率。

(8) 定期参加部门例会及厨房例会,提出合理化建议。召开班组例会,负责本班组员工的排班和考勤工作,制订并落实相关培训计划。

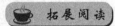拓展阅读

酒后代驾

据统计,近年来,我国因司机酒后驾车而引发的交通事故每年都有数万起,在驾驶员死亡档案中,有 59% 与酒后驾车有关。近来,一种新的服务项目——酒后代驾在若干大城市产生,并呈现规模化发展趋向。

在餐饮企业中,酒水的销售量一直在全部营业额中占据着较大比例。据相关统计,一般酒店的酒水收入可占全部营业额的 30% 以上。从这个意义上说,酒水虽不是餐饮企业自产,但仍然是餐饮企业的主力产品之一,解决好饮酒的后续问题,是餐饮企业做好销售行为的必备措施。同时,私家车量的强劲增长、对酒后驾车行为的执法力度不断加强,都使酒后代驾业务有了乐观的发展前景。

【讨论】

(1) 酒后代驾对餐饮企业提出什么样的要求?

(2) 酒后代驾表明了什么样的餐饮业的发展趋势?

(3) 客人消费后,酒店可以在哪些方面提供细节化的服务?

项目小结

餐饮服务作为饭店服务产品的一个必要的组成部分,在饭店经营管理中有着重要的地位和作用。本项目主要介绍了餐饮管理的基本知识,包括餐饮服务产品的基本概念、特点及在旅游饭店中的地位和作用,餐饮企业的分类,饭店餐馆经营过程中的限制性因素与优势机会,以及餐馆管理的基本任务、管理职能和组织机构的设置。

思考练习题

(1) 如何理解餐饮产品的内容与特点?

(2) 餐饮服务在旅游饭店经营中的作用有哪些?

(3) 如何看待餐饮服务的涉外定点制度?

(4) 试比较不同类型餐饮服务组织机构的异同。

(5) 与一般餐馆相比,旅游饭店餐饮经营的优势与限制因素有哪些?

供餐和餐间服务

某天晚上,北京一家五星级宾馆的中餐厅正在接待外宾旅游团和会议团。孙先生是某公司负责接待外宾会议团的翻译,他把外宾安排好后就和同事一起到旁边的工作餐厅用餐。

这一天,外宾团队订的都是"北京烤鸭"的餐宴,翻译、导游和司机等也享受和外宾同等的用餐标准。孙先生入座后,服务员端上了茶水和凉菜,但等候良久仍不见其他的菜上桌。他忍不住去催问,服务员告诉他,今天太忙,请他再等一下,马上上菜。孙先生又等了半天,仍不见上菜,此时别的客人点的菜已经上的差不多了。孙先生和同事又去催问了两次,但仍然没有给他们这桌上菜。外宾用完餐,孙先生直接带他们上车。此时,服务员追到车门前请孙先生签单结账。

孙先生没好气地说:"我根本没吃上饭,结什么账?"

"先生,实在对不起。今天的确太忙了,把您那桌给疏忽了。要不然给您打包带走,但是请您先把账结了。"服务员着急地说。

"我们虽然是服务人员,但到你们饭店都是客人,待遇也应该是平等的。你们给外宾和其他桌都上了菜,就是不给我们上菜,催了几次还不行,搞得我们现在都没吃上饭。"孙先生气愤地说。在服务人员诚恳的道歉声中,孙先生还是和服务员一同回到餐厅结清了餐费。

【思考题】

供餐和餐间服务的基本要求是什么?从本案例中可以了解到该餐厅在管理方面、服务人员在供餐服务方面的哪些不足之处?

【评析】

(1) 程序简介:供餐和餐间服务是点菜点酒服务的继续,也是餐饮服务中时间最长、环节最复杂的服务过程。

(2) 基本要求:供餐和餐间服务是服务员接触客人时间最长的服务阶段,具有时限性、复杂性、规范性和灵活性等特征,它要求服务员在服务中要规范化和标准化,正确地处理好每一个服务环节。因为服务员的一个动作、一个表情、一句话,都会给整个服务过程带来影响,关系到服务的整体效果。

实践课堂

实训项目一:仪表、姿态

班 级		学 号		姓 名	
实训项目	仪表、姿态		实训时间		2学时
实训目的	通过对餐厅服务基本素质基础知识的讲解和仪表、姿态的训练,使学生了解餐厅服务基本素质,掌握餐厅服务仪表、姿态要求,具备餐饮服务的基本素质				

续表

实训方法	设计模拟场景,老师先示范,然后学生实作,老师再指导。学生之间相互点评		
课前布置任务	基础知识:仪表、姿态		准备工作:服装、化淡妆、椅子

实训内容

1. 仪表
(1) 基本素质要求。
①端庄大方,体态均匀。②精神饱满,充满活力。③着装整洁,符合要求。
(2) 模拟情景:仪表准备。
2. 姿态
(1) 基本素质要求。
①站姿优美,挺拔如松。②坐姿端庄,大大方方。③行姿稳重,让人信赖。
(2) 标准站姿、坐姿、行姿训练。

要点提示	(1) 仪表基本素质要求。 (2) 仪态基本素质要求

能力测试

考核项目	操作要求	配分	得分
仪表	表情精神、自然	5	
	头发、指甲符合要求	5	
	淡妆、不戴首饰、不留胡子	10	
	工作服整洁	5	
	脸带笑容	5	
站姿	身体重心在两前脚掌	5	
	身体要端正,挺胸、收腹、面带微笑	5	
	两眼平视前方,手臂姿势正确	5	
	手脚不可随便摆动	5	
	女服务员站立时,双腿和膝盖并拢,脚尖呈现 V 字形;男服务员站立时,双手背身后,双脚同肩宽	5	
坐姿	入座时,要保持身体平衡,先出右脚,左脚要紧跟;坐下时要轻,让客人感觉很优雅	5	
	坐下时,只需要坐满椅子的 1/2～2/3	5	
	坐下后身体要挺拔,挺胸抬头,目光平视,不可跷脚乱动	5	
	身体正对着前方或者顾客,双手自然放在扶手或者腿上	5	
	女服务员双腿并拢,男服务员的腿间距可保持一拳头的宽度	5	

能力测试

考核项目	操作要求	配分	得分
行姿	行走时挺胸、收腹、抬头,身体重心落于两脚掌	5	
	手臂自然下垂,膝盖伸直,面带微笑	10	
	步幅不能过大,男服务员在 40cm 左右,女服务员在 30cm 左右	5	
合　　计		100	

实训项目二：餐位预订服务

班　级		学　号		姓　名	
实训项目	餐位预订服务		实训时间		1.5学时
实训目的	通过对餐位预订服务基础知识的讲解和餐位预订服务操作技能的训练,使学生了解中式零点餐预订的方式和内容,掌握预订的服务程序与标准,具备熟练准确地为客人提供预订服务的能力				
实训方法	设计模拟场景,老师先示范,然后学生实作,老师再指导。学生之间相互点评				
课前布置任务	基础知识:预订的方式、预订内容		准备工作:检查仪表、工作区域和工作用品		

实训内容
1. 当面预订服务的受理 (1)服务程序与标准。 ①问候客人。②了解需求。③接受预订。④预订通知。⑤预订记录。 (2)模拟情景:当面预订服务的受理。 2. 电话预订服务的受理 (1)服务程序与标准。 ①问候客人。②了解需求。③接受预订。④预订通知。⑤预订记录。 (2)模拟情景:电话预订服务的受理。

要点提示	(1)预订是一种承诺,应强调时间的重要性。 (2)预订的变更。 (3)预订人员既要精通业务,又要具备良好的服务意识和道德修养。 (4)预订的记录准确。

能 力 测 试				
考核项目	操 作 要 求		配分	得分
当面预订	问候客人		10	
	了解需求		10	
	接受预订		10	
	预订通知		10	
	预订记录		10	
电话预订	问候客人		10	
	了解需求		10	
	接受预订		10	
	预订通知		10	
	预订记录		10	
合　　计			100	

项目二

餐饮服务操作技能

学习目标

1. 了解托盘的相关知识,掌握托盘的基本操作方法;
2. 了解餐巾折花的基本手法和技巧,学会折出造型优美的常见花形;
3. 熟悉迎宾准备的工作程序,掌握中西餐摆台的基本方法。

技能要求

1. 掌握托盘、餐巾折花及中西餐摆台的基本操作技能;
2. 能按照客人的不同要求及餐厅的实际情况进行中、西餐宴会摆台服务;
3. 能够按照服务程序及标准进行餐前迎宾准备工作。

引导案例

一位翻译带领四位德国客人走进了某星级饭店的中餐厅。入座后,服务员开始让他们点菜。客人要了一些菜,还要了啤酒、矿泉水等饮料。突然,一位客人发出诧异的声音。原来他的啤酒杯有一道裂缝,啤酒顺着裂缝流到了桌子上。翻译急忙让服务员更换酒杯。另一位客人用手指着眼前的小碟子让服务员看,原来小碟子上有一个缺口。翻译赶忙检查了一遍桌上的餐具,发现碗、碟、瓷勺、啤酒杯等物均有不同程度的损坏,上面都有裂痕、缺口和瑕疵。

翻译站起身把服务员叫到一旁说:"这里的餐具怎么都有瑕疵? 这可会影响外宾的情绪啊!"

"这批餐具早就该换了,最近太忙还没来得及更换。您看其他桌上的餐具也有瑕疵。"服务员红着脸解释着。

"这可不是理由! 难道这么大的饭店连几套像样的餐具都找不出来吗?"翻译有点火了。"您别着急,我马上给您换新的餐具。"服务员急忙改口。翻译和外宾交谈后又对服务员说道:"请你最好给我们换个地方,我的客人对这里的环境不太满意。"

经与餐厅经理商洽,最后将这几位客人安排在小宴会厅用餐,餐具也使用质量好的,并根据客人的要求摆上了刀叉。望着桌上精美的餐具,喝着可口的啤酒,这几位宾客终于露出了笑容。

(资料来源:http://www.wenku.baidu.com,2011-04-18,[2020-05-12].)

【思考题】

餐前准备中应该重视哪些问题?

任务一 托 盘

托盘服务是每一位餐厅服务员必须掌握的一项基本功,在餐厅服务中,无论摆、换、撤餐具和酒具,还是走菜、酒水等服务活动,都需要使用托盘,这不仅体现出餐厅服务的规范化,也显示出服务人员文明操作的标准化。

一、托盘的种类

托盘是餐厅运送物品的基本工具。根据服务方式和内容的不同,我们会选择不同种类、形状、规格的托盘。常见的托盘分类有以下几种。

(一)按材质分类

托盘按材质可分为塑料托盘和金属托盘,如镀银托盘(图2-1)、铝制托盘(图2-2)、不锈钢托盘(图2-3)等。之前还有木质托盘,但现在已经很少使用。

图 2-1 镀银托盘

图 2-2 铝制托盘

图 2-3 不锈钢托盘

1. 塑料托盘

塑料托盘是目前餐厅中使用最为广泛的托盘,它与金属托盘相比主要具有以下特点。

(1) 质地较轻,使用时不费力。

(2) 材质和表面经过防滑处理,使用起来更方便。

(3) 传热性能差,有利于服务人员的操作。

(4) 碰撞时不会发出尖锐的声音。

(5) 方便清洁保养。

2. 金属托盘

金属托盘光亮醒目,但缺点较多,如使用时易发出金属碰撞的声音;托盘表面比较光滑,使用前要做好防滑处理。另外,金属托盘要做好定期保养(尤其是镀银托盘)。

(二)按形状分类

1. 圆形托盘

圆形托盘是餐厅中最常见的托盘(也可见到椭圆形托盘)。一般的服务都可以用圆形托盘来完成。

2. 长方形托盘

长方形托盘适合一次运送较多的菜肴、酒水、器皿。

3. 异型托盘

异型托盘主要用于特殊的鸡尾酒会或其他庆典活动。

(三)按大小分类

托盘按其大小可分为大、中、小三种规格的托盘。大、中号长方形托盘一般用于运送菜点、酒水和盘碟等较重物品,大、中号圆盘一般用于斟酒、展示饮品、送菜、分菜等,小号圆形托盘和方形托盘则用于递送账单、收款、递送信件等。

二、托盘的操作方法

根据端托物品的重量不同、托盘用途不同,托盘端托的方法可分为两种:轻托(也称胸前托)和重托(也称肩上托)。在实际的餐饮服务工作中,以轻托为主,较大或较重的物品一般为了安全起见多用餐车运送。

(一)轻托

轻托指托送较轻物品并在客人面前进行上菜、斟酒等操作。因为盘中运送的物品重量较轻,一般在 5kg 以内,所以称这种方法为轻托。又因盘子平托于胸前,所以又称为平托或胸前托。

1. 理盘

根据所托物品选择合适的托盘,将其洗净擦干。在盘内垫上清洁的餐巾或专用盘巾,并铺平拉直,盘巾的四边与盘底对齐,力求美观整洁。也可将盘巾适当蘸水,以避免盘内的物品滑动。

2. 装盘

根据所放物品的形状、体积、重量以及先后使用顺序合理安排,以安全稳妥,便于运输为原则。在几种不同物件同时装盘时,一般应将重物、高物放于托盘的里档,易于掌握托盘重心;将轻物、低物放于托盘的外档,使盘内物品分布得体,便于服务工作。将先用的物品摆在前边或上面,后用的物品摆在里边或下面。重量要分布得当,托盘的重心要安排在中间或偏里,这样装盘既稳妥,又可避免因盘面过多转动或右手在交叉取物时可能造成的自身碰撞。

3. 起托

(1) 左手五指分开,掌心向上置于托盘下部,手掌自然成凹形,掌心不与盘底接触,用五指与掌根的两点接触托盘,使七个接触点连成一平面。

(2) 左臂弯曲成90°,即小臂与大臂形成直角。

(3) 将托盘平托在胸前,高度处于胸部下方和腰部上方的中间位置。

(4) 手指和掌根部随时根据托盘上各侧面的轻重变化而做相应的调整,保持托盘的重心平稳。

4. 托盘行走

托盘行走指服务员托起托盘走动时的行走动作,如图 2-4 所示。托盘行走要求头正肩平,上身挺直,注视前方,脚步轻缓,动作敏捷,步伐稳健,行走自如。

行走的步伐可归纳为以下五种。

(1) 常步:步距均匀,快慢适当,适用于餐厅日常服务工作。

(2) 快步(疾行步):步距加大,步速较快,但应保持适宜的速度,不能表现为奔跑,以免影响菜形或泼洒菜肴。快步主要适用于托送火候菜肴,防止菜肴风味的改变。

(3) 碎步(小快步):步距小而快地中速行走。运用碎步,可以使上身保持平稳,避免汤汁溢出。碎步适用于端送汤汁多的菜肴及重托物品。

图 2-4 托盘行走

(4) 跑楼梯步:身体前倾,重心前移,用较大的步距,一步跨两级台阶,一步紧跟一步,上升速度快而均匀,巧妙地借用身体和托盘运动的惯性,既快又节省体力。跳楼梯步适用于托送菜品上楼。

(5) 垫步(辅助步):需要侧身通过时,右脚侧一步,左脚跟一步,一步紧跟一步。垫步适用于穿行狭窄通道或紧急避让。

5. 落托

到达目的地时,小心地将托盘放在一个选择好的位置,双手将托盘端至桌前,放稳后再取物品,从托盘两边交替拿下。在落托盘时,一要慢,二要稳,三要平。左手转掌落托盘时,需要右手协助。待盘面与台面相平时,再用左臂或左手将盘向前推进,落托动作结束后应及时将盘内物品整理好。

(二)重托

重托主要用于运送大型的菜点、酒水、盘碟等,一般所托物品的重量在10kg左右。因为盘中所托物品较重,故称其为重托。又因以上肩的方式来托送物品,所以也称肩上托。重托通常使用质地坚固的大、中长方形托盘,多用于西餐的上菜与派菜。

重托操作时用双手将托盘移至服务台边沿,使托盘的1/2悬空,右手扶住托盘底部中心,双脚分开,身体前倾,双腿下蹲。左手确定好重心后,在右手的帮助下,慢慢将托盘托起。在起托的同时,转动左手腕,将托盘送至左肩外上方,挺直身体,将托盘托实、托稳后,再将右手撤回呈下垂姿势。做到盘不压肩、不靠颈,行动自如。

任务二 餐巾折花

餐巾折花是餐饮服务的重要技能之一,其主要工作内容是餐厅服务员将餐巾折成各式花形,插在酒杯或水杯内,或放置在盘碟内,供客人在进餐过程中使用。当前餐巾折花的趋势为美观大方,造型简单。

一、餐巾的作用及种类

(一)餐巾的作用

餐巾又称口布、席巾等,是酒席、宴会用餐时使用的专用保洁方巾。餐巾的作用主要体现在以下几方面。

(1)餐巾是餐饮服务中的一种卫生用品。宾客用餐时,可将餐巾置于膝上或胸前,餐巾可用来擦嘴或防止汤汁、酒水弄脏衣物。

(2)餐巾可以装饰美化餐台。不同的宴会主题需搭配不同的餐巾花形。餐台上形状各异的餐巾花在美化餐台的同时,又增添了庄重热烈的气氛,给人以美的享受。

(3)餐巾花形可以烘托就餐气氛。不同的餐巾花形,可以突出不同的宴会目的,以一种无声语言的形式,对宾主之间的情感交流起到良好的促进作用。

小贴士

国宴上,用餐巾折成喜鹊和平鸽等花形表示欢快、和平、友好,给人以愉悦之感;喜宴上,折出比翼齐飞、心心相印的花形送给一对新人,则可以表示永结同心、百年好合的美好祝愿。

(4)餐巾花形的摆放可标示主宾、主人的席位。折叠餐巾花时应选择好主宾的花形,主宾花形高度应高于其他花形高度以示尊贵。

（二）餐巾的种类

1. 按餐巾质地分

按质地分,餐巾可分为棉质餐巾、化纤餐巾和纸质餐巾。棉质餐巾吸水性强、触感好、色彩丰富,但易褪色,且不够挺括,每次洗涤需要上浆,平均寿命 4～6 个月。化纤餐巾的特点是色泽艳丽,不易褪色,使用寿命较长和洗后挺括,但触感和吸水性较差。纸质餐巾的特点是一次性使用,成本较低,一般在快餐厅和团队餐厅里使用较为广泛。

2. 按餐巾颜色分

餐巾颜色有白色与彩色两种。白色餐巾给人以清洁卫生、恬静优雅之感,它可以起到帮助宾客调节视觉平衡,稳定情绪的作用,是一般餐厅最常使用的餐巾。

彩色餐巾又可分为冷色和暖色两种。暖色餐巾色调柔美,能营造一种富丽堂皇、庄重热烈的氛围;冷色餐巾色调清新,给人以平静、舒适、凉爽的感觉。

3. 按餐巾的规格、边缘形状分

根据实际使用效果,45～50cm 见方的餐巾使用较为普遍;一般餐巾应不小于 40cm 见方,不大于 60cm 见方,否则就不便折叠,且不美观。无论哪种规格的餐巾都必须是正方形。

按餐巾边缘的形状分,餐巾一般又可分为平直形餐巾和波浪曲线餐巾两种。

二、餐巾折花的分类及花形的选择

（一）餐巾折花的分类

1. 按折叠方法与摆设工具分

餐巾折花按折叠方法与摆设工具可分为杯花、盘花和环花三大类。

(1) 杯花。杯花需插入杯中才能形成造型,出杯后花形即散,常用于各种宴会。由于餐巾折叠成杯花后,在使用时其平整性较差,也容易造成污染,因此目前杯花已较少使用。但杯花作为一种技能,仍在餐厅服务中存在。

(2) 盘花。盘花造型完整,成型后不会自行散开,可放于盘中或其他盛器及桌面上。盘花常用于西餐或茶室等做台面摆设,中餐摆台中较少使用。因为盘花简洁大方,美观适用,所以盘花目前是发展趋势。

(3) 环花。环花是将餐巾平行卷好或折叠形成一个尾端,套在餐巾环内形成的餐巾造型。餐巾环有各种质地,有的上面还修饰有纹饰和徽记;有时餐巾环也可以用丝带和丝穗代替,在餐巾卷的中央用丝带和丝穗系住并配以小枝鲜花。环花通常放置在衬碟或面包盘上,传统、雅致、简洁。

2. 按餐巾折花造型分

按餐巾折花造型分类,餐巾折花大体可分为植物类、动物类、实物造型三大类。

(1) 植物类。植物类餐巾折花根据植物花形折成,如荷花、水仙等;也有根据植物的叶、茎、果实造型的,如竹笋、玉米等。植物类餐巾折花变化多,造型美,是餐巾折花品种中的一大类。

（2）动物类。动物类花形包括鱼、虫、鸟、兽，其中以飞禽为主，如白鹤、孔雀、鸵鸟等。动物类造型有的取其整体，有的取其特征，形态逼真，生动活泼，也是餐巾折花中的重要一类。

（3）实物造型。实物造型餐巾折花是指模仿日常生活用品中各种实物形态折叠而成的餐巾花，如帽子、折扇、花篮等，这一类折花目前品种还不太多。

（二）餐巾折花花形的选择

1. 根据宴会的规模选择花形

一般在承办大型宴会时，主宾席可选用叠工精细、造型美观的花形，其他每桌可选用一类或一种花形。每个台面花形不同，可使宴会整体布局显得多姿多彩。如果是1～2桌的小型宴会，可以在同一桌上使用不同种类的花形，也可以2～3种花形相间搭配，形成既多样又协调的整体布局。

2. 根据宴会的性质选择花形

按不同性质的酒席宴会，选择与之相适应的花形，可起到锦上添花的作用。例如，办婚嫁喜筵，可选用鸳鸯、喜鹊、花蕊彩蝶等花形，以示庆贺；祝寿酒席，可用寿桃、仙鹤等花形，以示寿比南山，吉祥如意；洽谈生意宴请，可用竹笋、蓓蕾等花形，以示生意兴隆，事事如意。这样会给人留下深刻印象。

3. 根据花色冷盘及菜肴特色选择花形

中式宴席通常是冷盘先上桌，宾客再入席。因此，根据花色冷盘的形意选择花形，可以达到整体美的效果。例如，上蝴蝶冷盘，可选择花卉的花形，使整个台面形成"花丛彩蝶"的画面；上凤凰冷盘，可选配各种飞禽花形，相互配合就形成了"百鸟朝凤"的台面。此外，还可根据风味宴、名菜宴的菜单选择花形。例如，以海鲜为主的宴席，可选用鱼虾的花形等。

4. 根据季节选择花形

可以选择富有时令的花形以突出季节的特色，也可以有意地选择象征一个美好季节的一套花形。例如，春季宴会酒席可选择迎春、月季等花卉花形，以示满园春色的氛围；夏季可选择荷花、玉兰等花形，令人感觉清爽；秋季可选择菊花、秋叶等花形；冬季可选用梅花、天竹等花形。按季节选择花形，可以给人时令感。

5. 根据接待对象选择花形

由于来宾在宗教信仰、风俗习惯及性别、年龄等方面都存在差异，这就需要根据实际情况区别对待，尽可能选择来宾喜欢的花形。例如，一般情况下，日本客人喜爱樱花，法国客人喜爱百合花，美国客人喜爱山茶花，英国客人喜爱蔷薇等。接待有宗教信仰的来宾，如信仰佛教，勿叠动物造型，宜叠植物、实物造型等。

6. 根据主宾席位选择花形

酒席宴会主宾、主人席位上的花称为主花。主花一般选用品种名贵、折叠细致、美观醒目的花，达到突出主人、尊敬主宾的目的。例如，在接待国际友人宴会上，叠和平鸽表示和平，叠花篮表示欢迎，为女宾叠孔雀表示美丽，为儿童叠小鸟表示活泼可爱，使宾主均感到温暖、亲切。

总之,要根据接待对象、宴会主题、时令季节等因素设计折叠不同的餐巾花。要做到灵活掌握,力求简便、快捷、整齐、美观大方。

三、餐巾折花的基本技法

(一) 叠

叠是最基本的餐巾折花手法,几乎所有的造型都要使用。叠就是将餐巾一折为二,二折为四,或折成三角形、长方形、菱形、梯形、锯齿形等形状。叠有折叠、分叠两种。叠时要熟悉造型,看准角度一次叠成。如有反复,就会在餐巾上留下痕迹,影响挺括。

(二) 折

折是打褶时运用的一种手法,就是将餐巾叠面折成褶裥的形状,使花形层次丰富、紧凑、美观。打褶时,用双手的拇指和食指分别捏住餐巾两头的第一个褶裥,两个大拇指相对成一线,指面向外;再用两手中指按住餐巾,并控制好下一个褶裥的距离。拇指、食指的指面握紧餐巾向前推折至中指外,用食指将推折的褶皱挡住,中指腾出去控制下一个褶裥的距离,三个手指如此互相配合,做到均匀整齐、距离相等。

折可分为直线折和斜线折两种方法,两头一样大小时用直线折,一头大一头小或折半圆形或圆弧形时用斜线折。

(三) 卷

卷是用大拇指、食指、中指三个手指相互配合,将餐巾卷成圆筒状并制作出各种造型的一种手法。卷分为直卷和螺旋卷。直卷有单头卷、双头卷、平头卷,要求餐巾卷的平直,两头大小一致。螺旋卷分两种,一种是先将餐巾叠成三角形,餐巾边参差不齐;另一种是将餐巾一头固定,卷另一头,或一头多卷,另一头少卷,使卷筒一头大,一头小。无论是直卷还是螺旋卷,餐巾都要卷得紧凑、挺括,否则会因松软无力、弯曲变形而影响造型。

(四) 穿

穿是用工具从餐巾的夹层折缝中穿过去,形成皱褶,使造型更加逼真美观的一种方法。穿的时候,首先将餐巾先折好后攥在左手掌心内,用筷子一头穿进餐巾的褶缝里,另一头抵在自己身上,然后用右手的大拇指和食指将筷子上的餐巾一点一点向后拨,直至把筷子穿出餐巾为止。穿好后先把餐巾花插入杯子内,然后把筷子抽掉,否则容易松散。根据需要,一般只穿1~2根筷子。要注意穿用的工具要光滑、洁净,穿好的褶皱要平、直、细小、均匀。

(五) 翻

翻是在折制过程中,将餐巾折、卷后的部位翻成所需造型的一种手法。一般情况下,翻大都用于折花鸟造型。操作时,一手拿餐巾,一手将下垂的餐巾翻起一个角,翻成花卉或鸟的头颈、翅膀、尾等形状。翻花叶时,要注意叶子对称,大小一致,距离相等。在翻鸟的翅膀、尾巴或头颈时,一定要翻挺,不要软折。翻时要注意大小适宜,自然美观。

（六）拉

拉就是牵引，是指在翻的基础上，为使餐巾造型直挺而使用的一种手法。拉一般在餐巾花半成形时进行。把半成形的餐巾花攥在左手中，用右手拉出一个角或几个角。操作时要注意大小比例适当，整齐自然。

（七）捏

捏是用于折鸟的头部和嘴部造型的一种技法。操作时先将餐巾的一角拉挺做颈部，然后用一只手的大拇指、食指、中指三个指头捏住鸟颈的顶端，食指向下，将巾角尖端向里压下，用中指与拇指将压下的巾角捏出尖嘴状，作为鸟头。捏时要做到棱角分明，头顶角、嘴尖角到位。

（八）掰

掰是将餐巾做好的褶用左手一层一层掰出层次的一种手法。掰一般用于制作花束。将餐巾做好的褶用左手一层一层掰出层次，呈花蕾状。掰时不要用力过大，以免松散。操作时要注意层次分明，间距均匀。

几种常见花形折法如图2-5～图2-11所示。

1. 将底边微斜向上对折

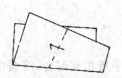

2. 从右向左对折，使四个巾角重合

3. 从底角向上均匀捏折

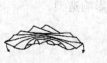

4. 将两边向下对折

5. 先将顶端一层层地依次翻开，再打开底座

6. 放入盘中，整理成形

图2-5 牡丹花

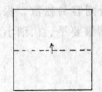

1. 将底边向上对折，与顶边对齐

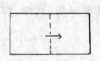

2. 从左向右对折

3. 将右顶角处的四个中角依次向后错折，间距1cm左右

图2-6 卧鸽

4. 先将外层中角两边向中间折，做成鸟头；再将底角折上，压中颈部

5. 将两边巾角向后折，一巾角插入另一角的夹层中

6. 将三个巾角一起向后折

7. 放入盘中，折下鸟头，整理成形

图2-6 卧鸽（续）

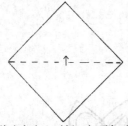

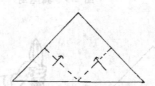

1. 将底角向上对折，与顶角对齐

2. 将底边两角向顶角对折

3. 从中间处向后折

4. 将左边向中间折拢

5. 右边也向中间折，并将中角插入左边夹层中

6. 翻开后面两巾角做叶

7. 放入盘中，整理成形

图2-7 含苞欲放

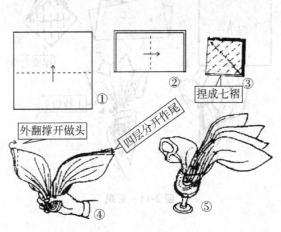

图2-8 金鱼

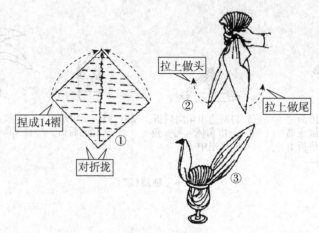

图 2-9　翼尾鸟

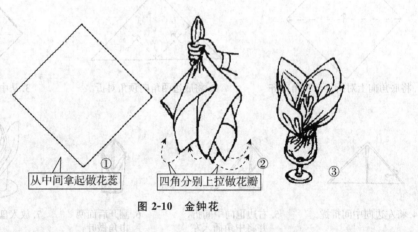

图 2-10　金钟花

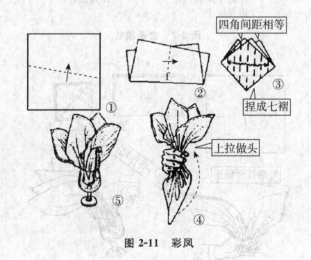

图 2-11　彩凤

任务三　铺 台 布

铺台布作为基本的服务技能之一,是餐厅服务员必须掌握的一门技术。台布也称桌布,有多种不同的样式与颜色。从台布的质地分,可分为提花台布、织锦台布和工艺绣花台布;从颜色上分,有白色、红色、绿色和黄色等多种颜色。

铺设台布是将台布舒适平整地铺在餐桌上的过程,追求卫生、美观且便于服务。台布的规格是根据餐桌的大小来选择的。由于餐桌的尺寸大小不同,台布的规格也要做出相应的调整。

常见的台布尺寸如下。

(1) 180cm×180cm:一般供 4~6 人餐台使用。

(2) 220cm×220cm:一般供 8~10 人餐台使用。

(3) 240cm×240cm:一般供 10~12 人餐台使用。

(4) 260cm×260cm:一般供 14~16 人餐台使用。

(5) 280cm×280cm:一般供 16~18 人餐台使用。

在零点餐厅使用的台布多为 180cm×180cm 的正方形台布和 220cm×220cm 的正方形台布,宴会厅则多采用 240cm×240cm 的正方形台布。

由于不同餐厅经营的类别与模式不同,因此选用的台布材质、造型、花色等方面都有所不同,不同的餐台也可采取不同的铺设方法,如图 2-12 所示。

图 2-12　台布

一、圆台

圆台铺台布的常用方法有三种。

(一)推拉式

服务员选好台布,站在副主人座位处,用双手将台布打开后放至餐台上,用两手的大拇指和食指分别夹住台布的一边,其余三指抓住台布,将台布贴着餐台平行推出去再拉回来。铺好的台布中间的折线对准主位,十字取中,四面下垂部分对称并且遮住台脚的大部分,台布自然下垂至餐椅边为最适合。

这种铺法多用于零点餐厅或较小的餐厅;因有客人在餐台周围就座等候用餐时,或是在地方窄小的情况下,也常用这种铺台方法。

(二)抖铺式

服务员选好台布,站在副主人座位处,用双手将台布打开,用两手的大拇指和食指分别夹住台布的一边,其余三指将多余台布提拿于胸前,身体呈正位站立式,利用双腕的力量,将台布向前一次性抖开并平铺于餐台上。这种铺台方法适用于较宽敞的餐厅或在周围没有客人就座的情况。

(三)撒网式

服务员选好台布,站在副主人座位处,呈右脚在前、左脚在后的站立姿势,将台布正面朝上打开,用两手的大拇指和食指分别夹住台布的一边,其余三指将多余台布提拿至左肩后方,上身向左转体,下肢不动并在右臂与身体回转时,台布斜着向前撒出去,将台布抛至前方时,上身转体回位并恢复至正位站立,而台布已经平铺于餐台上。这种铺台方法多用于宽大场地或技术比赛场合。

二、方台和长台

西餐一般多用方台和长台。普通方台台布的铺设可以参照圆台台布的铺设方法。较长的餐台,台布一般由两个人合铺,需要几块台布拼铺在一起。服务员可以从餐台一端铺起,直到另一端,两个人分别站在餐台两侧铺设台布。铺设时,台布与台布之间的折缝要吻合,连成一线。铺好的台要做到折缝居中,平挺无皱,两端和两侧下垂部分都应对边相等。

任务四　摆　台

餐台是餐厅为客人提供服务的主要服务设施之一,餐台的布置称为摆台,是将餐具、酒具以及辅助用品按照一定的规格,整齐美观地铺设在餐桌上的操作过程。摆台包括铺台布、餐台排列、席位安排、餐具摆放等。摆台是餐厅服务中要求比较高的基本技能,要求做到清洁卫生、整齐有序、放置得当、便于就餐、配套齐全。这样既可以保证用餐环境的方便舒适,又可以给宾客一种良好的心境感受,从而创造一个温馨舒适的就餐环境。

摆台可分为中餐摆台和西餐摆台。

一、中餐摆台

中餐摆台一般分为中餐零点摆台和中餐宴会摆台两种,零点摆台以小餐桌为主,宴会摆台一般以大圆桌为主。一张布置妥当的餐桌必须事先准备好各种餐具备品,并按照餐厅的规格和就餐的需要选择相应的餐具来摆设。

(一)摆台用具

(1)餐碟又称为骨碟,主要用于盛装餐后的骨头和碎屑等,在中餐摆台时也起到定位的作用。

(2)筷子按材质分类有多种,常见有木筷、竹筷、银筷、象牙筷等。

(3)筷架用来放置筷子,可以有效提高就餐规格,保证筷子更加清洁卫生。筷架按材质分类有瓷制、塑胶、金属制等,造型各异。

(4)汤匙。一般瓷制小汤匙(调羹)放在小汤碗中;而金属长把汤匙或瓷制大汤匙一般作为宴会公用勺,摆放在桌面的架上。

(5)汤碗专门用来盛汤或吃带汤汁菜肴的小碗。

(6)味碟。中餐特有的餐具,是用来为客人盛装调味酱料的瓷碟。

(7)杯子包括瓷制的茶杯和玻璃制的酒杯等。

(8)转台适用于多数人就餐的零点餐或是宴会的桌面,方便客人食用菜品,常见有玻璃和木质转台。

(9)其他。根据不同餐饮企业的要求,桌面上可能还会添加其他用具,如调味瓶、牙签盅、花瓶、台卡、菜单等。

(二)中餐零点摆台

中餐零点摆台多用于零点散客,或是团体包桌,其餐台常使用小方台或者小圆桌,没有主次之分。客人在进餐前摆放好各种调味品,按照座位摆好餐具,餐具的多少可以根据当餐的菜单要求而定。

中餐零点摆台基本要求如下。

(1)台布铺设要整洁美观,符合餐厅的要求。

(2)餐碟摆放于座位正中,碟边距离桌边1cm。

(3)汤碗与小汤匙应一起摆在餐碟前1cm的地方。

(4)筷子应位于餐碟的右侧,筷尾距离桌边1cm。

中餐零点摆台图样如图2-13所示。

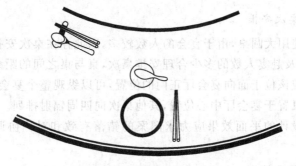

图2-13 中餐零点摆台图样

小贴士

摆台规程

1. 摆台准备

(1) 洗净双手,准备各类餐具、玻璃器具、台布、口布或餐巾纸等。

(2) 检查餐具、玻璃器具等是否有损坏、污迹及手印,是否洁净光亮。

(3) 检查台布、口布是否干净,是否有损坏、皱纹。

(4) 检查调味品及垫碟是否齐全、洁净。

2. 铺台布

按圆桌铺台布方法铺好桌布。台布中缝居中,对准主位,四边下垂长短一致,四角与桌脚成直线垂直。

3. 摆餐椅

(1) 4人桌,正、副主位方向各摆两位。采取十字对称法。

(2) 6人桌,正、副主位方向各摆1位,两边各摆2位。采用一字对中,左右对称法。

(3) 8人桌,正、副主位方向各摆2位,两边各摆2位。采用十字对中,两两对称法。

(4) 10人桌,正、副主位方向各摆3位,两边各摆2位。采用一字对中,左右对称法。

(5) 12人桌,正、副主位方向各摆3位,两边各摆3位。采用十字对中,两两相间法。

4. 上转盘

8人以上桌面须摆转盘,并套上转盘布罩。转盘与餐桌同圆心。

5. 摆餐具

(1) 摆餐碟。餐碟摆在离桌边1cm处,各餐碟之间距离相等。

(2) 摆汤碗、汤匙。汤碗摆在餐碟前面的左侧,相距1cm;汤匙摆在汤碗上,匙柄向右。

(3) 摆筷子、筷子架。筷子架横摆在餐碟右边,距汤碗1cm;筷子垂直于筷子架横摆放,筷子靠桌边的一端与桌边线距离1.5cm。

牙签袋摆在餐碟右边,字面向上。

(4) 水杯摆在汤碗正前方,间距为1cm。

(5) 折好餐巾花摆在餐碟上,餐巾花正面朝转盘。

(6) 牙签筒、调味架、花瓶、台号牌。花瓶摆在转盘中央,台号牌摆在花瓶边。

(三) 中餐宴会摆台

1. 中餐宴会的桌次安排

中餐的宴会多使用大圆桌,由于宴会的人数较多,因此存在桌次安排的问题。应根据宴会厅的形状、面积以及赴宴人数的多少合理安排桌次,桌与桌之间的距离以方便服务人员操作服务为宜。主桌应该位于面向宴会厅正门的位置,可以纵观整个宴会厅;其他桌次由上至下排列。也可将主桌置于宴会厅中心位置,其他桌次向四周辐射排列。

宴会桌次安排设计的平面效果应力求图案的错落有致和对称协调。宴会桌次安排如图2-14所示。

2. 中餐宴会座次安排

宴会座次即根据宴会的性质、主办单位或主人的特殊要求、出席宴会的宾客身份确定相应的座次。座次安排需符合礼仪规范,尊重风俗习惯,便于席间服务。

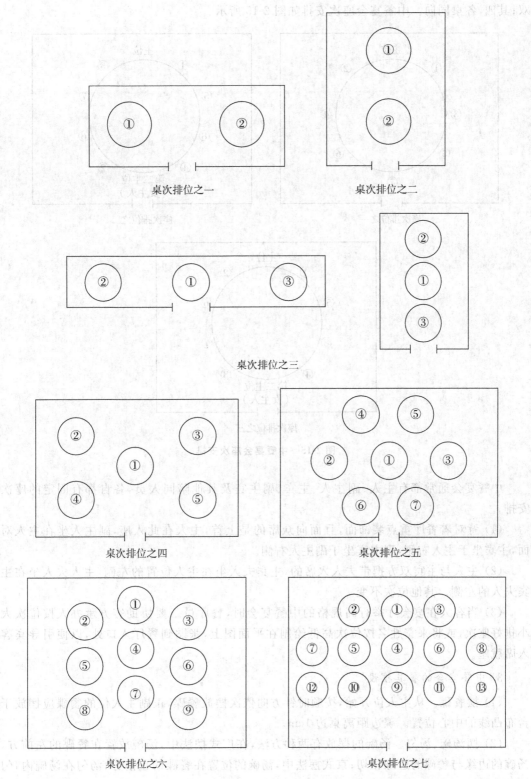

图 2-14 宴会桌次安排

中餐宴会上座次安排的具体规则有四：其一，面门为主；其二，主宾居右；其三，好事成双；其四，各桌同向。中餐宴会座次安排如图2-15所示。

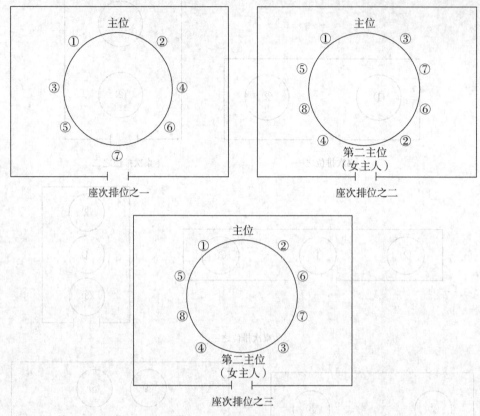

图 2-15　中餐宴会座次安排

中餐宴会通常都有主人、副主人、主宾、副主宾及其他陪同人员，各自都有固定的座次安排。

（1）背对着餐厅重点装饰面，且面向众席的是上首，主人在此入座，副主人坐在主人对面，主宾坐于主人右侧，副主宾坐于副主人右侧。

（2）主人与主宾双方携带夫人入席的，主宾夫人坐在主人位置的左侧，主人夫人坐在主宾夫人的左侧。其他位次不变。

（3）当客人在宴会厅举行高规格的中餐宴会时，餐厅员工要协助客方承办人按位次大小排好座次，或将来宾姓名按位次高低绘制在平面图上，张贴到餐厅入口处，以便引导宾客入席就座。

3. 中餐宴会的餐具摆设

（1）摆餐碟。从主人位开始，按顺时针方向依次摆放餐碟，正副主人位的餐碟应摆放于台布凸线的中心位置。碟边距离桌边1cm。

（2）摆汤碗、汤勺。汤碗的摆放有两种方法，在广式摆法中，汤碗放置在餐碟的左前方，汤碗的边缘与餐碟的边缘相切；京式摆法中，汤碗的位置在餐碟的正前方，汤勺在汤碗内，勺柄向左。

（3）摆酒具。用葡萄酒杯定位，葡萄酒杯摆在餐碟的正前方，杯柱中心应正对餐碟的中心，白酒杯在葡萄酒杯的右侧，水杯在葡萄酒杯的左侧。三个杯子杯肚之间的距离是 1cm。

（4）摆筷架和筷子。筷架置于餐碟的右侧，与三个酒杯的中心在同一条直线上，距离餐碟 1cm。摆放时要注意筷架的造型、图案，如果是动物造型，头应朝左摆放。筷子放于筷架上，筷子尾端距桌边 1cm。

（5）摆公用餐碟、公用勺、公用筷。公用餐碟应摆在正副主人的正前方，碟边距葡萄酒杯 3cm。公用勺放在公用餐碟内靠桌心一侧，勺把朝左。公用筷放在公用餐碟内靠桌边一侧，尾端朝右。公用筷与公用勺间距 1cm，对称摆放。

（6）摆牙签。小包装牙签放在筷子的右侧 1cm 处，牙签距桌边 5cm；牙签盅放在正副主人筷子的右上方。

（7）摆香巾托。香巾托摆在餐碟的左侧，距餐碟 2cm，桌边 1cm。

（8）叠放口布花。要求用不同手法折叠不同造型的口布花，叠完后按要求放入水杯中，花形按主次宾客，位置摆放得当。

（9）摆花瓶、台卡。花瓶、台卡放在转台上，花瓶放在转台的中心，台卡放在花瓶的正前方，距离花瓶 1cm 左右，朝向副主人位。

（10）摆椅子。摆放为三三两两式，即正副主人侧各放三把椅子，另两侧各放两把椅子，椅背在一直线上。

中餐宴会餐具摆放如图 2-16 所示。

图 2-16 中餐宴会餐具摆放

中餐摆台注意事项

（1）一定要选择花色成套而完整的餐具器皿。

（2）所有瓷器玻璃器皿，使用前要仔细检视，凡有破损的应立即剔除，即使只有轻微裂痕或缺口也不能摆上桌，以避免引起客人的不满。

（3）脏污的餐具器皿绝对禁止使用。

（4）有破损或污渍的台布及餐布均不得使用。

（5）饭碗是随着客人的需要用托盘提供；而常餐摆桌是不设酒杯的，亦随客人的需要提供。

（6）摆台时先分类捡齐餐具，依摆桌顺序放在托盘或手推车内，运至餐桌前摆置。餐具盘碗碟瓷器在托盘中，不宜堆置过高，以免发生倾倒翻覆危险。

（7）餐具是重要的财产之一，要善予维护，如因操作不当造成破损，会影响摆台的工作效率，因此应避免人为的损失。虽然餐厅中有破损消耗率的规定，但因未尽到职责或恶意的破坏，必须要赔偿。

（8）餐桌装饰在于美化点缀，应统一摆置在餐桌一角，色彩务求协调，否则就不必摆设，以免妨碍客人进餐。

（9）餐桌餐具摆设完毕，务必检视是否正确完美，同时将每一张座椅摆放整齐；营业开席前20min，领班应做一次复检工作，凡有缺点立即纠正改善。

二、西餐摆台

西餐一般使用长方台，有时也使用圆台或者四人小方台。西餐就餐方式实行分餐制，摆台按照不同的餐别而做出不同的摆设。正餐的餐具摆设分为零点摆台和宴会摆台，同时西餐餐具摆放的方式因服务方式的不同也是存在区别的，如图2-17所示。

图 2-17　西餐摆台

（一）西餐餐桌摆放用品

（1）台布：颜色以白色为主。

（2）餐盘：大小约12cm，可以作为摆台的基本定位。

（3）餐刀：大餐刀，享用主菜时使用；小餐刀，享用副菜和沙拉时使用；鱼刀，享用海鲜或者鱼类时使用；牛排刀，前端有小锯齿，享用牛排时使用。

（4）餐叉：大餐叉，享用主菜时使用；小餐叉，享用副菜或者沙拉使用；鱼叉，享用鱼类或海鲜时使用；水果叉，享用水果时使用；蛋糕叉，享用蛋糕时使用；生蚝叉，享用牡蛎时使用。

（5）黄油刀：用来将黄油涂抹在面包上的重要工具，常与面包盘搭配摆设。

（6）面包盘：用来摆放面包，个体较小，大小约 6cm。

（7）汤匙：浓汤匙，喝浓汤时使用；清汤匙，喝清汤时使用；甜品匙，使用点心和甜品时使用；餐匙，不分清汤和浓汤时使用。

（8）水杯：用来盛装饮用水。

（9）葡萄酒杯：分为红酒和白酒杯，一般红酒杯略大于白酒杯。

（二）西餐零点摆台

（1）摆餐盘。餐厅服务员应将餐盘摆放在席位正中的位置，餐盘的中心应正对椅背的中间，餐盘的边缘与餐桌的边缘相距 1.5cm。

（2）摆餐刀、餐叉、汤勺。餐厅服务员应将餐刀、汤勺按照由外向里的次序依次摆放于餐盘的右侧，餐刀的刀刃朝向餐盘。在餐盘左侧直摆餐叉，叉尖向上。

（3）摆面包盘、黄油刀。餐厅服务员应将面包盘放于餐叉的左侧，面包盘的中心与餐盘中心的连线应与餐桌边缘保持平行。黄油刀放置在面包盘上，既可以与餐桌边缘垂直，也可以与之平行。

（4）摆茶匙、甜品叉。茶匙与甜品叉应平行地放置在餐盘的正上方，与餐桌边缘保持平行，茶匙把向右，甜品叉向左。

（5）摆水杯。水杯应放置在餐刀的正上方，与餐刀相距 3cm。

（6）摆餐巾。餐厅服务员应将叠好的餐巾折花摆放在餐盘正中，其观赏面朝向客人。

（7）摆胡椒盅、盐盅等。

（三）西餐宴会摆台

西餐宴会餐台是可以拼接的，餐台的大小和台形的排法可根据人数的多少和餐厅的面积进行布置，一般为长台。人数较多时宴会的台形可有多种，图 2-18 所示为几种常见的台形。

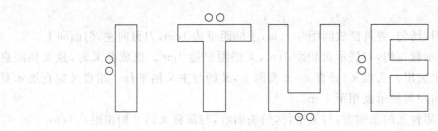

图 2-18 西餐宴会摆台常见台形

1. 西餐宴会座次安排

主人一般安排在面向餐厅正门的位置上，第一、第二客人分别安排在主人和副主人的右侧。使用长台时，主人安排在长台正中位置或者长台顶端。使用圆桌则与中餐宴会座次安排相同。西餐宴会座次安排如图 2-19 所示。

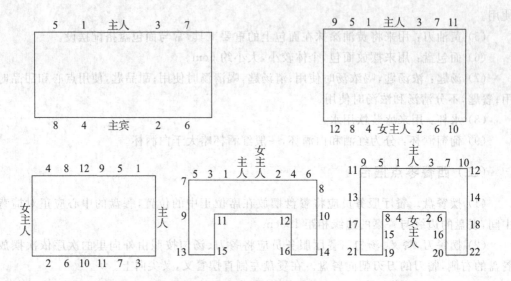

图 2-19　西餐宴会座次安排

2. 西餐宴会餐具摆设

1）摆展示盘

展示盘可用托盘端托，也可用左手垫好口布。口布垫在餐盘盘底，把展示盘托起，从主人位开始，按顺时针方向用右手将餐盘摆放于餐位正前方，盘内的店徽图案要端正，盘边距桌边 1.5cm，餐盘间的距离要相等。

2）摆面包盘、黄油碟

展示盘左侧 10cm 处摆面包盘。面包盘与展示盘的中心轴取齐；黄油碟摆在面包盘右前方，距面包盘 1.5cm，图案摆正。

3）摆餐刀、叉、勺

从展示盘的右侧顺序摆放餐刀、叉、勺。摆放时，应手拿刀、叉、勺柄处，从正餐刀开始摆。正餐刀摆放于展示盘的右侧，与餐台边呈垂直状，刀柄距桌边 1cm，刀刃向左，与展示盘相距 1cm。

鱼刀、头盘刀、汤勺、餐具摆放间距 0.5cm，手柄距桌边 1cm，刀刃向左，勺面向上。

主叉放于展示盘左侧，与展示盘相距 1cm，叉柄距桌边 1cm。摆放鱼叉时，鱼叉柄距桌边 5cm，叉头向上突出。头盘叉（开胃叉）叉面向上，叉柄与主叉柄平行。甜食叉放在展示盘的正前方，叉尖向左与展示盘相距 1cm。

甜食勺放在甜食叉的正前方，与叉平行，勺头向右，与甜食叉的叉柄相距 0.5cm。

黄油刀斜放在面包盘上，刀刃向左，黄油刀中心与面包盘的中心线吻合，刀柄朝右下方，与面包盘水平线呈 45°。

在展示盘的正前方摆水果刀、叉时以叉压刀呈斜十字形，刀刃向左下方，刀柄指向右下方，叉尖指向右上方，叉柄指向左下方。也可将甜食勺放在水果刀、叉的上面，勺面向上，勺柄朝右。

4）摆酒具

摆酒具时，要拿酒具的杯托或杯底部。

水杯摆在主刀的上方,杯底中心在主刀的中心线上,杯底距主刀尖2cm。

红葡萄酒杯摆在水杯的右下方,杯底中心与水杯杯底中心的连线与餐台边呈45°,杯壁间距0.5cm。

白葡萄酒杯摆在红葡萄酒杯的右下方,其他标准同上。

5)摆放餐巾

餐巾折花后放于展示盘内,餐巾折花花形搭配适当,将观赏面朝向客人。

6)摆蜡烛台和椒、盐瓶

西餐宴会一般摆两个蜡烛台,蜡烛台摆在台布的中线上、餐台两侧适当的位置。椒、盐瓶要在台布中线上按左椒右盐对称摆放,瓶壁相距0.5cm,瓶底与蜡烛台台底距离2cm。

西餐宴会餐具摆设如图2-20所示。

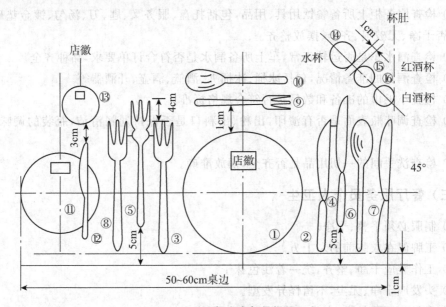

图 2-20 西餐宴会餐具摆设

①—装饰碟;②—正餐刀;③—正餐叉;④—鱼刀;⑤—鱼叉;⑥—汤匙;⑦—开胃品刀;⑧—开胃品叉;
⑨—甜品叉;⑩—甜品匙;⑪—面包盘;⑫—黄油刀;⑬—黄油碟;⑭—水杯;⑮—红葡萄酒杯;⑯—白葡萄酒杯

任务五 迎宾准备

迎宾准备涉及餐厅日常卫生工作、餐具用品的整理、摆台、餐前检查等诸多事宜。迎宾准备工作充分是良好服务的前提,是餐厅良性运转的重要保证,也是餐饮服务过程中的重要环节之一。

一、餐前卫生

餐厅是否清洁美观,直接关系到宾客的身体和情绪,所以餐饮服务员必须明确树立卫生意识,这对于提高饭店声誉和保护宾客身心健康有着积极的意义。餐厅卫生工作主要包括环境卫生、设施设备卫生、服务用品卫生及服务人员的个人卫生等。

（一）餐饮环境准备

就餐环境是宾客挑选餐饮场所的重要因素。宾客如果能在就餐前就感到就餐场所的卫生、安全、幽静、轻松的环境气氛,便会感到舒心和愉快,留下良好的初步印象。此时,可以说餐饮服务已经成功了一半。因此,服务员在开餐前须认真做好清洁工作。按设施、设备分类情况分别检查餐厅家具设备、工作台、餐桌、灯具、门窗、窗帘等是否完好无损、整洁有序,同时检查餐桌椅布局是否完整无损。

（二）餐饮用具、用品准备

（1）检查服务柜上所备餐饮用具、用品,包括托盘、服务叉、匙、刀、汤勺、镀金垫碟、毛巾盘等是否干净、无破损、齐全、摆放整齐。

（2）检查酒水车是否运转正常,车上所备酒水是否符合订单要求,品种齐全。

（3）检查酒具的准备情况,包括冰桶、冰桶夹、酒篮、酒壶、开酒器等。

（4）检查小毛巾的准备和数量是否符合规格标准。

（5）检查调味瓶表面是否有渍印,出粉、出料口是否保持通畅清洁,瓶装的调味品是否新鲜。

（6）检查洗手间的一切用品是否齐全,摆放准确。

（三）餐厅服务员个人卫生

（1）制服必须平整、干净。

（2）工牌佩在衣胸前的左上方。

（3）工作鞋应干净、整齐,统一着浅色袜子。

（4）头发应干净、无尘,不留怪异发型。

（5）男员工不留长发,女员工头发如过肩,须束上。

（6）保持手和指甲干净,不能留长指甲、染指甲。

（7）女员工化妆以淡雅为原则,不可浓妆艳抹。

（8）岗位上不佩戴非工作需要的个人装饰物。

二、餐前准备

（一）准备工作台

工作台是餐厅服务必备的设备,在为用餐的客人服务期间,其中装满服务员必用或者可能用到的各种工具。工作台可以减轻摆台的负担,又避免了每用什么都必须去储藏室拿的麻烦。服务员在预先准备好的工作台前工作,随用随取,十分得心应手。

工作台的类型和大小各有不同,可以依据餐厅的具体情况来选择设置。

（1）所需要的各种东西应该依据上轻下重、上小下大的原则合理放置。

（2）刀、叉和勺放置在上层。应该遵循"相似的物体不放在一格里,如肉刀和面包刀应该分格放,中间用肉叉隔开"的原则。

(3)把较重的盘子和面包筐等放在工作台的下层。

(4)整个工作台在布置之后,应该呈现美观、精巧、整洁的外观,使服务员一眼就能看到需用的东西,也给宾客一种舒服之感。

(5)清洁和布置工作台的具体方法如下。

① 打扫干净工作台的每一层、每一格。

② 先拉出上层装刀、叉、匙的抽屉,打扫干净;如有必要,翻过来用刷子刷。

③ 里面的抽屉用餐巾纸擦干净。

④ 用一块干净的湿抹布把工作台的外表和抽屉外面擦干净。

⑤ 如果有必要,在工作台较低的几格里铺上干净的布巾。

⑥ 在把各种物体放进工作台之前,检查这些物体是否干净;不干净的物体绝不允许放进去。

工作台除了摆放、贮存数量充足的餐具、用具、毛巾等之外,还必须准备诸如酱油、醋、胡椒等常用调味品。

餐厅里的工作台很容易就被宾客看得一清二楚,所以服务员必须养成保持工作台整齐、清洁的习惯。服务员助手应负责不停地将脏餐具用托盘收回放入洗碗间。工作台内部物品应分门别类、整齐存放,以避免由于翻找餐具引发的噪声;工作台操作必须保持轻声,以免影响宾客。

(二)准备用具、物品

1. 准备调味品

一个合格的餐厅服务员应该懂得什么样的菜配什么样的调味品。一般来说,每个餐厅根据基本菜谱,要预先准备好相应的调味品;在客人用餐时,必须保证调味品瓶满、够用。该准备工作通常在早晨开张前完成,但须随时检查,随时续上;在午餐和晚餐之前,要进行全面检查。

装调味品瓶的具体方法如下。

(1)收集餐厅所有的调味品瓶,并放到一个大托盘里。

(2)在餐厅或餐具室找一块空闲的地方,放好托盘。

(3)从储藏室拿出各种待装的调味品和一块干净抹布、一把茶匙(或咖啡匙)及一根调酒棍,并装在另一个大托盘里。

(4)打开每一个待装的调味品瓶的盖子,把各种调味品依次装入,不要把调味品瓶弄混。

(5)用茶匙装调味品瓶,装到2/3满即可。

(6)如果瓶口太小,就用调酒棍。

(7)用抹布擦净落在外面的调味品。

(8)把已经装好的各种调味品瓶分组并排放好。

2. 准备洗手盅

餐厅提供的有些菜肴需要宾客用手帮助进食,因此当宾客在品尝这些菜肴时,必须为宾客送上洗手盅,并配以小毛巾,以便宾客清洗手指。

(1) 挑选干净无破损的洗手盅。

(2) 在洗手盅中注入一半温热的红茶水。

(3) 在红茶水中加一片柠檬。

(4) 把洗手盅放在一个带有荷花套的面包盘里。

3. 准备小毛巾

(1) 将洗涤过的小毛巾浸泡于热水中。

(2) 将浸泡过的小毛巾拧干,然后对折成长方型。从小毛巾的一头开始,向前推卷成圆柱形或从小毛巾的两头向中间对折成长方形。

(3) 将折卷好的小毛巾按顺序整齐地摆放在电毛巾炉内,将毛巾炉的盖关好后,打开电开关。

4. 准备菜单、酒单

(1) 确保菜单、酒单无破损、无污迹。

(2) 检查所有菜单、酒单内的内容和价格是否正确、一致。

(3) 在菜单的扉页配特色菜或厨师长推荐菜单菜肴。

(4) 确保菜单、酒单数量充足。通常菜单、酒单数均为座位数的 1/10。

5. 准备开胃小食

在备餐间准备好开胃小食,用保鲜膜覆盖,整齐地摆放在调理台上。

6. 准备服务用具、用品

开餐前准备好托盘,将它置于工作台固定的位置;准备好笔、订菜单、收款夹、开瓶器等。

三、餐前检查

(一) 台面及桌椅安排检查

(1) 餐厅摆台要符合规格标准,餐饮用具、用品卫生必须达到标准。

(2) 桌椅安置稳妥,清洁舒适,桌椅横竖均成一线。

(二) 卫生检查

餐饮环境卫生,餐饮用具、用品卫生,餐饮服务人员的个人卫生必须达到制定的标准。发现不足之处,及时采取措施纠正、弥补。

(三) 工作台检查

要确保工作台清洁、卫生、整齐,要确保工作台台面、餐具、器皿、服务用品、用具按餐厅规定的标准摆放,要确保工作台内贮存的物品齐全充足。

(四) 设施、设备状况检查

1. 打开所有的照明设备

如发现故障,立即通知工程部维修、更换。电话通知后补维修单,保证开餐时间内所有照明设备工作正常。

2. 检查空调运转情况

保证餐厅温度在人体舒适的范围。

3. 打开背景音乐开关

检查其设备运行情况,并将音量调整到以不打扰宾客交谈为宜。

(五)宾客预订落实

(1)所摆餐位符合预订人数。

(2)在宾客预订的餐桌上摆放"留桌"立牌。

(3)检查宾客预订用餐的时间。

(六)餐前服务人员仪容、仪表检查

开餐前,餐饮服务人员根据《员工手册》中有关仪容、仪表的要求,检查自己的仪容、仪表是否符合标准。

四、召集员工餐前例会

在服务员基本完成各项准备工作、餐厅即将开门营业前,由餐厅经理或领班主持召开员工餐前例会。其程序和内容如下。

(1)员工餐前例会在开餐前 30min 召开,由当班领班主持召开,全体当班人员必须准时参加。当班经理到场前,与会者要事先换好工作服,整理好仪容、仪表,保持良好的精神状态,不依不靠,列队等候。

(2)当班经理到场后,根据班次表点名。

(3)领班检查全体员工的仪容、仪表是否符合规范要求。检查时,要注意细节,如员工的指甲、鞋、袜等。

(4)领班根据预订记录通报当日客情;对服务员进行具体分工;向当班员工通告当日厨师长特别推荐菜和蔬菜的名称、口味、基本制作方法、主料、配料以及缺菜品种等。

(5)当班经理总结昨日营业收入、宾客人数、服务中的经验与问题,尤其是宾客的投诉;对服务好的服务员进行表扬;提出餐前准备检查中发现的问题;强调当日营业的注意事项、VIP 宾客的接待工作要求等。

(6)餐前例会结束,前后场工作人员要迅速进入工作岗位,并按照餐前会的具体分工,准备开餐。

项目小结

本项目主要介绍了餐前准备工作中所涉及的托盘、餐巾折花、摆台等环节的具体操作方法和服务程序等内容,并对餐厅迎宾准备工作的内容进行了阐述。

（1）试述托盘的手法、步法要领。

（2）餐巾折花主要有哪些手法？试述其不同的技法要领。

（3）中餐摆台的主要程序包括哪些？

（4）试述迎宾准备服务的主要环节和基本内容。

实训项目一：托盘端托服务

班 级		学 号		姓 名	
实训项目	托盘端托服务		实训时间		4学时
实训目的	通过对托盘端托服务基础知识的讲解和操作技能的训练,使学生了解托盘的种类和用途,掌握托盘的操作程序与操作要领,达到熟练端托,运用自如的训练要求				
实训方法	老师先讲解、示范,然后由学生实作,老师再指导。按托盘操作中的各种行走步伐和餐厅服务中可能出现的场景设计训练内容。 轻托——托5kg以下物品,训练站立、行走、避让、下蹲等				
课前布置任务	基础知识：托盘的种类和用途、托盘的使用方法		准备工作：准备好托盘、垫盘方巾、专用擦布、垫碟；检查所需运送酒水、餐具等物品是否齐全、干净		
实训内容					

（1）操作要领。

①左手臂自然弯曲呈90°,掌心向上,五指分开稍弯曲,使掌心微呈凹形。②用五指指端和手掌根部"六个力点"托住盘底,利用五指的弹性控制盘面的平稳。③托盘平托于胸前,略低于胸部,基本在第二、三颗衣扣之间,盘面重心稍向里侧,保持平衡,利用左手手腕灵活转向。④遇有障碍物应及时里压外摆,躲闪避让。

（2）操作程序与标准。

①理盘。②装盘。③起托。④行走：a. 常步；b. 疾步；c. 碎步；d. 跑楼梯步；e. 垫步；f. 巧步。⑤卸盘与落托。

（3）模拟情景：托盘行走常用步伐。

要点提示	（1）左手端托,右手自然下垂,禁止行走过程中用右手扶托。 （2）不可将托盘越过客人头顶,以免发生意外。 （3）端托行走时,目光应平视前方,切勿只盯托盘。随着托盘重量的增多或减少,要做到进出有序,掌握好重心,保持盘面平稳。 （4）端托时,即使再急也不能抢路,不能不让路,不能跑步行进。

续表

能力测试			
考核项目	操作要求	配分	得分
理盘	洗净,擦干,垫好盘巾	10	
装盘	物品摆放合理,符合要求,重心均衡	10	
起托	左脚向前迈一步,右手将托盘拉出台面1/3	5	
	托盘重心位于掌心处,保持盘面平衡	5	
	左手掌呈凹形,不与盘底接触	10	
	托稳,右手放回体侧成站立姿势	10	
行走	头正肩平,上身挺直	10	
	步伐轻盈,稳健自如	10	
	目视前方,表情自然,精力集中,姿态优美	10	
	托盘随着步伐在胸前自然摆动	10	
卸盘	左脚向前迈一步,用右手协助左手把托盘小心推至工作台面	5	
	放稳托盘,卸下所托物品	5	
合　计		100	

实训项目二：餐巾折花

班　级		学　号		姓　名	
实训项目	餐巾折花		实训时间		4学时
实训目的	通过对餐巾折花基础知识的讲解和操作技能的训练,使学生了解餐巾花的种类、花形选择与摆放要求,掌握折花的手技要领与部分折花的操作方法,达到操作规范、熟练折叠的训练要求				
实训方法	老师先讲解、示范,然后由学生实作,老师再指导。按折花的各种手法要领、植物类花形、动物类花形、实物类花形的顺序依次进行训练。同学之间分组比质量、比速度,相互点评				
课前布置任务	基础知识:餐巾折花造型种类、餐巾折花花形的选择、餐巾花的摆放要求		准备工作:操作前洗净双手,工作台或托盘洗净消毒,检查餐巾有无破损和油污等,准备好折花所需的物品,了解客人风俗习惯和生活禁忌,慎重选用花形		

实训内容

1. 餐巾折花基本技法

(1)叠的技法。

(2)折的技法。

(3)卷的技法。

(4)穿的技法。

(5)翻的技法。

续表

实 训 内 容

(6)拉的技法。
(7)捏的技法。
(8)掰的技法。
(9)攥的技法。

2.餐巾折花操作训练

要点提示	(1)注意操作卫生。 (2)操作过程中不能用嘴吹、牙咬、下巴按,尽量不要讲话。 (3)放入杯花时,要用手拿取杯子的下半部,手不能碰杯口。

能 力 测 试			
考核项目	操 作 要 求	配分	得分
手技要领	准备使用餐巾花折叠基本技法	15	
	操作娴熟、规范	10	
折花造型	折花造型美观、逼真、挺拔	20	
	操作熟练,一次成型	20	
折花速度	能够保证在规定时间内完成折花造型	15	
操作禁忌	操作手法卫生,不用嘴吹、牙咬、下巴按,手不触及杯的上部	10	
卸盘	左脚向前迈一步,用右手协助左手把托盘小心推至工作台面	5	
	放稳托盘,卸下所托物品	5	
合 计		100	

实训项目三：铺台布服务

班 级		学 号		姓 名	
实训项目	铺台布服务		实训时间		1学时
实训目的	通过对铺台布服务基础知识的讲解和操作技能的训练,使学生了解铺台布的种类、规格和方法,掌握铺台布的操作程序与标准,达到操作规范、一次到位的训练要求				
实训方法	老师先讲解、示范,然后由学生实际操作,老师再进行指导				
课前布置任务	基础知识：台布的种类、台布的规格、铺台布的方法		准备工作：物品准备,放好餐椅、餐桌		
实 训 内 容					

1.推拉式铺台布操作程序与标准
(1)准备。
(2)打开。
(3)合拢。
(4)推出。

续表

实 训 内 容
(5) 定位。 2. 抖铺式铺台布操作程序与标准 (1) 准备。 (2) 打开。 (3) 提起。 (4) 铺出。 (5) 定位。 3. 撒网式铺台布操作程序与标准 (1) 准备。 (2) 打开。 (3) 提起、上肩。 (4) 铺出。 (5) 定位。 4. 围台裙操作程序与标准 (1) 准备。 (2) 操作。

要点提示	(1) 铺好的台布正面向上,凸缝朝上对准餐桌正、副主人中心位置,十字中心线位于餐桌中心。 (2) 台布铺好后,四角对准餐桌四脚,呈直线下垂状,下垂部分距地面距离相等。 (3) 铺好的台布应平整无皱纹、无污渍。 (4) 铺设台布过程中注意台布不能接触地面。 (5) 台布铺好后,应将副主人位餐椅送回原位。

能 力 测 试			
考核项目	操 作 要 求	配分	得分
操作位置	在副主人位操作	10	
操作姿势	按照要求采用不同方法铺台布,姿势规范,符合要求	20	
操作要求	台布不能接触地面,一次铺设到位,姿势优美大方	25	
操作效果	台布正面向上,十字线对准餐桌中心线,凸缝朝上对准正副主人	25	
	台布四角对准餐桌四脚,下垂部分距地面距离相等	20	
合　　计		100	

餐饮对客服务技能

学习目标

1. 了解斟酒的程序、方法及相关知识；
2. 掌握就餐过程中领位、点菜、上菜等服务要领与技巧；
3. 熟悉餐后结账与送客的服务程序。

技能要求

1. 能够按照迎宾服务标准进行服务；
2. 能够根据客人的要求，规范标准地进行边桌服务相关内容的操作。

引导案例

马格丽特是亚特兰大某饭店咖啡厅的领位员。咖啡厅最近比较繁忙。这天午饭期间，马格丽特刚带几位客人入座回来，就见一位先生走了进来。

"中午好，先生。请问您贵姓?"马格丽特微笑着问道。

"你好，小姐。你不必知道我的名字，我就住在你们饭店。"这位先生漫不经心地回答。

"欢迎光临。"马格丽特礼貌地问道。

"不知你们这里的头盘和大盆菜有些什么?"先生问道。

"我们的头盘有一些沙拉、肉碟、熏鱼等，大盆菜有猪排、牛扒、鸡、鸭、海鲜等。您要感兴趣可以坐下看看菜单。您现在是否准备入座了? 如果准备好了，请跟我去找一个餐位。"马格丽特说道。

这位先生看着马格丽特的倩影和整洁、漂亮的衣饰，欣然同意，跟随她走向餐桌。"不，不，我不想坐在这里。我想坐在靠窗的座位，这样可以欣赏街景。"先生指着窗口的座位对马格丽特说。

"请您先在这里坐一下。等窗口有空位了我再请您过去，好吗?"马格丽特征求他的意见。

在征得这位先生的同意后，马格丽特又问他要不要一些开胃品。这位先生点头表示赞同。马格丽特对一位服务员交代了几句，便离开了这里。当马格丽特再次出现在先生面前告诉他窗口有空位时，先生正与同桌的一位年轻女士聊得热火朝天，并示意不换座位，要赶紧点菜。马格丽特微笑着走开了。

（资料来源：http://www.wenku.baidu.com，2020-05-21，[2020-06-01].）

【思考题】

分析领位员服务的过程中,应具体做好哪些工作?

任务一　迎宾服务

客人进入餐厅前,将在餐厅领台处受到迎宾人员、领班或主管的热情欢迎。亲切的服务态度及诚挚的迎宾举止是顾客接触餐厅后的第一印象,这是好的服务及愉快的用餐经历的开始。

（一）服务流程

(1) 领位员按规定着装,备好菜单,在开餐前5min立于指定位置,姿态优雅,保持良好的精神面貌,随时恭候宾客的到来。

(2) 宾客进入餐厅后,领位员微笑主动问候,了解其是否预定。如客人已预订座位,则应热情引导客人入座;如客人没有预订座位,领位员则应礼貌地将客人引领至其满意的餐台。

(3) 引领客人时,应走在客人右前方1m左右,要不时回头,把握好客人与自己的距离。

(4) 当领位员将宾客带到餐台时,值台服务员应主动上前问候,并协助为宾客拉椅让座,拉椅时椅子要正对餐位,并招呼客人入座。

(5) 待宾客满意后,领位员同客人道别并祝其用餐愉快。随后向后退两小步,然后转身离去。

（二）迎宾服务程序标准

1. 餐厅有座位时的迎宾服务程序标准

餐厅有座位时的迎宾服务程序标准如表3-1所示。

表3-1　餐厅有座位时的迎宾服务程序标准

服务程序	服务标准
迎接客人	客人来到餐厅时,领位员应面带微笑,主动向前问好。
引位	(1) 如客人已预定,引位员应热情地引领客人入座。 (2) 如客人没有预定,引位员则礼貌地将客人引领到客人满意的餐台。 (3) 引领客人时,应走在客人右前方1m处,且不时回头,把握好客人与自己的距离。
拉椅让座	(1) 当引位员将客人带到餐台时,服务员应主动上前问好并协助为客人拉椅让座,注意女士优先。 (2) 站在椅背的正后方,双手握住椅背的两侧,后退半步的同时将椅子拉后半步。 (3) 用右手作请的手势,示意客人入座。 (4) 在客人即将坐下时,双手扶住椅背的两侧,用右腿顶住椅背,手脚配合将椅子轻轻往前送,使客人不用自己移动椅子便能恰到好处地入座。 (5) 拉椅、送椅的动作要迅速、敏捷,力度要适中、适度。

服务程序	服务标准
送上菜单	(1) 引位员在开餐前应认真检查菜单,保证菜单干净整洁,无破损。 (2) 按引领客人人数,拿取相应数量的菜单。 (3) 当客人入座后,打开菜单的第一页,站在客人的右后侧,按先宾后主,女士优先的原则,依次将菜单送至客人手中。
服务茶水	(1) 服务茶水时,应先询问客人喜欢何种茶,适当做介绍并告之价位。 (2) 按照先宾后主的顺序为客人倒茶水。 (3) 在客人的右侧倒第一杯礼貌茶,以8分满为宜。 (4) 为全部客人倒完茶,将茶壶添满水后,放在转盘上,供客人自己添茶。
服务毛巾	(1) 根据客人人数从保温箱中取出小毛巾,放在毛巾篮中用毛巾夹服务毛巾。 (2) 服务毛巾时,站在客人右侧。 (3) 按女士优先、先宾后主的原则依次送上。 (4) 热毛巾要抖开后放在客人手上。 (5) 冷毛巾直接放在客人右侧的毛巾盘中。 (6) 客人用过的毛巾,征求客人同意后方可撤下。 (7) 毛巾要干净无异味。
铺餐巾	(1) 服务员依据女士优先、先宾后主的原则为客人铺餐巾。 (2) 一般情况下,应在客人右侧为客人铺餐巾;如果不方便(如一侧靠墙),也可以在客人左侧为客人铺餐巾。 (3) 铺餐巾时应站在客人右侧,拿起餐巾,将其打开,注意右手在前,左手在后,将餐巾轻轻铺在客人腿上,注意不要把胳膊肘送到客人面前(左侧服务相反)。 (4) 如有儿童用餐,可根据家长的要求,帮助儿童铺餐巾。
撤、加餐具	(1) 按用餐人数撤去多余餐具(如有加位则补上所需餐具),并调整桌椅间距。 (2) 如有小孩就餐,需搬来加高童椅,并协助小孩入座。
撤筷套	(1) 在客人的右侧,用右手拿起带筷子套的筷子,交与左手,用右手打开筷子套封口,捏住筷子的后端并取出,并摆在原来的位置上。 (2) 每次脱下的筷子套握在左手中,最后一起撤走。
记录	在协助服务员完成上述服务后,引位员回到迎宾岗位,将客人人数、到达时间、台号等迅速记录在迎宾记录本上。

2. 餐厅已满时的迎宾服务程序标准

餐厅已满时的迎宾服务程序标准如表3-2所示。

表3-2 餐厅已满时的迎宾服务程序标准

服务程序	服务标准
迎接客人	客人来到餐厅时,引位员应面带微笑,主动上前问好。
服务	(1) 礼貌地告诉客人餐厅已满。 (2) 询问客人是否可以等待,并告知大约等待时间。 (3) 安排客人在休息处等待,为客人服务茶水。 (4) 与餐厅及时沟通,了解餐位情况,以最快速度为客人准备好餐台。 (5) 为客人送上菜单,可提前为客人点菜。

续表

服务程序	服务标准
引位	(1) 尽快地将客人带到客人满意的餐台前。 (2) 引领客人,应走在客人右前方 1m 处,且不时回头,把握好客人与自己的距离。 (3) 通知服务员尽快提供上菜服务。
服务毛巾	(1) 根据客人人数从保温箱中取出小毛巾,放在毛巾篮中用毛巾夹服务毛巾。 (2) 服务毛巾时,站在客人右侧。 (3) 按女士优先、先宾后主的原则依次送上。 (4) 热毛巾要抖开后放在客人手上。 (5) 冷毛巾直接放在客人右侧的毛巾盘中。 (6) 客人用过的毛巾,征求客人同意后方可撤下。 (7) 毛巾要干净无异味,热毛巾一般保持在 40℃。
铺餐巾	(1) 服务员依据女士优先、先宾后主的原则为客人铺餐巾。 (2) 一般情况下应在客人右侧为客人铺餐巾;如果不方便(如一侧靠墙),也可以在客人左侧为客人铺餐巾。 (3) 铺餐巾时应站在客人右侧,拿起餐巾,将其打开,注意右手在前,左手在后,将餐巾轻轻铺在客人腿上,注意不要把胳膊肘送到客人面前(左侧服务相反)。 (4) 如有儿童用餐,可根据家长的要求,帮助儿童铺餐巾。
撤筷套	(1) 在客人的右侧,用右手拿起带筷子套的筷子,交与左手,用右手打开筷子套封口,捏住筷子的后端并取出,摆在原来的位置上。 (2) 每次脱下的筷子套握在左手中,最后一起撤走。
记录	在协助服务员完成上述服务后,引位员回到迎宾岗位,将客人人数、到达时间、台号等迅速记录在迎宾记录本上。

(三)要点及注意事项

(1) 当客人来到餐厅时,引位员要礼貌热情地问候客人。

① 可说:"早上好/晚上好,先生、小姐,欢迎光临×××餐厅。请问几位?/请问需要几个人的餐桌?"

② 询问客人姓名,以便称呼客人。

③ 询问客人是否预定,如客人尚未定桌,立即按需给客人安排座位。

④ 协助客人存放衣物,提示客人保管好贵重物品,将取衣卡交给客人。

⑤ 引位员右手拿菜单,左手为客人指示方向,要四指并拢手心向上,同时说:"请跟我来,请这边走。"

⑥ 引领客人进入餐厅时,要和客人保持 1m 的距离。将客人带到餐桌前,并征询客人意见。

⑦ 帮助客人轻轻搬开座椅,待客人落座前将座椅轻轻送回。

(2) 如何安排客人座位。

① 一张餐桌只安排同一批的客人就座。

② 要按照一批客人的人数去安排合适的餐桌。

③ 吵吵嚷嚷的大批客人应当安排在餐厅的包房或餐厅靠里面的地方,以避免干扰其他客人。

④ 老年人或残疾人尽可能安排在靠餐厅门口的地方,可避免多走动。

⑤ 年轻的情侣喜欢被安排在安静及景色优美的地方。

⑥ 服饰漂亮的客人可以渲染餐厅的气氛,可以将其安排在餐厅中引人注目的地方。

(3) 客人入座后的内容。

① 为客人提供毛巾和茶水服务。

② 为客人铺餐巾。

③ 为客人撤筷套和多余餐具。

④ 为客人送上菜单。

任务二　边桌服务

一、斟酒服务

斟酒服务在餐厅服务工作中是很重要的一个环节,无论是中餐还是西餐,都需要服务人员在宾客就餐过程中提供斟酒服务,尤其在宴会服务中,提供斟酒服务最为频繁。斟酒服务要求服务人员掌握正确的服务方法和相关的酒品知识,操作中做到不滴不洒,不满不溢,这对于满足宾客的精神需求和提高餐厅的消费档次十分重要。

(一)酒水准备与示瓶

1. 酒水冰镇

有些酒品在饮用时温度需低于室温,这就要求对酒品进行降温处理,比较名贵的瓶装酒大都采用冰镇的方法来降温。冰镇的方法有加冰块、加碎冰和冷冻等。酒水冰镇的服务程序如表 3-3 所示。

表 3-3　酒水冰镇的服务程序

服务程序	工 作 步 骤
准备	准备好冰镇酒品及需要的冰桶,并将冰桶架放在餐桌的一侧。
冰镇	(1) 桶中放入冰块,将酒瓶插入冰块中约 10min,即可达到冰镇效果。如客人有特殊要求,可按客人要求延长或缩短时间。 (2) 服务员手持酒杯下部,杯中放入冰块,摇转杯子,以降低杯子的温度,并对杯子进行降温处理。 (3) 用冰箱冷藏酒品。

2. 酒水加温

有些酒品在饮用时温度需高于室温,这就要求对酒品进行温烫处理。温烫有四种常用的方法:水烫、火烤、燃烧和冲泡。

(1) 水烫:将酒事先倒入烫酒器,然后置入热水中升温的方法。

（2）火烤：将酒装入耐热器皿，置于火上烧烤升温的方法。

（3）燃烧：将酒盛入杯盏内，点燃酒液以升温的方法。

（4）冲泡：将沸滚饮料（水、茶、咖啡等）冲入酒液，或将酒液注入热饮料中的方法。其中以水烫法最为安全，其服务程序如表 3-4 所示。

表 3-4　水烫法的服务程序

服务程序	工 作 步 骤
准备	准备暖桶、酒壶和酒品，并将暖桶架放在餐桌的一侧。
加温	（1）在暖桶中倒入开水，将酒倒入酒壶，然后放在暖桶中升温。 （2）加温操作须在客人面前进行。

3. 示瓶

服务人员在开启宾客点用的整瓶酒水之前，都应先让客人过目。向客人示酒的目的有三：一是表示对客人的尊重；二是保证酒水质量；三是避免与宾客发生纷争。

示瓶的方法如下：服务者站于客人的右后侧，左手托瓶底，右手扶瓶颈，酒标朝向客人，让其辨认，经客人许可后，方能打开。

此外，餐厅服务员在为客人示瓶之前，须将酒瓶瓶身、瓶口擦干净，检查酒水质量及酒瓶是否破裂，出现问题应及时调换。

（二）开瓶

开瓶应正确使用开瓶器。开瓶时，酒瓶握稳，应避免酒体的晃动，否则汽酒会造成冲冒现象，陈酒会造成沉淀物窜腾现象。开瓶的声音要小。开瓶后，酒瓶酒罐应留在客人的餐桌上，酒瓶酒罐下面须用衬垫，以免弄脏台布。开启后的封皮、木塞、盖子等物不要直接放在桌上，应在离开时一并带走。

普通酒水开启瓶盖比较容易，但葡萄酒和香槟酒的开启应掌握正确的方法。下面介绍几种常用酒的开瓶方法。

1. 葡萄酒

（1）服务员先用洁净的餐巾把酒瓶包上。

（2）切掉瓶口部位的锡纸，并揩擦干净。

（3）用开酒钻的螺旋锥转入瓶塞，将瓶塞慢慢拔开，再用餐巾将瓶口擦干净。

（4）在开瓶过程中，动作要轻，以免摇动酒瓶时将瓶底的酒渣泛起，影响酒味。

2. 香槟酒

香槟酒因瓶内有较大的气压，故软木塞的外面套有铁丝帽以预防软木塞被弹出。

（1）首先将瓶口的锡纸剥除。

（2）用右手握住瓶身，以 45°的倾斜角拿着酒瓶并用大拇指紧压软木塞，右手将瓶颈外面的铁丝圈扭弯，一直到铁丝帽裂开为止，然后将其取掉。同时，用左手紧握软木塞，并转动瓶身，使瓶内的气压逐渐地将软木塞弹挤出来。

（3）转动瓶身时，动作要既轻又慢。开瓶时要转动瓶身而不可直接扭转软木塞，以防将其扭断而难以拔出。

（4）注意开瓶时，瓶口不要朝向宾客，以防在手不能控制的情况下，软木塞爆出。如已溢出酒沫，应将酒瓶呈 45°斜握。

3. 烈性酒

根据烈性酒的封瓶方式，其开瓶方法有以下两种。

（1）如果酒瓶是塑料盖或外部包有一层塑料膜，开瓶时先用火柴将塑料膜烧熔取下，然后旋转开盖即可。

（2）如果酒瓶是金属盖，瓶盖下部常有一圈断点，开瓶时用力拧盖，使断点断裂，便可开盖。如遇断点过于坚固，难于拧裂的，可先用小刀将断点划裂，然后旋转开盖。

4. 罐装酒

（1）一些带气的饮品常以易拉罐的形式封装，开启时只要拉起罐顶部的小金属环即可。

（2）开启前要避免摇晃。

（3）服务者在开启易拉罐时，应将开口方向朝外，不能朝向客人，并以手握遮，以示礼貌。

（三）斟酒

1. 斟酒方式

正式场合中，斟酒是服务人员必须进行的一项工作。斟酒一般分为徒手斟酒和托盘斟酒。

1）徒手斟酒

徒手斟酒又分为桌斟和捧斟。

桌斟指宾客将杯子留在桌上，服务员立于客人的右侧，侧身用右手把握酒瓶向杯中倾倒酒水的斟酒方式。瓶口与杯沿应保持 1～2cm 的距离，切忌将瓶口搁在杯沿上或高处斟酒，斟酒者每斟一杯，都要换一下位置，站到下一位客人的右侧。

桌斟时，还要掌握好满斟的程度，什么酒需少斟，什么酒要多斟，过多过少都不好。斟完酒，持瓶的手应向内旋转 90°，同时离开杯子上方，使最后一滴酒保持在酒瓶上而不落在桌上或客人身上。然后拿餐巾擦拭瓶颈和瓶口，再给下一位客人斟酒。

捧斟是指斟酒服务时，服务员站立于顾客右后侧，右手握瓶，左手将酒杯捧在手中，向杯中斟酒，然后绕向顾客的左侧将装有酒水的酒杯放回原来的杯位。捧斟方式一般适用于非冰镇处理的酒品。

2）托盘斟酒

托盘斟酒即将顾客选定的酒水、饮料放于托盘内，服务员左手端托，保持平稳，右手取送斟倒，根据顾客的需要依次将所需酒水斟入杯中，这种斟倒方法方便宾客选用。

2. 斟酒量与斟酒顺序

1）斟酒量控制

（1）中餐在斟倒各种酒水时，一律以八分满为宜，以示对宾客的尊重。

（2）西餐斟酒不宜太满，一般以红葡萄酒斟至杯的 1/2 处，白葡萄酒斟至杯的 2/3 处为宜。斟香槟酒分两次进行，首先斟至杯的 1/3 处，待泡沫平息后，再斟至杯的 2/3 处即可。

2）斟酒顺序

（1）中餐斟酒顺序。宾客入座后，服务员应及时询问客人需要何种酒水。大型宴会开始前 10min 左右，将烈性酒和葡萄酒为宾客斟好。其顺序是：从主宾开始，按男主宾、女主宾、再主人的顺序顺时针方向依次进行。如果是两位服务员同时服务，则一位从主宾开始，另一位从副主宾开始，按顺时针方向依次进行。

（2）西餐斟酒顺序。西餐宴会用酒较多，几乎每道菜都搭配一种酒，吃什么菜饮什么酒，所以应先斟酒后上菜。其顺序为：女主宾、女宾、女主人、男主宾、男宾、男主人。

3. 斟酒的注意事项

（1）为客人斟酒不可太满，瓶口不可碰杯口。

（2）斟酒时，酒瓶不可拿得过高，以防酒水溅出杯外。

（3）当因操作不慎，将杯子碰倒时，立即向客人表示歉意，同时在桌上酒水痕迹处铺上干净的餐巾。因此，要掌握好酒瓶的倾斜度。

（4）因啤酒泡沫较多，斟倒时速度要慢，让酒沿杯壁流下，这样可减少泡沫。

（5）当客人祝酒讲话时，服务员要停止一切服务，端正肃立在适当的位置上，不可交头接耳，要注意保证每个客人杯中都有酒水；讲话即将结束时，要向讲话者送上一杯酒，供祝酒之用。

（6）主人离位或离桌去祝酒时，服务员要托着酒，跟随主人身后，以便及时给主人或其他客人续酒；在宴会进行过程中，看台服务员要随时注意每位客人的酒杯，见到杯中酒水只剩下1/3时，应及时添满。斟酒时应站在客人的后右侧，进行斟酒时切忌左右开弓进行服务。

（7）手握酒瓶的姿势。首先要求手握酒瓶中下端，商标朝向宾客，便于宾客看到商标，同时可向宾客说明酒水特点。

（8）斟酒时要经常注意瓶内酒量的多少，以控制酒出瓶口的速度。因为瓶内酒量的多少不同，酒的出口速度也不同，瓶内酒越少，出口的速度就越快，倒时容易冲出杯外。所以，要掌握好酒瓶的倾斜度，使酒液徐徐注入酒杯。

二、点菜服务

当宾客看完菜单后，服务员应按规范提供点菜服务。为此，服务员应了解宾客的需求，熟悉菜单，主动为客人提供信息和帮助，协助客人合理安排菜单。

（一）熟悉菜单

1. 了解中餐常见的烹调方法

炒：是将原料投入小油锅，在中旺火上急速翻拌、调味成菜的一种烹调方法。适用于炒的原料，一般都是经过加工处理的丝、片、丁、条、球等。炒是使用最广泛的一种烹调方法，可分为生炒、干炒、清炒、滑炒、抓炒、爆炒、煸炒等，如滑炒虾仁等。

熘：是用调制卤汁浇淋于用温油或热油炸熟的原料上，或将炸熟原料投入卤汁中搅拌的一种烹调方法，可分为脆熘、滑熘、醋熘、糟熘、软熘等，如醋熘鱼块等。

蒸：是将经过调味的原料用蒸汽加热使之成熟或酥烂入味的一种烹调方法。这是一种使用较为普遍的烹调方法。蒸不仅用于烹制菜肴，而且能用于原料的初步加工和菜肴的保温等,如清蒸鳜鱼等。

炸:是将原料投入旺火加热的大油锅中使之成熟的一种烹调方法,其要求是火力旺、用油多。部分菜肴要煎炸两次以上。炸可分为干炸、清炸、软炸、酥炸、香炸、包炸等,如干炸响铃。

烹:是将小型原料经炸或煎至金黄色后,再用调味料急速拌炒的一种烹调方法。烹可分为炸烹和清烹,如炸烹里脊丝等。

烧:是将原料经炸、煎、水煮等加工成半成品,然后加适量汤水和调味品,用旺火烧开,用中小火烧透入味,再用旺火促使汤汁浓稠的一种烹调方法。烧可分为红烧、白烧、酱烧、干烧等,如红烧鱼等。

煮:是将原料放入多量的清水或鲜汤中,先用旺火煮沸,再用中、小火烧熟的一种烹调方法。一般是汤菜各半,如煮干丝等。

焖:是将原料经炸、煎、炒或水煮后加入清汤和调料用旺火烧开,再加盖用微火长时间加热成熟的一种烹调方法。焖菜比烧菜汁多。焖可分为红焖、黄焖、葱焖等,如板栗焖鸡块等。

爆:是将原料放入旺火、中等油量的油锅中炸熟后加调味汁翻炒而成的一种烹调方法。爆可分为酱爆、油爆、葱爆、盐爆等,如油爆大虾等。

烩:是将多种小型原料在旺火上用鲜汤和调料制成半汤半菜的一种烹调方法。烩可分为红烩和白烩,以白烩居多,如五彩素烩等。

氽:是沸水下料,加调料,在汤将开时撇净浮沫,用旺火速成的一种烹调方法。一般是汤多菜少,但口味清鲜脆嫩,如氽鱼圆等。

扒:是将原料经蒸或煮成半成品后整齐地放入锅中,加汤和调料,用旺火烧开,中小火烧透入味,再用旺火勾芡的一种烹调方法。扒可分为红扒、白扒、奶油扒等,如扒鸡等。

煨:是将质地较老的原料,加入调味品和汤汁,用小火长时间加热使原料成熟的一种烹调方法。煨制菜肴的汤汁数量比烧、焖要多,加热时间也长些,如茄汁煨牛肉等。

2. 了解宾客口味及饮食需要

帮助宾客点菜首先要了解宾客的饮食习惯和口味要求,掌握主要客源国的饮食概况等知识,同时从宾客言谈举止、国籍、年龄、口音等方面了解宾客的饮食需要。例如,我国香港特别行政区的人们喜食清淡菜肴;法国人的口味喜鲜嫩,喜食鱼、虾、鸡、鸡蛋和新鲜蔬菜;英国人喜欢喝清汤,喜欢吃牛排、羊肉、鸡、鸭、野味以及黄瓜、生菜等蔬菜等;内地宾客口味特点是南甜、北咸、东辣、西酸。

在接受宾客点菜时,还必须注意宾客的饮食禁忌,如欧美人不喜欢吃动物内脏、狗肉、鸽子肉,节食的客人喜食低热量、低脂肪的食品。

在接受点菜时,服务员要能熟练地介绍菜肴的口味、特点、烹饪方法,掌握上菜顺序、上菜时机和作料搭配,做好宾客的参谋。

(二)点菜程序

1. 征询点菜

当宾客浏览菜单完毕后,服务员应立即上前询问:"请问现在可以为您点菜了吗?"

2. 提供建议

介绍当日的特选菜,注意了解、观察宾客需求,用描述性语言介绍菜点,不可强制推销,要出于对宾客的关心帮助宾客选择,注意荤素搭配、分量适中。

3. 记录菜名

接受宾客点菜时应保持站立姿势,身体微向前倾,认真清楚地记录宾客所点的菜品名。

4. 重复菜名

为了确保点菜内容无误,点菜完毕后,应重复宾客所点的菜品,经宾客确认。

5. 礼貌致谢

点菜并核实无误后,服务员应收回菜单,并向宾客表示感谢:"非常感谢,请稍等。"

点菜的服务用语

服务员:女士(先生),请问现在可以点菜了吗?

客人:可以(好的),我要一份鱼香肉丝、蚝油生菜、宫保鸡丁、烤大虾,就这些吧!

服务员:对不起,我们餐厅的菜单上没有烤大虾这道菜,请您稍等,我马上与厨师联系一下,看能不能为你特别制作,好吗?

客人:谢谢!(几分钟后)

服务员:非常抱歉,这道菜现在厨房没有原料,希望下次一定让您满意!(您再来的时候,提前预订好吗?)

客人:好的!

服务员:女士(先生),您非常幸运,今天我们酒店推出的特色菜是芫爆双脆,它具有脆嫩爽口、味鲜而浓、油而不腻的特点,是下酒的好菜,您要不要尝一尝?

客人:好的,那就来一份吧!

服务员:女士(先生),我可以重复一下您点的菜吗?

客人:可以!

服务员:您要的是鱼香肉丝、辣白菜、宫保鸡丁、芫爆双脆,是这样吗?

客人:是的!

服务员:请问您需要什么酒水呢?

客人:你们这里有什么酒水?

服务员:有可乐、蒲公酒、惠泉啤酒、三蕉叶酒,请问您要哪一种?

客人:来两瓶惠泉啤酒吧!

服务员:好的,请稍等!

拓展阅读

三斤重的清蒸鱼

许先生带着客户到北京某星级饭店的餐厅去吃烤鸭,这里的北京烤鸭很有名气,客人坐满了餐厅。由于没有预订,许先生一行到餐桌入座后马上点菜。许先生为八个人点了三只烤鸭、十几个菜,其中有一道清蒸鱼由于忙碌,服务员忘记问客人要多大的鱼,就通知厨师去加工。

不一会儿,一道道菜陆续上桌了。客人们喝着酒水,品尝着鲜美的菜肴和烤鸭,颇为惬意。吃到最后,桌上仍有不少菜,但大家却已酒足饭饱。突然,同桌的小康想起还有一道清蒸鱼没有上桌,就忙催服务员快上。

鱼端上来了,大家都吃了一惊。好大的一条鱼啊! 足有3斤重,这怎么吃得下呢?

"小姐,谁让你做这么大一条鱼啊? 我们根本吃不下。"许先生边用手推了推眼镜,边说道。

"可您也没说要多大的呀?"服务员反问道。

"你们在点菜时应该问清客人要多大的鱼,加工前还应让我们看一看。这条鱼太大,我们不要了,请退掉。"许先生毫不退让。

"先生,实在对不起。如果您不要这鱼,餐厅要扣我的钱,请您务必包涵。"服务员的口气软了下来。

"这个菜的钱我们不能付,不行就去找你们经理来。"小康插话道。最后,服务员只好无奈地将鱼撤掉,并汇报领班,将鱼款划掉。

【思考题】

请分析服务人员在点菜中的注意事项。

三、上菜服务

(一) 中餐上菜

1. 上菜顺序

中餐根据菜系的不同,就餐与上菜顺序会稍有不同。一般来说,先上冷菜便于佐酒,然后需视冷菜食用情况适时上热菜,最后上汤菜、点心和水果。

上菜时应该注意正确的端盘方法,端盘时用大拇指紧贴盘边,其余四指扣住盘子底部,拇指不应碰到盘边的上部,更不允许留下手印或手指进入盘中,这样既不卫生也欠缺礼貌。

2. 上菜方法与要求

(1) 上菜时,可先上冷菜。当客人落座开始就餐后,服务员即可通知厨房做好出菜准备,待冷菜吃了1/2时,服务员即可送上第一道热菜。大桌菜肴较多,要求热菜在30min左右上完,小桌20min上完,烹制时间较长的菜肴应告知宾客。

(2) 服务员为客人提供服务时,一般要以第一主人作为中心,从宴席的左侧位置上菜,从宴席的右侧位置撤盘。上菜或撤盘时,都不应在第一主人或主宾的身边操作,以免影响客主之间的就餐与交谈。

(3) 凡是上带有调味作料的热菜,如烤鸭、烤乳猪、清蒸蟹等菜肴时要一同上菜,并可以略做说明,切忌遗漏。

(4) 几种特殊菜肴上桌的方法。

① 锅巴虾仁应尽快上桌,将虾仁连同汤汁倒入盘中锅巴上,保持热度和吱吱的声响。

② 清汤燕窝这类名贵的汤菜应将燕窝用精致盘子盛放上桌,在客人面前由服务员下入清汤中。

③ 上泥包、纸包、荷叶包的菜时,服务员应先将菜拿给客人观赏,然后送至操作台上,在客人的注视下打开或打破,最后用餐具分到每一位客人的餐盘中。如果先行打开或打破,再拿到客人面前,则会失去菜的特色,并使这类菜不能保持其原有的温度和香味。

(5)菜肴上有孔雀、凤凰等图案的拼盘时,应当将其正面朝向第一主人和主宾,以方便其欣赏。

(6)第一道热菜应放在第一主人和主宾的面前,尚未吃完的菜可移向副主人一边,后面的菜可遵循同样的原则。

(7)遵循"鸡不献头,鸭不献尾,鱼不献脊"的传统礼貌习惯,即在给客人上鸡、鸭、鱼一类的菜时,不要将鸡头、鸭尾、鱼脊面向主宾,而应当将鸡头与鸭头朝右边放置。上整鱼时,由于鱼腹的刺较少,肉味鲜美腴嫩,因此应将鱼腹朝向主宾,表示对主宾的尊重。

(二)西餐上菜

1. 西餐上菜的基本要求

(1)服务员提供西餐上菜服务中,总体顺序是女主宾、男主宾、主人与一般来宾。

(2)服务员应左手托盘,右手拿叉匙站在客人的左边为其提供服务。

(3)西餐菜肴上菜同样要遵循"左上右撤"的原则,并注意酒水饮料要从客人右侧上桌。

2. 西餐上菜的方式

(1)法式上菜方式是将菜肴在宾客面前的辅助服务台上进行最后的烹调服务,法式服务由两名服务人员同时完成,一名负责完成桌边的烹调制作,另一名负责为客人上菜,热菜用加温的热盘,冷菜用冷却后的冷盘。

(2)俄式上菜方式与法式相近,但所有菜肴都是在厨房完成后,用大托盘送到辅助服务台上,然后以顺时针方向绕台,将餐盘从右边摆在客人面前。

(3)英式上菜方式是将盛装好菜肴的大餐盘放在宴会首席的男主人面前,由主人将菜肴分入餐盘后递给站在左侧的服务员,由服务人员分给女主人、主宾和其他宾客。各种调料与配菜摆在桌上,也可以由宾客自取并互相传递。

(4)美式上菜方式比较简单,菜肴由厨房盛到盘子中。除了色拉、黄油和面包,大多数菜肴盛在主菜盘中,遵循"左上右撤"的原则,菜肴从左边上给宾客,饮料酒水从右边送上,用过的餐具由右边撤下。

(三)服务程序与标准

客人就餐时的服务程序与标准如表3-5所示。

(四)要点及服务注意事项

1. 就餐服务的工作内容

就餐服务是点菜服务的继续,也是餐饮服务中时间最长、环节最复杂的服务过程。就餐服务的工作内容如下：进行上菜、分菜服务；服务员必须经常在客人台旁巡视，及时为客人更换餐盘；为客人收走餐台上的空瓶、空罐等杂物；点菜后 30min，应检查客人的菜是否上齐；处理客人在用餐过程中出现的各种问题；为客人斟添酒水饮料；再次推销菜肴、酒水。

表 3-5　客人就餐时的服务程序与标准

服务程序	服务标准
上菜分菜服务	(1) 服务技巧同上菜、分菜服务技能。 (2) 把握上菜时机，合理适时分菜。
餐桌卫生清洁	(1) 时刻保持餐台清洁卫生，出现杂物或空盘应征得客人同意后及时撤去。 (2) 如果餐桌台面上有剩余食物，要用专用的服务用具，切记不可用手直接操作。
餐盘餐具的撤换	(1) 撤换餐盘时要待客人将盘中食物吃完方可进行。如果客人放下筷子而菜未吃完，应征得客人的同意后才能撤换。 (2) 按先宾后主的顺序依次撤换。 (3) 使用托盘撤换时，先在客人的左侧送上干净的餐盘，再给客人撤走右侧脏的餐盘。左手托盘，右手撤餐具，动作要轻稳。 (4) 徒手撤盘时站在客人的右侧，用手撤下将其放入左手要移到客人身后。 (5) 将用过的餐具及时撤下。
服务酒水	(1) 随时观察客人用酒情况，在客人饮用剩至 1/3 时及时斟酒。 (2) 掌握客人酒水情况，及时提供添酒服务。
加菜处理	(1) 服务员应细心观察分析，主动了解客人加菜的目的。客人提出加菜的原因有三：所点的菜不够吃；想买菜带走；对某一菜欣赏想再吃。 (2) 主动介绍菜肴，帮助客人选择菜肴。 (3) 根据客人的需要开单下厨。

2. 撤换餐盘的时机

上翅、羹或汤之前，上一套小汤碗，待客人吃完后，送上毛巾，收回翅碗，换上干净餐碟；吃完汁多的食物之后，应该换上干净餐碟；上甜菜、甜品前应该更换餐碟；上水果之前，换上干净餐碟和水果刀叉；残渣骨刺较多或有其他废弃物的餐碟要随时更换；客人失误将餐具跌落在地时要立即更换。

任务三　结账与送客服务

一、结账服务

（一）服务流程

（1）顾客食用餐后点心水果时，服务员可一边整理工作台，一边注意宾客的进度，并为宾客清点酒水、饮料空瓶，待其确认。

（2）当主人要求结账时,服务员应主动询问宾客对剩余饮料及餐点的处理方式。

（3）主动将多余未用的酒水退掉,结算所有消费项目。

（4）靠近主人询问其用餐是否满意,是否现在要结账。

（5）为主人解说当天的消费项目。

（6）从收银处取到完整的账单,并先行确认项目、金额是否正确。

（7）将账单递交客人过目,并解答相关疑问。

（8）询问宾客的结账方式,要掌握现金、刷卡、房客记账或微信、支付宝等移动支付的处理方法。

（9）送上发票、找零现金或信用卡签单,或请客人签认挂账单据。

（二）服务程序与标准

结账与收银的服务程序与标准如表 3-6 所示。

表 3-6　结账与收银的服务程序与标准

服务程序	服　务　标　准
结账准备	（1）在给客人上完菜后,服务员要到账台核对账单。 （2）当客人要求结账时,请客人稍候,立即去收银处取回账单。 （3）服务员告诉收款台号,并核查账单台号、人数、食品及饮品消费是否准确无误。 （4）将账单放入账单夹内,并确保账单夹打开时,账单正面朝向客人。 （5）注意先上小毛巾,后递账单。 （6）随身准备结账用笔和微信、支付宝结账机器。
递交账单	将取回的账单夹在结账夹内,走到主人右侧,打开账单夹,右手持账夹上端,左手轻托账夹下端,递至主人面前,请主人检查。注意不要让其他客人看到账单,并对主人说:"这儿是您的账单"。
现金结账	（1）客人付现金时,服务员要礼貌地在餐桌旁当面点清钱款。 （2）请客人等候,将账单及现金送给收款员。 （3）核对收款员找回的零钱及账单上联是否正确。 （4）服务员站在客人右侧,将账单上联及所找零钱夹在结账夹内,送给客人。 （5）现金结账应注意唱收唱付。 （6）真诚感谢客人。 （7）在客人确定所找钱数正确或使用微信、支付宝结账后,服务员迅速离开客人餐桌。
支票结账	（1）支票结账时,应请客人出示身份证或工作证及联系电话,然后将账单及支票、证件同时交给收款员。 （2）收款员结账完毕后,记录证件号码及联系电话。 （3）服务员将账单第一联及支票存根核对后还给客人,并真诚地感谢客人。 （4）如客人使用密码支票,应请客人说出密码,并记录在一张纸上,结账后将账单第一联、支票存根、密码纸交与客人并真诚地感谢客人。 （5）如客人使用旅行支票结账,服务员需礼貌地告诉客人到外币兑换处兑换成现金后再结账。
信用卡结账	（1）如客人使用信用卡结账,服务员请客人稍候,并将信用卡和账单送回收款员处。 （2）收款员做好信用卡收据,服务员检查无误后,将收据、账单及信用卡夹在结账夹内,拿回餐厅。

服务程序	服务标准
信用卡结账	(3) 将账单、收据送给客人,请客人在账单和信用卡收据上签字,并检查签字是否与信用卡上一致。 (4) 将账单第一页、信用卡收据中客人存根页及信用卡递还给客人。 (5) 真诚感谢客人。 (6) 将账单第二页联及信用卡收据另外三页送回收银处。
签单结账	(1) 如果是住店客人,服务员在为客人送上账单的同时,为客人递上笔。 (2) 礼貌地要求客人出示房间钥匙。 (3) 礼貌地示意客人需写清房间号,用楷书签名。 (4) 客人签好账单后,服务员将账单重新夹在结账夹内,拿起账夹。 (5) 真诚感谢客人。 (6) 迅速将账单送交收银员,以查询客人的名字与房间号码是否相符。

(三) 要点与服务注意事项

1. 结账种类

(1) 现金结账:适用于店外的零散客人和团队客人。

(2) 支票结账:适用于大企业、大公司的长期包餐或大型宴会旅游团队用餐。

(3) 信用卡、微信及支付宝结账:适用于零散客人。

(4) 签单:适用于住店客人、与酒店签订合同的单位、酒店高层管理人员及酒店的贵宾。

2. 结账要求

(1) 结账服务对整个服务过程来说十分重要,结账中出现问题会影响客人对酒店的印象,影响整体服务质量。

(2) 要注意结账时服务人员不可催促客人,结账应由客人主动提出,以免造成赶客人走的印象;同时账单递送要及时,不可让客人久等。

(3) 要注意结账对象,尤其是在散客结账时,应分清由谁付款,如果弄错了收款对象,容易造成客人对酒店的不满。

(4) 要注意服务态度,餐饮服务中的服务态度要始终如一,结账阶段也要体现出热情和有礼貌的服务风范。绝不要在客人结账后就停止服务,马上撤去收拾,而应继续为其端茶倒水,询问客人对服务的要求直至离开。

二、送客与收尾服务

(一) 服务流程

(1) 完成结账程序后准备送客。

(2) 当宾客起身时,服务员需上前拉椅子,帮助宾客顺利离席。

(3) 检查餐桌附近是否有顾客的遗忘物品,及时提醒客人。若客人有寄放物品,记得提醒宾客取回。

(4) 提供服务意见书供客人填写,并感谢宾客光临,同时欢迎再次光临。

(5) 送宾客至餐厅门口,其他人员也应配合送客。

(二)服务程序标准

1. 撤台服务程序与标准

撤台服务程序与标准如表 3-7 所示。

表 3-7　撤台服务程序与标准

服务程序	服务标准
撤台要求	(1) 零点撤台需在该桌客人离开餐厅后进行,宴会撤台必须在所有客人均离开餐厅后才能进行。 (2) 收撤餐具要轻拿轻放,尽量不要发出碰撞声响。 (3) 收撤餐具要为下道工序创造条件,叠碗时大碗在下,小碗在上。 (4) 收撤时,要把剩有汤或菜的餐具集中起来放置。
撤台	(1) 按摆台规范对齐餐椅。 (2) 将桌面上的花瓶、调味瓶和台号牌收到托盘上,暂放于服务桌。 (3) 用托盘开始收撤桌面上的餐具,并送至洗碟机房清洗。收撤的顺序为银器、餐巾、瓷器、餐具、玻璃酒杯。 (4) 桌面清理完后,立即更换台布。 (5) 用干净布巾把花瓶、调味瓶和台号擦干净后按摆台规范摆上桌面。 (6) 使用转盘的餐桌,需先取下已用过的转盘罩及转盘,然后更换台布,再摆好转盘,套上干净的转盘罩。

2. 送客服务程序与标准

送客服务程序与标准如表 3-8 所示。

表 3-8　送客服务程序与标准

服务程序	服务标准
协助客人离开座位	(1) 客人起身准备离开时,上前为客人拉椅。 (2) 客人起身后,向客人致谢并提醒客人请勿遗漏物品。
向客人致谢	礼貌地与客人道别,向客人表示感谢,诚恳欢迎客人再次光临。
送客人离开餐厅	(1) 走在客人前方,将客人送至餐厅门口。 (2) 当客人走出餐厅门口时,引领员或餐厅经理再次向客人致谢、道别。 (3) 引位员应帮助客人叫电梯,并送客人进入电梯,目送客人离开。 (4) 正门直接有车道的餐厅,引位员要帮助客人叫出租车,雨天要为客人打伞,为客人开车门,目送客人坐车离开。
餐厅检查	(1) 服务员立即回到服务区域,再次检查是否有客人遗留物品。 (2) 如有遗留物品应尽快交还客人。如客人已经离开,要向餐厅经理汇报,将物品交给大堂副理处。

3. 收尾服务程序与标准

收尾服务程序与标准如表3-9所示。

表3-9　收尾服务程序与标准

服务程序	服务标准
减少灯光	(1) 当营业结束,客人离开后,服务员开始着手餐厅的清理工作。 (2) 关掉大部分照明灯,只留适当的灯光供清场用。
撤器具,收布草	(1) 先清理桌面,再撤走服务桌上所有器皿,送至洗碟机房清洗。 (2) 把布草分类送往备餐间(干净与脏的要分开)。
清洁	清洁四周护墙及地面,吸地毯,如有污迹,通知绿化部清洗。
落实安全措施	(1) 关闭水、电开关。 (2) 除员工出入口以外,锁好所有门窗。 (3) 由当值负责人做完最后的安全防患复查后,填写管理日志。 (4) 落实厅面各项安全防患工作,最后锁好员工出入口门,方可离岗。

(三) 要点与服务注意事项

1. 送客服务

热情送客是礼貌服务的具体体现,表示餐饮部门对客人的尊重、关心、欢迎和爱护。送客时服务员的态度和表现直接反映出饭店接待工作的等级、标准和规范程度,体现出服务员的文化素养与修养。因此,在送客服务过程中,服务员应做到礼貌、耐心周全、使客人满意。其要点如下。

(1) 客人不想离开时决不能催促,不要做出催促客人离开的错误举动。

(2) 客人离开前,如有未吃完的菜肴,在征求客人同意的情况下,可主动将食品打包,切不可有轻视的举动,不要给客人留下遗憾。

(3) 客人结账后起身离开时,应主动为其拉开座椅,礼貌地提醒他们不要遗忘物品。

(4) 要礼貌地向客人道歉,欢迎他们再来。

(5) 要面带微笑地注视客人离开,或亲自陪同客人到餐厅门口。引位员应礼貌地欢送客人并欢迎他们再来。如遇到特殊天气,如雨天,可为没带伞的客人打伞,扶老携幼,帮助客人叫出租车,直至客人安全离开。

(6) 重大餐饮活动的欢送要隆重、热烈,服务员可列队相送,使客人真正感受到服务的真诚和温暖。

2. 收尾服务

待客人全部离开餐厅后,要在不影响其他就餐客人的前提下收拾餐具、整理餐桌,并重新摆台。这项收尾整理工作往往在其他客人仍在用餐或已有客人在等待餐桌的情况下进行,所以文明和速度是该程序的重要标准。在收尾服务中应注意以下要点。

(1) 在 4min 之内清桌完毕,并即刻摆台。

(2) 清桌时如发现客人遗忘的物品,应及时交给客人或上交有关部门。

(3) 清桌时应注意文明作业,保持动作沉稳,不要损坏餐具物品,也不应惊扰正在用餐的客人。

（4）清桌时要注意周围的环境卫生，不要将餐纸、杂物、残汤剩菜等乱洒乱扔。

（5）清桌完毕后，应立即开始规范摆台，尽量减少客人的等候时间。

（6）营业结束，要对餐厅进行全面的检查，结算一天账务，关闭水、电、火等设备开关，关闭好门窗，一天服务工作即告结束。

项目小结

本项目首先介绍了餐厅迎宾服务的程序及注意事项；其次对边桌服务所涉及的服务环节，如斟酒、点菜、上菜等内容进行了详细的阐述；最后阐述了餐厅结账与送客服务的服务程序。

思考练习题

（1）领位服务时，应注意哪些事项？

（2）试述葡萄酒与香槟酒的开瓶方法。

（3）点菜服务包括哪些服务环节？

（4）试述中餐与西餐的上菜顺序。

案例分析

一个深秋的晚上，三位客人在南方某城市一家饭店的中餐厅用餐。他们在此已坐了两个多小时，仍没有去意。服务员心里很着急，到他们身边站了好几次，想催他们结账，但一直没有说出口。最后，她终于忍不住对客人说："先生，能不能结账，如想继续聊天请到酒吧或咖啡厅。"

"什么！你想赶我们走，我们现在还不想结账呢。"一位客人听了她的话非常生气，表示不愿离开。另一位客人看了看表，连忙劝同伴马上结账。那位生气的客人没好气地让服务员把账单拿过来。看过账单，他指出有一道菜他们没点过，但却算进了账单，请服务员去更正。这位服务员忙回答客人，账单肯定没错，菜已经上过了。几位客人却辩解说，没有要这道菜。服务员又仔细回忆了一下，觉得可能是自己错了，忙到收银员那里去改账。当她把改过的账单交给客人时，客人对她讲："餐费我可以付，但你服务的态度却让我们不能接受。请你马上把餐厅经理叫过来。"这位服务员听了客人的话感到非常委屈。其实，她在客人点菜和进餐的服务过程中并没有什么过错，只是想催客人早一些结账。

"先生，我在服务中有什么过错的话，我向你们道歉了，还是不要找我们经理了。"服务员用恳求的口气说道。

"不行，我们一定要找你们经理。"客人并不妥协。

服务员见事情无可挽回，只好将餐厅经理找来。客人告诉经理他们对服务员催促他们结账的做法很生气。另外，服务员把费用多算了，这些都说明服务员的态度有问题。

"对不起,这些确实是我们工作上的失误,我向大家表示歉意。几位先生愿意什么时候结账都可以,结完账也欢迎你们继续在这里休息。"经理边说边让服务员赶快给客人倒茶。在经理和服务员的一再道歉下,客人们终于不再说什么了,他们付了钱悻悻而去。

【思考题】

本例中的服务员在结账环节犯了哪些错误?

实训项目一:中餐摆台

班 级		学 号		姓 名	
实训项目	中餐摆台		实训时间		8 学时
实训目的	通过对中餐摆台基础知识的讲解和操作技能的训练,使学生了解摆台的种类和摆台要求,掌握各种摆台的操作程序与标准,达到操作规范、技能娴熟的训练要求				
实训方法	老师先讲解、示范,然后由学生实际操作,老师再指导。按摆台顺序分类进行训练,然后进行综合训练。操作后学生之间相互点评,教师指点				
课前布置任务	基础知识:中餐摆台的种类、中餐摆台用具、中餐摆台拿取餐具的要求、中餐摆台要求		准备工作:餐厅卫生、用具检查,个人卫生,准备摆台器具、检查器具,了解就餐客人的人数、国籍、菜单等基本情况		
实训内容					

1. 零点餐和早餐摆台程序与标准

(1) 铺台布。

(2) 骨碟。

(3) 汤碗、汤勺。

(4) 筷子、筷架。

(5) 公用餐具的摆放。

2. 零点餐和午晚餐摆台程序与标准

(1) 铺台布。

(2) 骨碟。

(3) 汤碗、汤勺。

(4) 筷子、筷架。

(5) 水杯。

(6) 茶杯、杯碟。

(7) 公用餐具的摆放。

3. 中餐宴会摆台程序与标准

(1) 铺台布。

(2) 放转盘。

(3) 摆放餐具:

①垫盘、骨碟;②汤碗、汤勺、味碟;③筷子、筷架;④酒杯;⑤香巾架;⑥公用餐具;⑦牙签筒;⑧菜单;⑨席次卡、座卡、桌花;⑩围椅。

续表

要点提示	(1) 摆台前,操作人员要洗手消毒,检查餐具有无破损或不洁。 (2) 摆台时,要求餐具图案对正,距离匀称,符合标准,整齐美观。 (3) 摆放餐具既要做到清洁卫生,又要有艺术性;既要方便宾客使用,又要便于服务人员服务。 (4) 折叠餐巾花要注意客人的风俗习惯,避其忌讳。

能 力 测 试

考核项目	操 作 要 求	配分	得分
铺台布	正面朝上	1	
	台布折叠的十字中心位于餐桌中心,中间鼓缝线对准正副主人位	1	
	台布四边均匀下垂	1	
	台布四角包住餐桌四只腿	1	
	干净利落,一次到位	1	
垫盘、骨碟定位	垫盘、骨碟定位	10	
	距离均匀	5	
	离桌边的距离 1.5cm	5	
汤碗、汤勺、味碟	汤碗摆在垫盘左上方,与垫盘距离 1cm	5	
	汤勺放在汤碗内,勺把向右	5	
	味碟放在垫盘的右上方	5	
筷架、筷子	筷架、筷子摆放在骨碟的右侧	4	
	筷子放在筷架上,筷架在筷子前端 1/3 处,筷尾距离桌边 1.5cm	6	
酒具	葡萄酒杯摆放在骨碟的正前方,距汤碗外沿 1cm	8	
	葡萄酒杯的右侧摆白酒杯,左侧摆放水杯	8	
	三只酒杯一条直线上或呈 45°	4	
餐巾折花	选 10 种不同造型的餐巾花折叠,插入水杯中	10	
	突出主人位	2	
	简洁明快,造型逼真	8	
公用餐具	公用餐具摆放符合要求	10	
合　　计		100	

实训项目二：西餐摆台

班　级		学　号		姓　名	
实训项目	西餐摆台		实训时间		4 学时
实训目的	通过对西餐摆台基础知识的讲解和操作技能的训练,使学生了解西餐摆台的种类和摆台要求,掌握摆台的操作程序与标准,达到操作规范、技能娴熟的训练要求				
实训方法	老师先讲解、示范,然后由学生实际操作,老师再指导。按摆台顺序分类进行训练,然后进行综合训练。操作后学生之间相互点评,教师指点				
课前布置任务	基础知识：西餐摆台的种类、西餐摆台用具、西餐摆台要求		准备工作：餐厅卫生、用具检查、个人卫生,准备摆台器具、检查器具		
实　训　内　容					

1. 西餐台形设计

2. 西餐座次安排

3. 西餐铺台布操作程序与标准

4. 零点餐、早餐摆台程序与标准

(1) 铺台布。

(2) 展示盘。

(3) 餐刀、餐叉。

(4) 面包盘、黄油刀。

(5) 咖啡杯具。

(6) 调味品、牙签筒。

(7) 水杯。

5. 零点餐和午晚餐摆台程序与标准

(1) 铺台布。

(2) 展示盘。

(3) 餐刀、餐叉、汤匙。

(4) 面包盘、黄油刀。

(5) 甜品匙、叉。

(6) 水杯。

(7) 调味品、牙签筒。

(8) 烛台。

6. 西餐宴会摆台程序与标准

(1) 铺台布。

(2) 展示盘。

(3) 餐刀、餐叉、汤匙。

(4) 面包盘、黄油刀、黄油碟。

(5) 甜品匙、叉和水果刀。

(6) 酒杯。

(7) 公用餐具。

(8) 围椅。

要点提示	(1) 摆台前,操作人员要洗手消毒,检查餐具有无破损或不洁。 (2) 摆台时,按照一底盘、二餐具、三酒水杯、四调料用具、五艺术摆设的程序进行。 (3) 摆放餐具要做到清洁卫生。

续表

能 力 测 试			
考核项目	操 作 要 求	配分	得分
铺放台布	正面朝上	3	
	台布四角均匀下垂	3	
	铺台布时所站位置正确	2	
摆展示盘	手拿盘的边沿	4	
	摆放在座位的正前方	5	
	离桌边距离 2cm	6	
摆刀、叉、匙	摆放顺序由里向外	8	
	摆放位置正确	4	
	正确摆放刀、叉、匙	2	
	摆放时不要碰撞出声音	4	
摆面包盘、黄油刀、黄油碟等	摆放顺序为盘、刀、碟	8	
	摆放位置正确	3	
	刀子拿刀把	2	
	盘碟拿边沿	2	
摆酒具	摆放顺序正确	4	
	位置正确,间距为 1cm	4	
	拿杯子的位置正确	4	
摆餐巾花	造型逼真、美观、大方	6	
	口布洁净	2	
公用餐具	花瓶、烛台摆放正确	5	
	牙签筒、调味瓶摆放正确	4	
座椅定位	椅间距离相等	5	
	椅子前沿与下垂的台布垂直	4	
整体效果	整洁、美观	2	
服务员的仪表、仪容、仪态	服饰整洁	1	
	化淡妆	1	
	服务员姿态自然大方,动作轻快、稳重	2	
合　　计		100	

餐厅服务设计与管理

学习目标

1. 了解餐厅服务的主要环节、各种服务方式及各自具体的服务方法；
2. 熟悉餐厅的设计与布局，学习餐饮质量控制的具体方法。

技能要求

1. 熟练掌握餐饮餐厅设计布局的基本技能；
2. 熟练掌握餐厅服务经营管理的基本技能，具备餐饮企业经营战略策划、设计布局及服务质量控制与日常运作管理能力。

引导案例

一男一女两位外宾带着两个男孩来到饭店的中餐厅吃晚饭。一个孩子睡在婴儿手推车中，另一个坐在服务员特地拿来的儿童座椅上。两位宾客点了他们喜爱的菜后，便开始喝起了中国茶。坐在儿童座椅上的孩子只有两岁多，非常好动，他一会儿玩筷子，一会儿又要把餐碟扔到地上，女外宾不时地呵斥着他，但并不制止。服务员见孩子淘气，忙上前捡起掉在地上的餐碟，转身去换。

不一会儿，他们点的菜上桌了。服务员在征得同意后，特意为小男孩夹了一些菜，放到餐碟里，谁知孩子拿起餐碟向服务员就扔，菜扔到服务员身上，碟子掉到地上打破了。两个外宾忙起身呵斥孩子，不好意思地向服务员道歉，并表示要赔偿被打坏的餐碟。服务员微笑着请他们不要介意，并转身再次为孩子换了餐碟。

当服务员为客人送上番茄虾仁时，只见小男孩在大声地哭闹，两个外宾正在焦急地抱着小男孩看他的口腔。原来在服务员离去时，淘气的孩子吃了一口鱼，被鱼刺卡住了喉咙。听到孩子的哭声，看到外宾那焦急的神色，服务员放下菜盘就去帮助查看，鱼刺扎得很深，服务员便安慰客人不要着急，接着马上找餐厅经理。餐厅经理闻讯赶来，为了不影响其他宾客用餐，加之饭店的医务室已经下班，他马上叫人联系车辆让那位服务员陪同外宾一家送孩子去附近的医院。孩子送到医院后,卡在他喉咙上的刺终于被取了出来。

外宾回到饭店的房间后不久,餐厅就将准备好的饭菜送到了客人面前。看到餐桌上那热气腾腾的饭菜,他们激动地对送餐的服务员说:"你们饭店的服务真周到,请替我们向餐厅的所有人致谢。"

【讨论】

以上案例说明了什么?

任务一　餐厅设计与布局

一、餐厅的设计

(一)餐厅设计原则

餐厅设计原则为经济、安全、高效。

(二)设计功能区

餐厅设计应满足餐饮服务功能的需要,设计如下功能区。

(1) 在餐厅入口处设立收款员、领座员柜台,以控制进出,便于结账收款,并设衣帽间。

(2) 将餐厅分为若干小区,在营业低峰时可以关闭部分小区。

(3) 餐桌要有大小不同的规格,以便招待人数不同的各批顾客。

(4) 10%的座位要建成火车座式,供单身顾客或情侣使用。

(5) 餐厅里应设食品陈列柜。

(6) 大约每100个位子设一个服务台,用于为顾客提供水、咖啡,换台布,放置从餐桌上撤换的餐具等。

(7) 使用可变灯光调节装置,以便创造不同的用餐气氛。

二、餐厅的面积和餐位数

饭店餐厅、酒吧、厨房及其配套设施的面积和餐位数的确定,取决于饭店的市场定位、服务类型、设施规模及餐饮经营在饭店总体经营中的地位和作用等因素。按照国际惯例,各类旅游饭店餐饮经营场所服务设施的面积占饭店总面积的5%～12%,但餐饮经营场所的面积和餐位数的确定标准和方法不尽相同。

(一)根据饭店客房数决定餐位数

(1) 休闲度假型、会议中心型旅游饭店:客房数∶餐位数＝1∶1.5～2。

(2) 商务型饭店:客房数∶餐位数＝1∶0.5～1。

(3) 酒吧、酒廊等酒水服务场所设施:客房数∶餐位数＝1∶0.25～0.5。

例如,一座380间客房的城市中心商务型旅游饭店的餐位数应分配如下。

餐厅：380 间×0.8 位/间＝304 位。

酒吧：380 间×0.5 位/间＝190 位。

（二）根据餐饮销售额和客流量的预测决定餐位数

在市场调查的基础上，确定餐饮企业经营的类型、规模，合理地进行市场定位，制定菜单，根据餐饮销售收入和客源量的预测决定餐位数。

（三）餐位面积和餐厅面积

据有关资料统计，根据餐厅的等级档次、所提供的餐饮风格（如中餐、西餐等）、餐饮经营形式（如大型宴会厅、普通中餐厅、快餐厅、自助餐厅、咖啡厅等）、餐饮服务形式（如宴席服务、自助餐服务等）等因素不同，餐厅的面积指标有较大的差异，如表 4-1 所示。

表 4-1　餐位面积和餐厅面积比较

类　型	餐位面积（m²/餐位）	类　型	餐位面积（m²/餐位）
大型豪华宴会厅	1.8～2.5	美式餐厅	1.2～1.5
大型宴会厅	1.5～2.0	自助餐厅	1.2～1.7
普通中餐厅	1.2～1.5	咖啡厅	1.5～1.8
豪华中餐厅	1.5～2.0	酒吧	1.2～1.4
法式餐厅	1.8～2.5	快餐厅	1.1～1.4

影响餐厅面积指标的因素还有以下一些方面：采用圆形餐台比采用方形餐台的面积指标要高；小型餐厅由于受出入口人多的影响，平均面积指标较大型餐厅要高；主题酒吧、主题餐厅因增加其他服务吸引物，其面积指标也较高；雅间单房因受四面墙壁的约束，其面积指标也较高。

三、餐厅的空间布局

（一）餐厅的家具

餐厅的布局是根据餐饮经营类型和服务方式进行的，其必须考虑的因素有：餐饮营运场所的面积、形状，厨房类型；单位餐位面积标准，餐桌、餐椅的式样，人体工学的要求，公共区域和附属设施。

1. 餐台

（1）方台。方台规格通常为 85cm²、90cm²、100cm² 或 110cm²，高 75cm。这种方台的使用功能最多，既可以当圆桌面的桌腿，又可以拼成会议桌、中心菜台、酒吧台、水果台、点心台等。这种桌子用途很广，一个同时容纳 300 人进餐的餐厅需要方台 50 张。

（2）圆台。圆台分为大小两种，直径为 110cm 左右的小圆台可设 4～6 个座位，直径为 150cm 以上的大圆台可分设 8～12 个座位。圆台的大小与座位的多少有关系，一般以每人

占60cm边长为最低限,否则就显得拥挤。圆台的最小尺寸可按以下公式求得:

$$圆台最小直径=\frac{60\times座位数}{3.14}$$

(3)长台。西餐厅多采用方台和长台。长台分为两种,长的一种长为170cm,这个长度正是两张方台的长度,宽为42.5cm,是方台宽度的一半;短的一种长为127.5cm,相当于一张半方台的长度,宽为42.5cm,是方台宽度的一半,高度均为75cm。在必要时可以将长台与方台并拢,拼成长餐桌。长餐桌的规格如表4-2所示。

表4-2　长餐桌的规格

人数(人)	宽度(cm)	长度(cm)	人数(人)	宽度(cm)	长度(cm)
2	60～65	72～85	8	80～100	160～180
6	75～90	130～160	10	80～100	175～205

(4)转盘。在10人座以上的圆桌面上一般都配有转台。转台底座内装有滚球轴承,菜点摆放在转台上,使用时只要轻轻地拨动,所需的菜点就会转动到客人面前。根据圆桌面的大小,可分别使用不同规格的转台,其直径一般在70～150cm。

(5)落台。落台既是储藏柜又是工作台,柜内存放餐具,柜面做上下菜时的落台,酒水和菜品也放在柜面。常用落台的规格:长为100cm,宽为48cm,高为80cm。

2. 餐椅

餐厅用的椅子要与餐厅的整体风格相协调。餐厅用椅一般有木椅、钢木结构椅、扶手椅、儿童椅、其他特殊椅等。

3. 其他家具

(1)酒柜。各式餐厅内一般都设有条形酒柜或立式玻璃酒柜。酒柜的作用在于陈设各种酒类和菜肴的样品,起到推荐的作用;同时又可与餐厅整体布局融为一体,起到装饰作用。酒柜宜放在餐厅的瞩目处,以便宾客观赏和挑选。一般酒柜的规格和样式,可根据餐厅整体布局来考虑。

(2)沙发和茶几。在高规格的宴会厅旁边一般设有休息厅,沙发和茶几是餐厅休息室不可缺少的家具。沙发的种类较多,根据休息室的不同等级和豪华程度,所选用的沙发也不一样。沙发靠背倾斜角度在92°～98°较合适。茶几的主要用途是在休息室内供宾客摆放饮料、茶具等物品。

(二)餐厅的通道

1. 通道设计

通道是指餐厅、酒吧的流动空间,包括餐厅、酒吧的出入口,餐厅、酒吧室内宾客和员工行走的通道,餐厅和厨房的连接通道,安全消防通道等。通道的设计应以顺畅、安全、便利为原则,不可一味追求盈利空间而忽视了通道的设计和布局。

设计餐厅、酒吧内的人员流向通道必须充分考虑以下三个因素。

(1)员工的操作空间:便利性、安全性。

(2)宾客的活动空间:舒适性、伸展性。

（3）人体工学的要求：科学性、针对性。

2. 动线安排

（1）客人动线。客人动线应以从大门到座位之间的通道畅通无阻为基本要求，一般说来采用直线为好，因为任何迂回曲折都会使客人产生混乱感。

（2）服务人员动线。餐厅中服务人员动线长度对工作效益有直接影响，原则上越短越好。

在服务员动线安排中，注意一个方向的道路作业动线不要太集中，尽可能除去不必要的曲折。可以考虑设置一个区域落台，既可存放餐具，又有助于服务人员缩短行走路线，如图4-1所示。

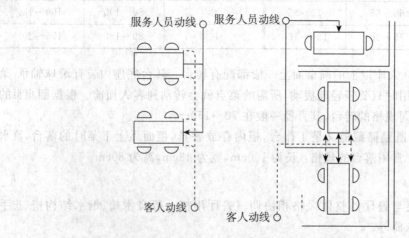

图4-1 客人动线和服务人员动线

3. 餐厅的通道

餐厅的布局中，要考虑充分利用营业面积，还要考虑方便客人进入和离开，又要避免打搅其他客人。以自助餐为例，餐桌间让客人入座、行走的最起码通道尺寸如图4-2所示。

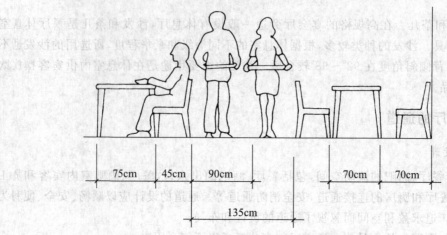

图4-2 餐桌间让客人入座、行走最起码通道尺寸

由此可见,餐厅通道中一个人舒适地走需要 95cm 宽;两个人舒适地走需要 135cm,至少要 110cm 宽;三个人舒适地走需要 180cm 宽。

（三）餐厅的座位设计

餐厅座位的设计是根据餐饮类型、厨房特色来进行的,它对整个餐厅的经营有很大影响。尽管座位的餐桌、椅、架等大小、形状各不相同,但其有一定的比例和标准。一般以餐厅面积的大小、座位的需要数量做适当的配置,使有限的餐厅面积能最大限度地发挥其使用价值。

1. 桌椅的设计

椅子的设计首先要有舒适感,其关键在于座面要符合人体坐姿的自然曲线。另外,靠背的支撑必须切中人体上部的着力部位。

小贴士

日本学者研究表明:当座面高度为 40cm 时,腰部的肌肉活动最强烈。座面比 40cm 高或低时,肌肉活动都有所降低。这说明当人坐在 40cm 左右高的椅子上时,腰部不易疲劳。另外,椅子的高度应该比小腿的长度低 2～3cm。

桌子和椅子之间的高度关系十分重要。从功能上看,餐桌最重要的尺寸是差尺,即从座面坐骨结节点到桌面的距离,而不是地面到桌面的总高度。这是因为人们使用餐桌时,当坐骨结节点的位置确定之后,这个坐骨结节点和肘的位置关系,变成了确定餐桌高度的重要依据,一般为 30cm。

2. 餐厅桌的设计

餐厅中的座席数一般要根据用餐人数、桌子形状来确定,做到既不使客人感到拥挤局促,又不使其感到相互间的疏远。

（1）圆形餐桌:按直径 15～20cm/人的比例来计算餐位数,如 110cm 为 5～7 个餐位,250cm 为 12～14 个餐位;或以圆台大小与人数关系计算,以每人占 60cm 边长为最低限来确定餐位。

（2）长方形餐桌:根据用餐人数来确定不同的餐桌宽度和长度。例如方长台,2 人,宽 60～65cm,长 72～85cm,高 72cm;6 人,宽 75～90cm,长 130～160cm,高 72cm;8 人,宽 80～100cm,长 160～180cm,高 72cm。

（四）餐厅的布局

1. 餐厅的空间设计

餐厅内部的设计应根据餐厅空间的大小决定。由于餐厅内部各部门对需占用的空间要求不同,因此在进行整体空间设计规划时,要做到统筹兼顾,合理安排。既要考虑到客人的安全性、便利性,以及营业各环节的机能、操作效果等因素,又要注意全局与部分之间的和谐、均匀、对称,体现出浓郁的风格情调,使客人一进入餐厅就能强烈地感受到形式美与艺术美,得到一种艺术享受。

餐厅的空间设计通常包括以下几个方面。

(1) 流通空间(通道、走廊、座位等)。

(2) 管理空间(服务台、办公室等)。

(3) 调理空间(配餐间、展示厨房、备餐间等)。

(4) 公共空间(休息室、就餐区、洗手间)。

2. 根据厨房要求设计餐厅平面形式

餐厅的平面形式设计要根据厨房的要求、餐厅各室的种类及数量(如多功能厅、雅座、单间等)来进行。现代餐厅的平面设计大致分两类:一类是传统的封闭式厨房的餐厅,这类餐厅的就餐区和厨房是隔开的;另一类是开放式的厨房,使厨房展示在客人面前,这种餐厅现在越来越受到顾客欢迎。

3. 餐厅的空间分隔

(1) 软隔断分隔,就是用垂珠帘、帏幔、折叠垂吊帘等把餐厅进行分隔。软隔断富丽、高档,一般在有空调的餐厅中使用。

(2) 通透隔断空间,表现出传统的文化气息,通常是指挂落、落地罩、屏风式博古架、花窗墙隔断等,一般是将大餐厅分隔成若干个雅座时使用。

(3) 列柱、翼墙是满足特定空间的要求而虚设的,列柱、翼墙有稳定、厚重的感觉。

(4) 用灯具对餐厅空间进行分隔,有一种隔而不断的感觉,达到一种特殊效果。

小贴士

灯具的布置可以起到空间分区的作用,对于西餐厅和酒吧来说,是室内环境设计的常用手法。

灯具分区的特点是,既保持了大的整体空间的气氛,又在顾客的心理上形成分隔,而且空气流通良好,视野宽广。

(5) 矮墙分隔空间,使就餐者在心理上产生了一种自我受到保护的感觉,人们既享受了大空间的共融性,又保持了一定心理的私密性。矮墙分隔同样具有灯具分隔的多种优点。

(6) 用升降高程划分,就是将餐厅室内的地面标高以局部提高或局部下降,用台阶作为联系的通路。一般升高程用得较多,通过突出地面,暗示出两个空间区域。

(7) 用植物划分,不仅可以限定两个功能不同的空间,还可以阻挡视线,围合成具有相对独立性的私密空间。植物本身就是一种充满生机的"屏",隔而不断,使空间保持其完整性和开敞性。植物还可以调节室内空气,调节温湿度,改善小气候,增加视觉和听觉的舒适度。同时,由于人们对回归大自然的向往,对植物也有一种偏爱。

(8) 装饰物的放置也可以暗示一个空间的结束,另一个空间的开始。此时,它与半部通透的隔断或柱子具有相同的作用,不会阻碍人们的视线,却阻碍人们的行动,从而给室内带来了丰富的空间层次。

按照空间构成的原理,多种类型的物体都可以在分隔空间时加以利用,如花架、水池以及铺地材质的变化等都能起到分隔空间的作用。

任务二 餐厅服务的主要方式

一、餐饮服务的基本功能与特点

（一）餐饮服务的基本功能

（1）餐饮服务是完成菜品从制作到消费转变的手段。

（2）餐饮服务是推销餐饮产品的过程。

（3）餐饮服务是满足顾客需求的重要手段。

（二）餐饮服务的特点

1. 服务态度具有价值

在餐饮服务中，"态度"是一种服务因素，它本身具有价值，同时也可为餐厅带来效益。微笑是服务态度的重要组成部分，也是积极态度的表现形式，从而倍受餐饮业的重视。微笑作为无言的服务，对客人会起到诱导积极情绪的作用。

2. 服务对象的广泛性

由于顾客的层次不同、职业不同、风俗与文化背景不同，他们在观念上和需求上容易产生差异，这就要求餐饮服务多方位满足客人的不同需求。

3. 餐饮服务的时空性

餐饮服务的时空性是指在一定时间和空间内为顾客提供服务。时间问题涉及营业时间、特定时间内顾客的人数和需求，由此还涉及上菜时间、座位安排、客人就餐时间长短等一系列的问题。时间性往往还指餐饮产品即时生产、即时销售的特点。

4. 餐饮服务标准的相对性

我国餐饮服务的形成与发展经历了一个漫长的过程，它与人民生活、社会环境、外来文化、客人需求等都有密切的关系。我国目前餐饮服务规范是中西餐饮服务的融合。因此，餐饮服务既有已经形成的方式和标准，同时又在不断发展变化之中，特别是西餐服务方式不断渗透于餐饮服务之中，所以我国的餐饮服务又具有相对性。

5. 餐饮服务的统一性

统一性是指餐饮服务是直接服务与间接服务的统一，是一线行为与二线行为的统一，是对顾客的照顾、款待与食品的制作、卫生与安全的统一。顾客一般到某餐厅就餐往往含有信赖的因素，即在一定时间内将自己托付给了餐厅。餐厅则应本着对客人负责的精神，把一线服务与二线服务有机地统一起来。

二、主要服务方式

（一）西餐常用服务方式

西餐服务方式是指西餐用餐时提供给用餐者的侍应招待方式。西餐的服务方式大都起源于欧洲贵族家庭和王宫,经过许多年发展演变,逐渐为社会上的饭店和餐馆所使用。

1. 美式服务

美式服务是餐厅服务中非常普遍、有效的服务方式之一,起源于美国的餐馆。服务员根据客人的点菜,将点菜单送至厨房;厨师依据点菜单将菜肴准备完毕,按每人一份的原则,将每道菜分置于餐盘中,并加以简单装饰;然后服务员用托盘端到餐厅呈现给客人。美式服务是一种迅速而又经济的餐饮服务方式;一个服务员可以同时为很多客人服务,因此成本较低。美式服务主要适用于中低档次的西餐零点和宴会用餐。

2. 法式服务

在欧洲国家,特别是英国、法国的高级餐厅里,一代接一代地沿袭一种共同的服务方式,即广泛地使用银器在客人餐桌边的旁桌或手推车上进行最后的加热和烹调,并由服务员或服务员助理用加热过的盘碟盛菜给客人,即法式服务。

传统的法式服务对服务员要求非常严格,专业服务员大部分接受过训练。这种训练包括在服务员职业学校接受科班训练,并要经过几年的实习之后才能升为助理服务员。助理服务员不能单独从事服务工作,他必须与首席服务员或服务员一起工作两年后方能成为正式服务员。今天,只是把传统法式服务与俄式服务融合在一起,作为一种改良的法式服务。

(二)中餐常用服务方式

中餐服务方式指的是中餐餐馆或餐厅中使用的侍应、招待客人的方式。中餐在其长期的发展过程中,兼收并蓄,逐步形成了自己的服务方式,这种服务方式是同中餐菜肴的许多特点相适应的。同时,随着消费者对卫生要求的提高和对就餐方式的多样化需求,中餐的服务方式正在经历着一定的变革。

1. 共餐式服务

共餐式服务比较适用于2～6人的中餐零点服务。传统的共餐式服务由就餐者用自己的筷子到菜盆中挟取菜肴;今天的共餐式服务已在此基础上做了较大改进,就餐时客人用附加的公匙、公筷、公勺盛取喜爱的菜肴。

2. 转盘式服务

转盘式服务在中餐服务中是一种普遍使用的餐桌服务方式,适用于大圆台的多人用餐服务,既可用于旅游团队、会议团体用餐,也适用于中餐的宴会服务。

转盘式服务是在一个直径大于110cm的圆桌上安放一个直径约90cm的转盘,将菜肴等放置在转盘上,供就餐者挟取的就餐服务形式。

3. 分餐式服务

分餐式服务主要适用于官方的、较正式的、高档的宴会服务。分餐式服务是吸收了众多西餐服务方式的优点并使之与中餐服务相结合的一种服务方式,人们又将这种服务方式看作"中餐西吃"时所用的服务方式。

(三)自助餐服务方式

自助餐服务提供全部或部分菜肴,并在长桌上展示各种开胃品、热冷主菜、蔬菜和色拉等;桌子通常放在客人在不同方位都能挑选菜的地方,客人进行自我服务。自助餐是一种用于冷餐会、酒会等的餐饮服务方式,在餐饮服务中越来越普遍,客人的参与意识使他们习惯于自己服务自己,喜欢从美不胜收的菜肴中选取他们所喜爱的食品。

在一些纪念性的节日里或其他庆祝场合,自助餐供应桌可以布置得五彩缤纷,绚丽多姿。再者,在自助餐服务时间内,厨房只需少量人手就够了,因为各种冷盘菜肴均可事先准备好,而各种热菜又是固定的菜谱。

一些简单的自助餐完全是客人自我服务。进入餐厅后,在自助餐桌的一端,客人首先拿托盘、餐盘、刀、叉、勺等餐具,然后沿着自助餐桌挑选自己所喜欢的食品,最后端到餐桌上用餐。采用这种简单的自助餐非常省事、经济,不用做任何摆台工作,只要几个服务员帮助客人切分大块的烤肉和检查食品、供应餐具即可。

而较高级的自助餐服务,则在客人到达之前已摆台完毕,餐具布置可与美式服务方式一样。客人到后,由服务员上开胃品或汤,同时供应饮料、面包、奶油及甜点等。客人自己去挑选所喜欢的主菜。这种服务方式远比其他服务方式更受客人欢迎,效率也非常高。

1. 餐桌布置

餐桌应保证有足够的空间以便布置菜肴。按照人们正常的步幅,每走一步就能挑选一种菜肴的情况,应考虑所供菜肴的种类与规定时间内服务客人人数间的比例问题,否则进度缓慢会造成客人排队或坐在自己座位上等候。

餐桌可以摆成 U 形、V 形、L 形、C 形、S 形、Z 形及 1/4 圆形、椭圆形。另外,为了避免拥挤,便于供应主菜,如烤牛肉等,可以设置独立的供应摊位,因为客人手持盛满菜肴的菜碟穿过人群是比较危险的。如果不在客人所坐位子供应点心,也可以另外摆设点心供应摊位而与主要供应餐桌分开。

桌布从供应桌下垂至距地面两寸处,这样既可以掩蔽桌脚,也避免客人踩踏。如果使用色布或加褶,会使单调的长桌更加赏心悦目。

将供应餐桌的中央部分垫高,摆一些引人注目的拿手菜,如火腿、火鸡及烤肉等。饰架及其上面的烛台、插花、水果及装饰用的冰块也会烘托高雅的气氛。各菜碟之间的空隙可以摆一些牛尾菜、冬青等装饰用植物或柠檬树枝叶及果实花木等。

2. 菜肴布置

菜肴应按预先安排好的计划摆放在桌子上,一般食品要考虑菜单的顺序,通常的顺序如下。

(1) 色拉、调味品、冷盘、熏鱼、奶酪。

(2) 热主菜。

(3) 烤制食品及烧熟的主菜。

为了不使供应桌过分拥挤,开胃品、饮料、甜点可分放在其他桌子上,也可放到客人桌上。

汤汁、调味品等应摆在相关菜肴的旁边,如色拉旁边放蛋黄酱、火腿旁边放酸果酱等。

布置冷盘菜及熟菜时,熟的主菜项目应是有限的,这对降低食品成本和减少厨房工作量关系重大。成本较低的主菜应布置在冷菜之后。客人盛满色拉、凉菜、开胃品后,只得减少选择熟菜的数量。

布置菜肴时应注意使用火锅和加热炉,以保持菜肴的适宜温度,或使用冰块保护其冷度。同时,服务员应注意火锅的燃烧情况,并时常更换盛冰块的盘碟。蜡烛要垂直放置,避免滴油。为防止客人发生意外事故,火锅及蜡烛的摆放位置要远离客人。任何场合,所有盘碟及托盘应摆在离桌缘 6~9cm 的地方。

3. 菜肴添加

服务人员,除了应热情服务客人之外,还要时刻注意为客人补充菜肴。盛菜不多的盘碟,既不美观又违背了丰富佳肴的构想。因此,当一盘菜剩下 1/3 时应马上添加,尤其是那些成本较低廉的菜肴。当需要补充菜肴时,应立即通知厨房主管人员督促赶快予以补充。

客人使用的热、冷菜盘应注意保持正常供应。站在供应台旁的工作人员要多准备餐具及干净的餐巾和湿布,以便随时补充餐具和整理。

4. 自助餐服务

在服务时间,服务员一般提供下列食品服务。

典型的自助餐供应家庭少见的大块烤肉,并由服务员在餐桌上切分。切好的烤肉片便于客人取用,而不必排队等候。

通常的烤肉包括大块牛肉、牛大腿及臀部的整块烤肉,重量在 25kg 左右。负责切肉的服务员应擅于使用切肉刀,刀口保持锋利。自助餐的烤肉需切得很薄(是普通各式服务的 1/2 或 1/3),便于客人自由选择。切火腿及火鸡也是如此。

在切肉片时,肉菜板要保持清洁整齐。周围还要摆一些装饰用的植物(菜),以增加美感。肉汁要用银锅加热,并由服务人员帮助客人取出。当客人选择全熟的牛排时,可用汤匙舀热汁倒入生薄肉片锅,迅速煮熟。

饮料、面包、黄油、甜点也可由餐厅服务员服务。在进餐过程中,饮料根据需要不断添满。客人吃完饭后,递给客人账单。客人离开后,用干净餐桌布和餐具等重新进行布置。自助餐餐具有时也摆在餐桌上。

5. 及时清扫废弃物

当客人把菜肴掉落在服务台上时,服务人员应立刻在不妨碍客人的前提下,将掉下来的菜肴放进空盘中,而后用湿布轻轻地擦拭污迹,再用干净的餐巾盖在污点上面。假如客人把菜肴掉落在桌前的地毯上,应立即通知管理人员,以便迅速请助理服务员清扫;假如客人把菜肴溅泼到自己或别人衣服上,也要立刻通知管理员采取应急措施。

三、餐饮服务环节

(一)接受预订

确切地说,餐饮服务环节从接受客人预订就开始了。在接受餐厅订座预订以前,预订员必须掌握足够的信息,知道如何回答有关餐厅和客人用餐的系列问题,以便给预定客人以满意答复,给客人留下美好的第一印象,这是很重要的。一般来说,预订员可能面临以下问题。

(1)餐厅提供什么菜式?(西餐、川菜、粤菜、鲁菜)

（2）餐厅提供什么菜单？（零点、套餐还是自助）

（3）是否接受支票、信用卡？哪几种信用卡？

（4）餐厅是否提供酒精饮料？如果否，客人自带酒水，需收开瓶费吗？收多少？

（5）餐厅午餐和晚餐的营业时间是几点？

（6）是否接受儿童光顾？

（7）对残疾人是否提供推车？

（8）是否有空调？

（9）是否有吸烟区？

（10）是否有停车设施？

（11）是否提供外卖服务？

（12）餐厅的位置在哪里？

接受预订以前，预订员需准备一本预订本，在预订本中第一项必须明确的是，预订的时间以及人数，在确定了餐厅确实有空余桌位时才继续下去；然后询问详细的要求，如主人的姓名（清楚写法）、客人到达的时间、联系电话、特别的要求等。

重复一遍客人的到达时间、人数、电话，以确认各项细节没有遗漏，然后将各项细节清楚地填在预订本上。

预订完后必须礼貌地使用结束语："谢谢××先生/女士，星期×晚上再见。"

（二）餐前准备环节

在餐厅开门营业前，服务员有许多工作要做。首先是要接受任务分配，了解自己的服务区域；然后检查服务工作台和服务区域，熟悉菜单及当日的特选菜，了解重点宾客和特别注意事项等。充分的餐前准备工作是优良服务、有效经营的重要保证，因此是不可忽视的重要一环。

餐前准备环节包括任务分配、餐厅准备工作、餐前例会。

1. 任务分配

通常在餐厅里要将所有餐台按一定的规律划分成几个服务区域。理想的划分方法是一个餐厅能够划分成就坐客人的数目相同、到餐具柜和厨房的距离相同（一个区域有一个服务柜台的除外）、座位受欢迎程度大致相同的若干服务区域。

事实上这在大部分餐厅都是不可能的，服务路线总是有长有短，座位总有靠近厨房和门口的，各座位能观赏到的景色也不一样，这样无疑会造成某个区域比较受客人欢迎，工作较忙，而有些区域则比较清闲。所以，无论从客人还是服务员的观点来看，各服务区域并不会同时都是很理想的。这就要求餐厅经理应常常在轮流的基础上给服务员分配不同的值台区域，以尽量达到公平合理。

为了方便起见，餐厅经理常常要制定一个餐桌编号，将一组编号的餐桌固定为一个区域，然后按区域分配给各服务员，服务员便将餐桌号码用在点菜单和客人账单上，以方便上菜和结账。

服务区域的分配方法因餐厅而异，通常是两个服务员为一组，一人负责前台，一人当助手，这样始终保持前台服务区域内至少有一人值台，不会出现"真空"现象。服务员与客人的比例根据服务的要求和餐厅水准的不同也很难有一个固定的标准。一个经验丰富的服务员能够照料、接待更多的客人,服务质量也高;新来的服务员和见习服务员一般先应担任助手或被分配到接待量较少的区域,以便在为少量的客人服务中有一个练习的机会。

任务分配一般是在服务员签到后自行从告示栏上了解,餐厅经理有时也做特别的交代。服务员接到自己的任务分配后,要了解本区域的台子是否有客人已经预订、客人是否有特别要求,放留座卡;了解本区域内是否有重要宾客,并严格按餐厅经理的吩咐做准备。

做后台服务工作的服务员通常相对固定,如餐具室、洗涤间等处的服务员应按规定的程序在规定的时间内完成准备工作。服务员助手应协助服务员做好准备工作。

2. 餐厅准备工作

有些餐厅规定前一班结束工作前要为下一班铺好餐台,有些餐厅则要求接班的服务员负责铺台。无论怎样,准备工作都要按下列步骤进行。

(1)调整餐厅的气氛。

(2)准备餐桌。

(3)准备台布。

(4)摆台。

(5)准备就餐用具、服务用具、饮料、开胃小菜。

3. 餐前例会

(1)要了解和熟悉当日菜单。

(2)告诉大家菜单上不能提供的菜点品种。

(3)客情通报。

(4)检查仪表仪容。

(5)使员工在意识上进入工作状态,形成营业气氛。

各项准备工作就绪后,餐厅各岗位的服务人员各就各位,餐厅提前 5min 开门,开始接待客人。

(三)开餐服务环节

开餐服务是餐厅对客服务的开始,也是餐厅服务工作的重要一环,包括安排客人入座、接受点菜、把点菜单送入厨房以及从厨房出菜等内容。

1. 安排客人入座

这是开餐服务的第一个环节。安排客人入座的工作通常由专职迎宾员负责。建立这种引座制度一来会使客人感到受到欢迎,对餐厅留下第一美好的印象;二来也使得餐厅有能力控制餐厅里客人的流动量,使餐厅处于有效的控制之下。即使在客人可以自己挑选餐位的餐厅,问候和引座也很重要。

小贴士

迎宾服务工作有以下几项要求。

(1)热情欢迎客人的到来。

(2)询问客人人数等情况。

(3)引领客人的具体要求。

（4）与值台服务员的交接。

2. 接受客人订菜点酒水

这是开餐服务的第二个环节，由值台服务员负责实施。值台服务员是客人在餐厅用餐期间的主要服务员，客人对餐厅服务是否满意很大程度上取决于值台服务员的服务质量，其中包括对服务技能的肯定，对服务态度、服务语言、服务经验的肯定。

小贴士

值台服务员的点菜工作程序如下。

（1）热情地欢迎客人的到来。

（2）为客人送上餐前茶。

（3）上香巾。

（4）订菜服务。

（5）订酒和饮料。

（6）服务员向客人重述所订的菜肴以及酒水饮料的名称和数量。

（四）就餐服务环节

就餐服务也称台面服务，是指把客人点的食品、饮料送到餐桌，并在整个进餐过程中照料客人的需要。良好的就餐服务包括用有效的服务方法上菜，上饮料、食品。该有效的服务方法将正确的服务技巧和彬彬有礼的服务结合在一起，能最大限度地使客人满意。

1. 上酒水饮料

上酒水饮料服务包括以下内容。

1）示酒

客人点的整瓶酒，在开启之前都应让主人先过目。

示酒的作用是标志开始酒水服务操作，表示对客人的尊重，核实有无误差，证明商品的可靠性等。示酒的方法为服务员站于客人的右侧，左手托瓶底，右手扶瓶颈，酒标面向客人，让其辨认；当客人认可后，才可进行下一步的工作；如果没有得到客人的认可，则应去酒窖更换，直至客人满意。

2）斟酒

斟酒的姿势与位置要求如下。

（1）服务员站在客人的右后侧，面向宾客，将右臂伸出进行斟倒。

（2）身体不要靠近宾客，要掌握好距离，以方便斟酒为宜。

（3）身体稍微前倾，右脚伸入两椅之间，是最佳的斟酒位置。

（4）瓶口与杯沿应保持一定距离，以 1～2 厘米为宜，不可将瓶口搁在杯沿或采取高浅注酒的方法。

（5）斟酒者每斟一杯酒，都应变一下位置，站到下一个客人的右侧。

（6）不得左右同时倒酒、探身为对面客人倒酒或者手臂横越客人倒酒。

（7）使用酒篮的酒瓶，酒瓶颈背下应衬垫一块巾布或纸巾，防止酒液滴出。

（8）使用冰桶的酒瓶，在从冰桶取出时，应以一块折叠的布巾护住瓶身，可以防止冰水滴出。

2. 出菜服务

(1) 核对菜肴食品,不要拿错其他客人的菜。

(2) 注意出菜要摆得令人喜爱,点缀要美观。

(3) 发现菜色的差错自己又拿不准时,应请教厨师长。

(4) 将菜盘平衡地摆到托盘上,端送到餐厅。

(5) 行走时要注意保持平衡,留心周围情况,以免发生意外。

3. 上菜服务

要保证菜肴应有的温度。中餐要冷菜先上,接着上热菜、主食、汤;西餐的顺序为开胃品、汤、副菜、主菜。

4. 台面服务

(1) 坚守工作岗位,在客人的餐桌旁来回巡视,及时为客人提供服务。

(2) 在规定的时间内客人的菜肴如没有上齐,要立刻与传菜服务员联系,并随时检查有无错上、漏上的菜肴。

(3) 主动为客人分汤。

(4) 继续推销。

(5) 适当清理餐桌。

(五)餐后服务环节

餐后服务是指客人用餐结束后,由餐饮部门对其提供的有关服务。这些服务一般指协助客人做好结账、引领客人离开餐厅、重新整理台面等。

(六)特殊情况的处理

在餐厅里服务员会遇到各种各样的客人,会碰到形形色色的事情,而处理每一种情况,无论如何都要从诚恳的态度出发,让客人满意。

任务三 餐饮服务质量控制

一、餐饮服务质量控制的内容

餐饮服务是有形产品和无形劳务的有机结合,餐饮服务质量则是有形产品质量和无形劳务质量的完美统一,有形产品质量是无形产品质量的凭借和依托,无形产品质量是有形产品质量的完善和体现,两者相辅相成。对有形产品和无形产品质量的控制,即构成完整的餐饮服务质量控制的内容。

(一)有形产品质量控制

有形产品质量控制是指对餐饮企业提供的设施设备和实物产品以及服务环境质量进行的控制,有形产品质量主要满足宾客物质上的需求。

1. 餐饮设施设备的质量控制

餐饮设施、设备是餐饮企业赖以存在的基础,是餐饮劳务服务的依托,反映出一家餐厅的接待能力。同时,餐饮设施、设备质量也是服务质量的基础和重要组成部分,是餐饮服务质量高低的决定性因素之一。因此,要对餐饮设施设备的质量进行控制。

(1) 客用设施、设备也称前台设施、设备,是指直接供宾客使用的那些设施、设备,如餐厅、酒吧的各种设施、设备等。客用设施、设备要求做到设置科学,结构合理;配套齐全,舒适美观;操作简单,使用安全;完好无损,性能良好。

其中,客用设施、设备的舒适程度是影响餐饮服务质量的重要方面,舒适程度的高低一方面取决于设施、设备的配置,另一方面取决于对设施、设备的维修保养。因此,随时保持设施、设备的完好率,保证各种设施、设备的正常运转,充分发挥设施、设备的效能,是餐饮服务质量控制的重要组成部分。

(2) 供应用设施、设备是指餐饮经营管理所需的生产性设施设备,如厨房设备等。供应用设施、设备也称后台设施、设备,要求做到安全运行,保证供应,否则也会影响服务质量。

2. 餐饮实物产品质量控制

实物产品可直接满足餐饮宾客的物质消费需要,其质量高低也是影响宾客满意程度的一个重要因素,因此实物产品质量控制也是餐饮服务质量控制的重要组成部分之一。餐饮的实物产品质量通常包括如下内容。

1) 菜点酒水质量控制

不同客人对饮食有不同的要求,如有的客人为满足其新奇感而品尝名菜佳肴,而有的客人只为了寻求符合口味的食品而喜爱家常小菜。但无论哪种宾客,他们通常都希望餐厅饮食产品富有特色和文化内涵,要求原料选用准确,加工烹制精细,产品风味应适口等。另外,餐厅还必须保证饮食产品的安全卫生。菜点酒水质量控制是餐厅实物产品质量控制的重要构成内容之一,要求做到以下 3 点。

(1) 合理安排菜肴品种,能适合客人多类型、多层次的消费需求。

(2) 根据餐厅的营业性质、档次高低、接待对象的消费需求,选择产品风味和花色品种,保证菜点的营养成分。

(3) 花色品种和厨房烹调技术、原料供应、生产能力相适应。

小贴士

通常情况下,零点餐厅花色品种不少于 50 种,自助餐厅不少于 30 种,咖啡厅不少于 35 种,套餐服务不少于 5 种。产品应类型多样,冷菜、热菜、面点、汤类、甜食齐全,各产品结构高中低档比例合理。

2) 客用品质量控制

客用品也是餐饮实物产品的一个组成部分,它是指餐厅直接供宾客消费的各种生活用品,包括一次性消耗品(如牙签等)和多次性消耗品(如棉织品、餐酒具等)。客用品质量应与饭店星级相适应,避免提供劣质客用品。餐饮部提供的客用品数量应充裕,能够满足客人需求,而且供应要及时。另外,餐饮部还必须保证所提供客用品的安全与卫生。

客用品质量控制要求做到以下三点。

（1）各种餐具要配套齐全，种类、规格、型号统一；质地优良，与餐厅营业性质、等级规格和接待对象相适应；新配餐具和原配餐具规格、型号一致，无拼凑现象。

（2）餐巾、台布、香巾、口纸、牙签、开瓶器、打火机、火柴等各种服务用品配备齐全，酒精、固体燃料、鲜花、调味用品要适应营业需要。

（3）筷子要清洁卫生，不能掉漆、变形，没有明显磨损痕迹。

3）服务用品质量控制

服务用品质量控制是指对餐饮部在提供服务过程中供服务人员使用的各种用品，如托盘等的质量进行的控制。高质量的服务用品是提高劳动效率、满足宾客需要的前提，也是提供优质服务的必要条件。

服务用品质量要求品种齐全、数量充裕、性能优良、使用方便、安全卫生等，管理者对此也应加以重视，否则餐饮部也难以为宾客提供令其满意的服务。

3. 服务环境质量控制

服务环境质量是指餐饮设施的服务气氛给宾客带来感觉上的享受感和心理上的满足感。它主要包括独具特色的餐厅建筑和装潢，布局合理且便于到达的餐饮服务设施和服务场所，充满情趣并富有特色的装饰风格，以及洁净无尘、温度适宜的餐饮环境和仪表仪容端庄大方的餐饮服务人员。所有这些构成餐厅所特有的环境氛围。它在满足宾客物质方面需求的同时，又可满足其精神享受的需要。

通常对服务环境布局的要求是整洁、美观、有秩序和安全。设备配置要齐全舒适、安全方便，各种设备的摆放地点和通道尺度要适当，运用对称和自由、分散和集中、高低错落对比和映衬，以及借景、延伸、渗透等装饰布置手法，形成美好的空间构图形象。同时，要做好环境美化，主要包括装饰布局的色彩选择运用，窗帘、天花、墙壁的装饰，盆栽、盆景的选择和运用。在此基础上，还应充分体现出一种带有鲜明个性的文化品位。

由于第一印象很大程度上是受餐饮环境气氛影响而形成的，为了使餐厅能够产生这种先声夺人的效果，管理者应格外重视餐饮服务环境的管理。

（二）无形产品质量控制

无形产品质量控制是指对餐厅提供的劳务服务的使用价值的质量，即劳务服务质量进行控制。无形产品质量主要是满足宾客心理上、精神上的需求。劳务服务使用以后，其劳务形态便消失了，仅给宾客留下不同的感受和满足程度。例如，餐厅服务员有针对性地为客人介绍其喜爱的菜肴和饮料，前厅问询员圆满地回答客人关于餐厅内各种服务项目的信息的询问，都会使客人感到愉快和满意。

无形产品质量控制主要包括餐饮价格、服务人员的仪容仪表、礼貌礼节、服务态度、服务技能、服务效率和安全卫生控制等方面。

1. 餐饮价格控制

价格合理包括两方面含义：一定的产品和服务，按市场价值规律制定相应的价格；客人有一定数量的花费，就应该享受与其相称的一定数量和质量的产品或服务。如果使客人感到"物有所值"，经营的经济效益和社会效益就都能实现。

2. 服务人员的仪容仪表控制

餐厅服务员必须着装整洁规范，举止优雅大方，面带笑容。根据规定，餐厅服务员上班前须洗头、吹风、剪指甲,保证无胡须,头发梳洗整洁,不留长发;牙齿清洁,口腔清新;胸章位置统一,女性化淡妆,不戴饰物。

餐饮服务的从业人员要注重仪容仪表,讲究体态语言,举止合乎规范,要时时、事事、处处表现出彬彬有礼、和蔼可亲、友善好客的态度,为宾客营造一种宾至如归的亲切感。

3. 礼貌礼节控制

餐饮服务员直接面对客人进行服务的特点,使得礼貌礼节在餐饮管理中备受重视。

小贴士

礼貌是人与人之间在接触交往中相互表示敬重和友好的行为规范。它体现了时代风格和人的道德品质。礼节是人们在日常生活和交际场合中相互问候、致意、祝愿、慰问以及给予必要的协助与照料的惯用形式,是礼貌的具体表现。

餐饮服务中的礼节礼貌通过服务人员的语言、行动或仪表来表示。同时,礼节礼貌还表达谦逊、和气、尊敬的态度和意愿。

4. 服务态度控制

(1) 面带微笑,向客人问好,最好能称呼顾客的姓氏。

(2) 主动接近顾客,但要保持适当距离。

(3) 含蓄、冷静,在任何情况下都不急躁。

(4) 遇到顾客投诉时,按处理程序进行,注意态度和蔼,并以理解和谅解的心理接受和处理各类投诉。

(5) 在服务时间、服务方式上,处处方便顾客,并在细节上下功夫,让顾客体会到服务的周到和效率。

5. 服务技能控制

服务技能是餐饮部服务水平的基本保证和重要标志,是餐饮服务人员在不同场合、不同时间,对不同宾客提供服务时,能适应具体情况而灵活恰当地运用其操作方法和作业技能,以取得最佳的服务效果而显现出的技巧和能力。

服务技能的高低取决于服务人员的专业知识和操作技术,要求其掌握丰富的专业知识,具备娴熟的操作技术,并能根据具体情况灵活应变,从而达到具有艺术性,给客人以美感的服务效果。如果服务员没有过硬的基本功,服务技能水平不高,即使态度再好、微笑得再甜美,顾客也会礼貌地拒绝。只有掌握好服务技能,才能使餐饮服务达到标准,保证餐饮服务质量。

6. 服务效率控制

餐饮服务效率有三类,其一,是用工时定额来表示的固定服务效率,如摆台用 5min 等。其二,是用时限来表示服务效率,如办理结账手续不超过 3min、接听电话不超过三声等。其三,是指有时间概念,但没有明确的时限规定,是靠宾客的感觉来衡量的服务效率,如点菜后多长时间上菜等。这类服务效率问题在餐饮中大量存在,若使客人等候时间过长,很容易让客人产生烦躁心理,并会引起不安定感,进而直接影响客人对餐饮企业的印象和对服务质量的评价。

小贴士

服务效率并非仅指快速,也强调适时服务。服务效率是指在服务过程中的时间概念和工作节奏,它应根据宾客的实际需要灵活掌握,要求在宾客最需要某项服务的前夕即时提供。服务效率不但反映了服务水平,而且反映了管理的水平和服务员的素质。

7. 安全卫生控制

餐饮安全状况是宾客外出旅游时考虑的首要问题。因此,餐饮部要营造一种安全的环境气氛,给宾客心理上的安全感。餐饮清洁卫生主要包括餐饮部各区域的清洁卫生、食品饮料卫生、用品卫生、个人卫生等。餐饮清洁卫生直接影响宾客身心健康,是优质服务的基本要求,所以也必须加强控制。

(1) 在厨房生产布局方面,应有保证所有工艺流程符合法定要求的卫生标准。

(2) 餐厅及整个就餐环境的卫生标准。

(3) 各工作岗位的卫生标准。

(4) 餐饮工作人员个人卫生标准。

要制定明确的清洁卫生规程和检查保证制度。清洁卫生规程要具体地规定设施、用品、服务人员、膳食饮料等在整个生产、服务操作程序的各个环节上要达到的清洁卫生标准和具体要求。

在执行清洁卫生制度方面,要坚持经常和突击相结合的原则,做到清洁卫生工作制度化、标准化、经常化。

上述有形产品质量控制和无形劳务质量控制形成的最终结果是宾客满意程度。宾客满意程度是指宾客享受餐饮服务后得到的感受、印象和评价。它是餐饮服务质量的最终体现,因而也是餐饮服务质量控制努力的目标。宾客满意程度主要取决于餐饮服务的内容是否适合和满足宾客的需要,是否为宾客带来享受感,因此如果餐饮管理者重视宾客满意度,那么也就会重视餐饮服务质量控制构成的所有内容。

二、餐饮服务质量控制的方法

(一) 控制的基础

1. 必须建立服务规程

餐饮服务质量标准即服务规程标准。服务规程是餐饮服务所应达到的规格、程序和标准。为了保证和提高服务质量,应把服务规程视为工作人员应当遵守的准则和服务工作的内部法规。餐饮服务规程必须根据消费者生活水平和对服务需求的特点来制定。西餐厅的服务规程要适应欧美宾客的生活习惯。另外,还要考虑到市场需求、饭店类型、饭店等级、饭店风格、国内外先进水平等因素的影响,并结合具体服务项目的内容和服务过程,来制定适合本饭店的标准服务规程和服务程序。

在制定服务规程时,不能照搬其他饭店的服务程序,而应该在广泛吸取国内外先进管理经验、接待方式的基础上,紧密结合本饭店大多数顾客的饮食习惯和本地的风味特点等,推出全新的服务规范和程序。同时,要注重服务规程的执行和控制,特别要注意抓好各服务过程之间的薄弱环节。要用服务规程来统一各项服务工作,使之达到服务质量的标准化、服务过程的程序化和服务方式的规范化。

2. 必须收集质量信息

餐饮管理人员应该知道服务的结果如何,即宾客对餐饮服务是否感到满意,有何意见或建议等,从而采取改进服务、提高质量的措施。同时,应根据餐饮服务的目标和服务规程,通过巡视、定量抽查、统计报表、听取顾客意见等方式,来收集服务质量信息。

3. 必须抓好员工培训

新员工在上岗前必须进行严格的基本功训练和业务知识培训,不允许未经职业技术培训、没有取得上岗资格的人上岗操作。对在职员工,必须利用淡季和空闲时间进行培训,以不断提高业务技术水平、丰富业务知识,最终达到提高素质和服务质量的目的,使企业更有竞争力。

(二)服务质量分析

1. 质量问题分析

(1)收集质量问题信息。

(2)信息的汇总、分类和计算。

(3)找出主要问题。

2. 质量问题原因分析

(1)找出现存的质量问题。

(2)讨论和分析产生质量问题的各种原因。

(3)罗列找到的各种原因,并找出主要原因。

3. PDCA 管理循环

找出了服务质量问题,分析了产生质量问题的原因后,下一步就该寻求解决问题的措施与方法。这就需要运用 PDCA 管理循环。

小贴士

PDCA 即计划(Plan)、实施(Do)、检查(Check)、处理(Action)的英文简称。PDCA 管理循环是指按计划、实施、检查、处理这四个阶段进行管理,并循环不止地进行下去的一种科学管理方法。PDCA 循环转动的过程就是质量管理活动开展和提高的过程。

(三)质量控制具体方法

1. 餐饮服务质量的预先控制

(1)人力资源的预先控制。

(2)物资资源的预先控制。

(3)卫生质量的预先控制。

(4)事故的预先控制。

2. 餐饮服务质量的现场控制

(1) 餐饮物资供应的质量管理。

(2) 设施的质量管理。

(3) 安全的质量管理。

(4) 卫生的质量管理。

(5) 环境的质量管理。

(6) 质量信息的管理。

(7) 对顾客服务的质量管理。

3. 服务质量的反馈控制

反馈控制就是通过质量信息的反馈,找出服务工作在准备阶段和执行阶段的不足,采取措施加强预先控制和现场控制,提高服务质量,使宾客更加满意。信息反馈系统由内部系统和外部系统构成。内部系统是指信息来自服务员和经理等有关人员。因此,每餐结束后,应召开简短的总结会,以不断改进服务质量。信息反馈的外部系统是指信息来自宾客。为了及时获取宾客的意见,餐桌上可放置宾客意见表,也可在宾客用餐后主动征求客人意见。宾客通过大堂、旅行社等反馈的投诉属于强反馈,应予高度重视,保证以后不再发生类似的质量偏差。只有建立和健全两个信息反馈系统,餐厅服务质量才能不断提高,更好地满足宾客的需求。

餐厅服务是与客人面对面的服务,服务的优劣直接影响餐饮企业的经济效益和社会效益。餐厅服务管理包括餐厅的布局与设计、餐饮服务方式的管理和对餐饮质量进行控制。通过本项目的学习,学生应熟悉餐厅的设计与布局;懂得餐饮服务工作的主要环节,掌握各种服务方式的使用场合及各自具体的服务方法;掌握餐饮服务质量的控制,清楚提高餐饮服务质量的具体方法,做到在实际工作中能熟练运用这些方法,以做好餐饮销售,提高效益。

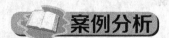

(1) 中西餐常用的服务方式有哪些?

(2) 在餐饮服务的准备环节、开餐环节、餐台服务环节、结账环节应各做哪些工作?

(3) 在餐厅服务中遇到各种特殊情况应如何处理?

(4) 餐厅的空间布局应如何进行?

(5) 餐饮服务质量控制的具体方法有哪些?

餐厅上菜速度慢,客人就会有不满,餐厅的生意就会越做越难。那么,上菜速度慢的问题到底出在哪里?应该如何解决?下面来看看建国餐馆是如何应对的。

建国餐馆是华东某市一家私营餐馆,拥有300个餐位,坐落于市中央,主要吸引当地客人。该餐馆开业后,营业情况不佳,营业额呈持续下降趋势。餐馆经理为此进行了一次顾客调查,发现主要问题是顾客对餐馆的上菜速度极其不满。

经过调查,发现其中60％的客人感到上菜速度太慢,还有20％左右的顾客诉苦常常碰到上错菜的情况。为了解决这一问题,扭转营业颓势,餐馆成立了以经理、厨师长为正、副组长,以厨房各班组组长、餐厅主管及领班为组员的工作小组,并礼聘了有关高校的专家担任参谋,共同研究对策。

首先,工作小组对上菜速度慢进行分析。这一现象的出现实质上可归结为两种形式:一种是上菜的绝对速度慢,即厨房烹制菜肴耗时太长导致的速度较慢;另一种是上菜的相对速度慢,即厨房烹调时间并不慢,但因为烹制菜肴的次序不合理而导致一部分客人的菜肴上得过快、一部分客人的菜肴上得太慢。

这些问题都在以往的营业中有所表现。前者的出现与菜单结构、预备工作、员工技能、厨房布局等有关,而后者则主要是信息传递上的问题。有了对问题本质和主要原因的分析,工作小组就可以对可能发生问题的环节进行检查并采取相应的措施。

接着根据专家的提议,工作小组讨论了菜单的合理性。原有菜单约有300种菜式,涵盖川、粤、鲁和当地菜四个菜系,其中当地菜式约占1/2。而市场调查数据和营业记录则表明,光顾餐馆的绝大部分顾客喜爱当地菜,菜单上其他菜系的菜肴很少出现在顾客的点菜单上,有的菜甚至自开业以来从未被点过。

专家以为该菜单菜式数目太多,涵盖菜系太广。这种菜单的结构导致厨房预备工作会遇到极大的难题,因为厨房必须为门类众多的烹制方法和迥异的菜式预备上百种原料,进行多种形式的预加工处理。同时,菜式众多也使批量出产难以进行,更加大了预备工作的难度。预备工作的不足则直接导致上菜速度下降。由于营业时很多菜肴不得不在没有预备或初步处理的情况下"从头开始",因此增加了菜肴的出产时间。

针对这一分析结果,工作小组对菜单进行了优化。菜点数目从200个降到140个,削减了除当地菜之外的其他菜系的品种,并增加了当地菜的数目,使当地菜占到菜单总量的3/4以上。同时,加强了对墩头预备工作的治理。为此,餐饮办公室还组织了一次关于餐饮猜测的培训,明确了专人负责逐日猜测并填写猜测表交给墩头以便做好逐日的餐前预备。接下来,工作小组开始考虑厨房布局与设施设备上的问题。

厨房布局存在严重影响工作效率的缺陷。首先是海鲜池的位置不当,远离粗加工区。粗加工职员必须穿过厨房通道才能到达海鲜池,这样就降低了海鲜类菜的加工速度,增加了工作高峰时主工作通道的交通压力,易造成混乱和拥挤,从而影响其他工作岗位的效率;其次,打荷与划菜员的工作间隔太长,打荷的大部门时间花在将烹制好的菜肴运送到划菜处,而很少有时间来组织菜肴的最后烹制;最后,打荷的工作区域面积太小。

工作繁忙时,打荷没有足够的工作桌面摆放墩头传过来的待烹制菜肴,有时甚至只能将这些菜肴胡乱堆放起来,根本无法确定哪个菜先烧、哪个菜后烧,这就导致了前文提到的相对速度较慢。

另外,存放新鲜蔬菜的货架也不够。墩头不得不将这类原料堆放起来,很难实施有序放置。工作高峰时墩头不得不花很长的时间在"原料堆"中"寻找"合用者,上菜速度因此受到很大影响。

还有，厨房内缺乏简单加温的设备。有些顾客会要求对菜肴做简单再加工，如重新加热或加入某些调料后再加热等，有些酒水（如黄酒）也需加热后饮用。因为缺乏简单烹制设备，这些服务要求不得不被排入正常的菜肴烹制的出产铺排中，这就给正常的出产造成了干扰，打乱了正常的出产组织。

为解决这些有关布局的问题，餐厅采取了相应的措施。最难解决的是海鲜问题，由于它涉及巨大的工程量，还可能对正常营业造成影响，因此餐厅组织有关工程技术职员仔细察看了厨房的整体结构，提出了多种结构改造方案，并制订了一项比较细致、完善的不会造成过大营业影响的结构改造计划。

厨房的工作台也进行了重新放置，增加了蔬菜储放的空间。为扩大打荷的工作区域，餐厅用了多层式工作台代替原来的单层工作台，这样可在不扩大占地面积的条件下扩大打荷的工作区域。另外，餐厅还购置了一批微波炉作为简单加热工具直接放置于餐厅，以满足来自顾客的简单烹制要求，减少其对正常菜肴出产的干扰。同时，餐厅还引导顾客利用这些工具进行自助服务。

职员方面的问题也不容忽视。墩头和打荷是铺排出产的主要组织者。工作小组发现，大部门此类职员均缺乏足够的组织出产的技能与经验，于是制订了一个相关职员培训计划，还聘请了一些其他餐厅有经验的墩头和打荷进行现场指导。

另外一个职员问题涉及餐厅的点菜服务员。一部分服务员对菜肴的烹制方法不了解，经常在营业高峰时向顾客"好心"地推荐一些制作复杂、耗时长的菜点，从而加重了营业高峰期厨房出产的压力。为此，餐厅组织了一些厨房、餐厅前后台职员交流会，让厨师向服务员讲解菜单上各种菜肴的制作方法、成菜时间，并说明不同营业时间段应向顾客推荐的相宜菜点。

经由上述多方面的改进，该餐厅的上菜速度有了显著进步，顾客投诉减少了，营业额也开始回升。

 **实践课堂**

实训项目一：餐厅插花

班 级		学 号		姓 名	
实训项目	餐厅插花		实训时间		2学时
实训目的	通过对餐厅插花基础知识的讲解和操作技能的训练，使学生了解餐厅插花的特点、类型和基本要求，掌握插花的技巧、程序与操作要领，达到能够根据餐厅环境需要熟练应用和设计插花的目的				
实训方法	老师先讲解、示范，后学生实际操作，老师再指导。学生自己创意插花造型与风格，相互之间点评，教师总结				
课前布置任务	基础知识：餐厅艺术插花的特点与要求、餐厅插花的造型、餐厅插花的基本样式		准备工作：准备好插花用的花卉、观叶植物、插花器皿，准备好插花工具，了解客人的风俗习惯与生活禁忌，了解宴会场地与餐桌布局，选好插花造型		

续表

实 训 内 容

1. 插花操作程序与标准

（1）半球形标准式餐桌盘花

① 花材：康乃馨、排草。

② 操作程序。

（2）水平形餐桌盘花

① 花材：西伯利亚百合、龙胆、玫瑰、散尾、巴西木叶、蓬莱松、箭叶。

② 操作程序。

（3）倒 T 形插花

① 花材：百合、玫瑰、泰国兰、黄莺、散尾、熊草。

② 操作程序。

（4）三角形标准式插花

① 花材：康乃馨、百合、黄莺、散尾。

② 操作程序。

（5）直立形插花

① 花材：黄玫瑰、线性花材（优加利）、黄莺。

② 操作程序。

（6）弯月形标准式插花

① 花材：散尾、黄色百合、非洲菊、蓬莱云柳。

② 操作程序。

2. 操作要领

（1）延长花期的技巧

延长花期的技巧有蜡封法、烫封法、添加剂、花泥插花。

（2）花材的处理技巧

花材的处理技巧有金属丝缠绕法、金属丝穿心法、切口弯枝法、卷叶法、圈叶法、支撑定型法、修叶变形法、叶片拉丝法、叶片翻翘法、枝叶打结法、枝叶弯折法、叶片破损法、枝叶双向下插入法、树枝倒插法。

（3）插花的固定技巧

插花的固定技巧有折枝固定法、夹枝固定法、瓶口插架固定法、切口固定法、斜面切口固定法、附枝固定法、集团捆扎法、花插座连体法、花插座倒扣法。

要点提示	（1）餐厅插花的重点是宴会台的插花。 （2）插花是为了进一步烘托宴会热烈的气氛。 （3）宴会摆设花卉要根据宴会厅的场地、餐桌布局，以及主办单位的要求而定。

能 力 测 试			
考核项目	操作要求	配分	得分
辨别花材	能够分辨不少于 50 种餐厅常用的插花花材	15	
设计插花主题	根据餐厅环境和顾客特点，设计 3～5 种插花主题并选择相应的花材、工具和花器	10	
插花程序	做好准备，分类放置在工作台上	5	
	将花泥合理固定在花盘或花瓶上，修剪观叶植物	5	

续表

能 力 测 试			
考核项目	操 作 要 求	配分	得分
插花程序	将修剪好的茎叶插在花泥上,保证一次到位且能够基本表现出插花的形态	10	
	修剪花卉,先插主花,再根据插花主题的需要合理地插辅花和装饰物	5	
插花手法与工具使用	插花过程中手法细致、灵活,不折坏花茎或碰落花瓣、叶片,所有花材保证清洁、花形美观无损伤	10	
	工作台始终保持整洁,修剪的废弃物及时清理,选择的所有工具都至少使用一次	10	
	完成的插花作品适当整理和适量喷水,以没有水珠滴下为宜	5	
完成作品	盘花主花最高离桌面不超过15cm,瓶花根据瓶高适当调整,以不阻挡视线为标准	10	
	完成的插花作品结构紧凑,色彩以3~4种为宜,所有花卉疏密有致	5	
	完成一件作品时间在15min以内	10	
合　　计		100	

实训项目二:餐前会

班　级		学　号		姓　名	
实训项目	餐前会		实训时间		1学时
实训目的	通过对餐前会基础知识的讲解和训练,使学生能够意识到餐前会的重要性,了解餐前会的内容,掌握餐前会操作程序与标准,为接下来的服务工作打下良好的基础				
实训方法	设计模拟场景,老师先示范,后学生实作,老师再指导。学生之间相互点评				
课前布置任务	基础知识:餐前会的内容、开好餐前会的要点		准备工作:检查仪表、工作区域和工作用品,了解厨房供应情况		
实 训 内 容					

1. 餐前会服务程序与标准
由餐厅经理或领班负责主要内容如下。
(1) 检查服务人员的仪容、仪表及服务工具是否备好。
(2) 了解厨房当天菜点水果供应情况和当天特色菜肴的原料、口味及烹调方法。
(3) 介绍客人情况以及重要客人的接待工作。
(4) 向服务员说明客人的投诉及处理解决方法。
(5) 总结前一天的工作,讲解当日工作要点。
(6) 其他部门对本部门的意见及请求协作事项。
2. 模拟情景
餐前会

要点提示	注意餐前会信息传达要翔实、准确

续表

<table>
<tr><td colspan="4" align="center">能 力 测 试</td></tr>
<tr><td>考核项目</td><td>操作要求</td><td>配分</td><td>得分</td></tr>
<tr><td rowspan="2">准备工作</td><td>完成各项准备工作,餐厅营业前 30min 举行餐前会</td><td>10</td><td></td></tr>
<tr><td>检查服务人员的仪容、仪表及服务工具是否备好</td><td>10</td><td></td></tr>
<tr><td rowspan="3">检查仪表</td><td>服饰整洁</td><td>10</td><td></td></tr>
<tr><td>化淡妆</td><td>10</td><td></td></tr>
<tr><td>服务员姿态自然大方,动作轻快、稳重</td><td>10</td><td></td></tr>
<tr><td rowspan="4">讲解当日
工作要点</td><td>讲解厨房当天菜点、水果供应情况和当天特色菜肴的原料、口味及
烹调方法</td><td>10</td><td></td></tr>
<tr><td>介绍客人情况以及重要客人的接待工作</td><td>20</td><td></td></tr>
<tr><td>说明客人的投诉及处理解决方法。</td><td>10</td><td></td></tr>
<tr><td>其他部门对本部门的意见及请求协作事项</td><td>10</td><td></td></tr>
<tr><td colspan="2" align="center">合　　计</td><td>100</td><td></td></tr>
</table>

实训项目三：迎宾服务

<table>
<tr><td>班　级</td><td></td><td>学　号</td><td></td><td>姓　名</td><td></td></tr>
<tr><td>实训项目</td><td>迎宾服务</td><td>实训时间</td><td colspan="3">1.5学时</td></tr>
<tr><td>实训目的</td><td colspan="5">通过对迎宾服务基础知识的讲解和迎宾服务的操作技能的训练,使学生了解引领客人、
安排客人座位的技巧,掌握迎宾服务程序与标准,达到能够热情、准确、熟练迎接宾客的
能力</td></tr>
<tr><td>实训方法</td><td colspan="5">设计模拟场景,老师先示范,后学生实际操作,老师再指导。学生之间相互点评</td></tr>
<tr><td>课前布置任务</td><td colspan="2">基础知识：热情迎宾的要求、合理引座
的要求</td><td colspan="3">准备工作：检查仪表、工作区域和工作用品</td></tr>
<tr><td colspan="6" align="center">实 训 内 容</td></tr>
<tr><td colspan="6">1. 餐厅有座位时的迎宾服务
(1) 服务程序与标准。
服务程序与标准包括迎接客人、引位、拉椅让座、送上菜单和记录。
(2) 模拟情景：餐厅有座位时的迎宾服务。
2. 餐厅已满时的迎宾服务
(1) 服务程序与标准。
服务程序与标准包括迎接客人、引位、拉椅让座、送上菜单和记录。
(2) 模拟情景：餐厅已满时的迎宾服务。</td></tr>
<tr><td>要点提示</td><td colspan="5">(1) 遇到贵宾前来就餐时,餐厅经理应在餐厅门口迎接。
(2) 如引位员引领客人进入餐厅而造成门口无人时,餐厅领班应及时补位,以确保客人
　　前来就餐时有人迎接。</td></tr>
</table>

要点提示	(3) 如客人前来就餐而餐厅已满座时,应请客人在休息处等候,并表示歉意,待到餐厅有空位时应立即安排客人入座;也可以将客人介绍到饭店其他餐厅就餐。 (4) 引位员在安排餐座时,应注意不要将客人同时安排在一个服务区域内,以免有的服务员过于忙碌,而有的则无所事事,影响餐厅服务质量。 (5) 如遇带儿童的客人前来就座,引位员应协助服务员送上儿童座椅。 (6) 如遇客人来餐厅门口问询,引位员应热情地帮助客人,尽量满足其要求。

能 力 测 试			
考核项目	操 作 要 求	配分	得分
迎接客人	面带微笑,主动上前问好	20	
引位	引领姿态正确	10	
	合理引位	10	
拉椅让座	女士优先,顺序正确	10	
	拉椅姿势正确	15	
送上菜单	菜单干净整洁	5	
	拿取菜单姿势正确,顺序正确	20	
记录	正确填写迎宾记录表	10	
合 计		100	

项目五

餐饮菜单设计与管理

学习目标

1. 了解菜单的主要类型、菜单的内容设计及定价；
2. 了解菜单在餐饮服务与生产环节中的营销活动与实施策略。

技能要求

1. 掌握饭店餐饮菜单的内容、含义、特点、服务程序；
2. 熟练掌握餐饮菜单基本设计技能，具备餐饮企业菜单策划、设计能力；
3. 熟练掌握菜单定价管理，增强服务操作技能。

引导案例

2008 年 9 月，柳先生夫妇来到某高级宾馆的西餐厅用餐。入座后，服务员为他们端上冰水，接着问他们要什么小吃和鸡尾酒。男士不知所措地说："我们是教师，从来没有在高级饭店吃过西餐。今天正好是教师节，我们想趁此机会体验一下吃西餐的感受，请帮我们多介绍一些情况。"

服务员听后欣然同意，并微笑着向他们介绍："吃西餐一般要先喝一些清汤或清水，目的是减少后面喝酒对胃的刺激，然后可以按顺序要鸡尾酒和餐前小吃、开胃菜、汤、色拉、主菜、水果和奶酪、甜点、餐后饮料。实际上，不必每个程序都点菜，可根据自己的喜好和口味任意挑选。"

柳先生听罢忙用笔记录下来，并请服务员告诉他们怎样用餐具、怎样点菜。服务员先将一个菜单递给柳夫人，又将一个菜单递给柳先生，简要地介绍了菜单上的内容；然后又送上酒单，告诉他们点菜后可以点酒，并耐心地介绍了相应的酒菜搭配知识。柳先生夫妇听得津津有味，还不时打断她，认真记录。"还是请你为我们点菜吧。"柳先生停笔后说道。

根据客人的要求和意愿，结合餐厅的特色酒、菜，服务员为他们按全部程序点了血玛利鸡尾酒、冷肉、法式小面包、黄油、汤、海鲜色拉、虾排、鹿肉、牛排、红葡萄酒、甜食、冰激凌、咖啡等饮食。餐后,柳先生夫妇非常高兴地对服务员说:"今天我们不但得到了良好的服务,而且体会到了吃西餐的乐趣,以后一定再来这里。"

【思考题】

为什么客人不但得到了良好的服务,而且体会到了吃西餐的乐趣?

【评析】

餐饮点菜服务的过程实际上也是一个饮食文化的传播过程。作为一个优秀的星级饭店的餐饮服务员,应该对这个过程的相关程序、内容和文化知识有较深的了解和掌握。本例中,服务员王小姐能够为不懂西餐文化的柳先生夫妇热心服务,为他们介绍用餐的程序、内容和方法,使其真正体会到西餐文化的乐趣,体现出了她良好的服务意识和娴熟的服务技能。

有些餐饮单位的服务员则做不到这一点,他们虽然也是按点酒、点菜的服务程序工作,但很少听到他们的耐心介绍和解释,一些需要了解进餐内容、程序和方法的客人往往还会被视为无知而遭到冷淡、讥讽和嘲笑。这就要求我们的服务员一方面加强服务意识的培养,以热情和耐心的态度为各类客人服务;另一方面掌握饮食过程中的内容、程序和方法,能够向客人系统地介绍相关的知识。这样,才能使顾客真正体会到饮食服务和饮食文化的乐趣。

任务一　餐饮菜单概述

一、菜单的定义

菜单,其英文为 menu,它源于法语,意思是"一个详细的清单";也有人把菜单称为 bill of fare,bill 是项目单,fare 是食品的意思,所以菜单又称"食品的项目单"。一般来说,菜单是指餐饮企业根据顾客的需求,将自身能够提供的食品、菜点、酒水等进行科学的组合、艺术性编排,从而提供给宾客的餐饮产品的目录。

最古老的菜单出现在欧洲,那时的菜单是为宴会和聚会备餐用的食品单,它主要用于厨房备餐,一般不给宾客看。法国大革命后,法国人把从墙上挂的菜单发展成提供给宾客的单独菜单,使菜单兼有了生产和销售的功能。后来,人们在菜单的装潢和加强菜单的吸引力方面做了很多努力,菜单的形式也随之发生了很大变化,菜单的功能越来越大。因经营需要,饭店越来越重视菜单的设置工作。

二、菜单的作用

(一)菜单是传播餐饮产品信息的载体

菜单的核心部分是餐饮产品的品种、价格、特色,餐饮企业通过菜单向客人介绍餐厅提供的产品名称和产品特色,进而推销餐饮产品和服务。客人则通过菜单了解餐厅的类别、特色、产品及价格,并凭借菜单选择自己需要的菜品和服务。因此,在向客人推销餐饮产品的过程中,菜单起着媒介的作用,是沟通餐饮企业与客人的桥梁。

(二)菜单是餐饮经营的计划书

菜单的制定要以目标市场及客人的需求为依据,充分考虑顾客的性别、年龄、购买力、职业状况、民族习惯、宗教信仰及地区偏爱等各种因素。这种依据顾客需求制定的菜单,在整个餐饮经营活动中起着计划和控制的作用,它是一项重要的管理工具。

(1)菜单是餐饮设备选择和购买的依据和指南。

(2)菜单决定了厨师、服务员的配备。

(3)菜单决定了食品原料的采购储藏。

(4)菜单是餐饮成本控制的依据。

(5)菜单影响厨房的布局和餐厅装饰。

(三)菜单是餐厅推销餐饮产品的广告

首先,餐饮企业通过菜单的内容、形式、装饰以及富有吸引力的花色品种、多档次的产品价格来招徕顾客,起到组织客源、扩大产品销量的作用。

其次,菜单上不仅配有文字,还往往饰有图画图案,附有食品和菜肴的图例,其美观的艺术设计给人以感性的认识和对味觉的刺激,进而激发顾客购买的欲望。

再次,菜单还可以制作成各种漂亮精巧的宣传品,陈列在潜在顾客容易见到之处,或向潜在目标顾客散发,或刊登在报纸杂志上,或直接邮寄给顾客,进行各种有效的推销。

最后,制作精美的菜单可作为纪念品,留存顾客的美好记忆,提示和吸引顾客再次光临。

(四)菜单标志着饭店餐饮部的经营特色和等级水平

每个旅游饭店的餐饮部都有自己的特色、等级和水准。菜单上的食品饮料的品种、价格和质量告诉顾客该餐厅商品的特色和水准。近来,有的菜单上甚至还详细写上菜肴的原材料、烹饪方法、营养成分等,以此来展示餐厅的特色,从而给客人留下良好而深刻的印象。

(五)菜单规定了餐饮服务的依据与要求

一方面,菜单制作过程中需考虑到菜单对前台后台各程序的影响。当菜单最后定型后,要深入研究如何使各项服务要求能顺利得到满足。一份菜单规定了许多餐饮服务要求,如菜单帮助管理者确定人员补充的各项要求、决定生产和服务设备的需求量、决定用餐场所等。另一方面,菜单还决定了餐厅服务的方式和方法。餐厅服务员要根据菜单上的品种、价格、特色及排列次序等进行推销,并按照规定的标准和服务程序为宾客提供各种服务。

(六)菜单既是宣传品又是艺术品

菜单无疑是餐厅的主要广告宣传品,一份装潢精美的菜单可以提升用餐气氛,反映餐厅的格调,使客人对所列的美味佳肴留下深刻印象,并可作为一种艺术欣赏品加以欣赏,甚至留作纪念,引起顾客美好的回忆,强化其促销功能。

三、菜单的种类

(一)按菜单制订方法划分

1.固定菜单

固定菜单即不常变换菜单。这种菜单是饭店针对宾客构成复杂多变、流动频繁、人数众多的特点,本着以不变应万变的原则而使用的菜单。这种菜单是目前各餐厅常用的主体菜单,特别适合顾客流动性较大的大众化餐厅。

1)固定菜单的优点

(1)易于实现生产与管理的标准化。

(2)降低了生产与管理成本。

2)固定菜单的缺点

(1)由于菜单总以一副"老面孔"出现,会使回头客感到口味单一而厌弃,而餐厅很大程度上是做回头客的生意,这就形成一种不可避免的矛盾。

(2)适应市场变化的能力小。首先表现在品种不能随季节的变换而变换;其次表现在菜品不能随原料价格变化而更换品种或价格,促使菜品成本波动大,有时甚至会造成亏本经营。

(3)食品的生产操作多为重复性劳动,容易使员工对单调的工作产生厌倦感。

2. 即时菜单

即时菜单是根据某一时间内市场上食品原料的供应情况而制定的菜单。其编制的依据是市场的时尚和潮流、菜品原料的可得性、原料的质量和合适的价格以及厨师的烹调能力。

即时菜单克服了固定菜单的缺点,一般没有固定模式,使用时间较短甚至每天更换,其优点如下。

(1)菜品常换常新,满足了顾客求新、求奇、求变的需求。

(2)适应市场变化的能力强,能够根据市场的潮流不断推出顾客喜欢的菜品,有利于增加市场占有率和吸引回头客,使餐饮企业在日益激烈的竞争中处于主动地位。

(3)灵活性强,有利于餐饮企业及时采购新鲜的廉价食品原料,根据各种时令菜的上市或退市而迅速变换菜单。

(4)能充分利用库存原料和过剩的食品,同时取消原料价格上涨的菜品从而降低原材料成本。

(5)可以充分发挥厨师的烹饪水平和创造力,生产出更多的创新菜,克服员工工作的单调性。

当然,即时菜单的缺点也是显而易见的,表现在以下方面。

(1)菜单菜品更换频繁,不易于实现生产与管理的标准化。

(2)为及时提供不同的菜品,必然会加大采购和库存成本;菜单制作频繁,不仅耗费时间,印刷费用也会相应提高,从而加大了管理成本。

(3)餐厅菜品的不断推陈出新,对厨师的烹饪技艺提出更高的要求。

3. 循环菜单

循环菜单是餐饮企业按照预先确定的周期天数(如每周一循环)制定的各不相同、循环使用的一套菜单。预先确定的周期有多少天,便相应制定多少份各不相同的菜单。例如,一套以七天为周期的循环菜单的使用方法如表 5-1 所示。

表 5-1 循环菜单的使用方法

星期	一	二	三	四	五	六	日	一	二	三	四	五	六	日	…
日期	1	2	3	4	5	6	7	8	9	10	11	12	13	14	…
菜单	A	B	C	D	E	F	G	A	B	C	D	E	F	G	…

由于循环菜单介于固定菜单与即时菜单之间,因此兼具两者的优点和缺点。

1) 循环菜单的优点

(1) 由于餐厅提供的菜肴品种限制于几套菜单内,因此员工能较快地熟悉每道菜的生产和服务,有利于实现对食品的采购、保管、生产和销售的标准化管理。

(2) 由于菜单每天有变化,顾客对菜单有新鲜感,不易感到厌烦;同时,这种变化也增加了员工工作的乐趣。

(3) 用循环菜单,菜单无须频繁更换。虽然其原料库存额多于固定菜单,但有一定的限度。

2) 循环菜单的缺点

(1) 仍然不能迅速适应市场需求的变化和反映原料供应的季节性变化,不能根据各种时令菜的上市或退市而迅速变换菜单。

(2) 餐饮生产和劳动力安排方面不如固定菜单容易计划,库存原料的品种也较多,流动资金占用大。

(3) 过剩的食品不好处理。

(4) 菜单的编制和印刷费用相对于固定菜单较高。

通常一些餐饮企业会综合使用三种菜单,取长补短。例如,可将本餐饮企业最受欢迎、最有特色的菜品作为固定项目列在固定菜单上,而将一些反映市场时尚需求变化或反映原料供应的季节性的时令菜列在即时菜单上,同时根据回头客及客房常住客的情况可考虑配置循环菜单。

(二) 按客人点菜方式划分

1. 点菜菜单

点菜菜单又称零点菜单,是将所有标出价格的菜品按一定规律排列,并制定成册供客人随时点菜的一种菜单。点菜菜单的价格档次宽泛,顾客可根据各自的需求自由点菜,并按价付款,迎合了不同层次宾客的需求,是餐厅里最常见、使用最广的一种菜单形式,适合正餐厅、风味餐厅、咖啡厅等各种形式的餐厅。

小贴士

由于点菜菜单是随时点菜、随时加工、随时销售,因此生产批量小,品种多,库存难度大,经营管理难以计划和控制。

由于点菜菜单自身特点,因此这种形式的菜单不适合用于饭店团队用餐、自助餐厅、宴会和酒会服务。点菜菜单可分为早、午、晚餐菜单和客房送餐菜单等。在快餐厅中常把点菜菜单做成墙挂菜单,实用而便捷。

2. 套菜菜单

套菜菜单也称定食菜单,在西方国家也称公司菜单,是将某些菜肴按一定的标准(营养、口味、价格、数量、人数)组合成一套,进行包价销售的一种菜单。根据宾客类型不同和经营上的需要,常见的套菜菜单有三种形式:普通套菜菜单、团体套菜菜单、宴会套菜菜单。

除了以上两种菜单之外,还有自助餐菜单和混合式菜单形式。

（三）根据餐厅的类型及接待对象的不同划分

根据餐厅的类型及接待对象的不同划分,菜单可以分为快餐厅菜单、家庭式餐厅菜单、风味餐厅菜单、帐篷式菜单卡、奉送菜单。

四、菜单的内容

（一）名称

菜品的名称是菜单最基本的部分,它会直接影响顾客的选择。一方面,顾客会凭菜品的名称去认识菜品,并挑选符合其兴趣和需求的菜品;另一方面,寓意深刻的菜品名称会在就餐客人的头脑中产生一种联想,包含着顾客对生活的一种期望和美好的祝愿,以提升菜品的附加价值。因此,科学、合理地为菜品命名对顾客选择菜品起着十分重要的作用。

为菜品命名要遵循以下两条原则。

（1）菜品名称要真实。这是菜品命名的核心,即应让顾客通过名称了解菜品的构成与特点。因此,餐厅应采用符合实际情况并为顾客熟悉的菜名。

（2）菜品名称能引起顾客的注意力和吸引力,即菜品的名称最好能起到先声夺人的效果,达到见其名而知其菜的目的。

（二）价格

价格是顾客消费中最敏感的因素之一。菜单上对菜品价格的标注使顾客在点菜时,能对即将进行的消费有一个全面的估价,做到心中有数。另外,菜单上对菜品的这类简要介绍可减少顾客点菜时间,提高员工的工作效率。

（三）介绍

菜单上要对一些菜品做必要介绍,既可加强促销,又可代替服务员临时为顾客介绍菜品,提高工作效率。介绍的内容包括菜品的制作原料、制作方法、烹制时间及制作的份额。餐厅特别销售的菜品,如高价菜、品牌菜、特色菜、创新菜等,菜单上应做详细的介绍,以便顾客在品尝菜品之前,能够通过菜单上对菜品图文并茂的介绍,对该菜品有一个更加直观和全面的了解,激发顾客的消费欲望。

（四）告示性信息

（1）餐饮企业的名称和商标:通常安排在封面。

（2）餐饮企业的总体情况简介:如历史背景、餐饮特点、连锁机构、发展现状等(机构性信息)。

（3）餐饮企业的地址:一般列在菜单的封底下方,有的餐饮企业的菜单还附有简易地图,列出该餐厅在城市中的地理位置,告知顾客如何到达(地理位置信息)。

（4）餐饮企业的电话、营业时间(订餐、就餐信息):一般列在封面或封底。

（5）餐饮企业特色风味(经营内容信息):如果餐厅具有某些特色风味而在餐厅名称中

未得到反映,就有必要在菜单的封面、餐厅的名称下列出其特色风味。

(6)餐厅加收的费用:如果餐厅加收服务费,要在菜单的内页注明。例如,在菜单上注上这样一句话:"所有价目均加收10％的服务费。"

任务二　菜单设计

一、选择菜品

选择菜品要以目标顾客的需求为中心,以餐饮企业的物质技术条件为基础,在综合分析市场供给和需求的各种环境因素基础上来进行。其工作思路如图5-1所示。

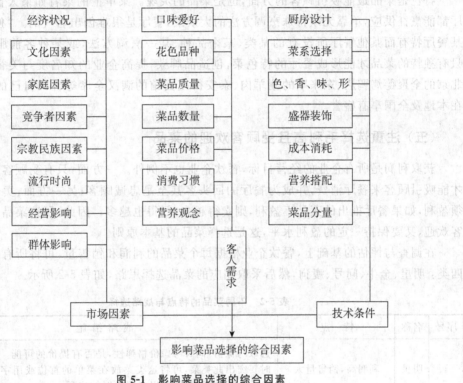

图5-1　影响菜品选择的综合因素

在实际工作中,菜品的选择要考虑以下几个问题。

(一)根据目标顾客的需求确定菜品的范围及核心指标

餐厅的经营宗旨是要迎合某些特定目标顾客的需求,以创造最大的利润,因此菜品选择的第一步是根据目标顾客的需求,确定菜品的大致范围及核心指标。包括菜系与口味、档次、质量、价格水平、花色品种和数量等。

(二)选择菜品要与就餐总体环境相协调

菜品并非越精细越好,必须和总体就餐环境相协调。

（三）选择菜品的品种要适量

菜单上列出的品种应保证供应,不应缺货,否则会引起顾客的不满。因此,菜单所列的品种不宜太多。品种过多,顾客看起来费力费时,无所适从,不易挑选,造成点菜决策困难,延长点菜时间,降低座位的周转率;同时,品种过多意味着原料的采购品种和库存量过大,不宜采购和储存,管理和控制难度加大,由此占用大量的资金和高额管理费用。当然,菜品的品种也不能过少,太少不能满足不同顾客的需求,容易造成顾客流失,影响营利,同时会给顾客造成菜品不丰盛、餐厅档次低的感觉。

（四）选择菜品要突出独特性

特色是菜品最能吸引顾客的方面,也是菜品的灵魂。菜单上的菜肴如果太普通,其他餐厅都能烹饪供应,单靠无须特殊烹调方法的大众菜,餐厅是很难创出名气的。"独特性"是指某餐厅特有而其他餐厅所没有的某类、某个品种、某一烹调方法,或某种客前服务方法等。只有独特的菜品才能形成餐厅的特色菜,创造品牌菜,提高企业的知名度与美誉度。例如,北京的全聚德烤鸭店、东来顺的涮羊肉、泰安御座宾馆的满汉全席等皆因自己的独一无二,在本地及全国享有盛誉。

（五）注重选择毛利高且受顾客欢迎的菜品

获取利润是所有企业的经营目标,餐饮企业也不例外。一方面,只有受顾客欢迎的菜品才能吸引顾客来餐厅消费,并成为餐厅的回头客甚至是忠诚顾客;另一方面,卖出的菜品必须盈利,如果餐厅推出的菜品不盈利,则卖得越多,亏得也越多。因此,所选菜品既要深受顾客欢迎,又要保持一定的盈利水平,这是选择菜品的基本原则。

在调查与评估的基础上,餐饮企业根据每个菜品的利润和销售量,可将所有的菜品分为四类:明星、金牛、问号、瘦狗,然后采取相应的菜品选择思路,如表 5-2 所示。

表 5-2　不同菜品的特点与战略选择

序号	名称	特　点	战　略　措　施
1	明星	利润高,销售量大	选取与保留,同时考虑价格弹性,是否有提价的可能。在编排菜单时要突出此类菜,可将这类菜放在菜单的首位或用字体、字号、颜色等与其他菜相区别,以引起顾客的注意
2	金牛	利润高,销售量小	选取与保留,并通过强化包装、客前烹制等展示措施加大促销
3	问号	利润低,销售量大	适当选取与保留,通过降低成本来保留深受顾客欢迎的某些菜品
4	瘦狗	利润低,销售量小	一般情况应舍弃,或者通过改造与包装后再次推出,观察此类菜是否会向金牛类或问号类转化

（六）选择菜品要注意菜品花色品种的合理搭配

1. 色彩

在通常情况下搭配菜肴颜色时,配料应适应主料、衬托主料。一般的配料方法有两种:

一种是顺色配料,就是主配料的颜色基本一致,如暖色配暖色等;另一种是花色配料,就是主配料的颜色不一样。事实上,菜肴色泽的搭配变化无穷,设计者有多少想象力,就能创造出多少色彩调和的菜肴。

2. 形状

食品原料的形状不仅影响菜肴外形的美观程度,而且直接影响到烹调质量。设计菜单时应注意到菜与菜形的配合,美化菜肴的外观、丰富食物的形状,做到有片、有丁、有丝,避免雷同、单调,使菜品的形状层次分明、错落有致,给人以美的享受。

3. 滋味

滋味指菜肴总的滋味,包括菜肴的香味、味道及质地。

首先,人们之所以把"香"单独列出,是因为食物的香味对增加进餐时的快感起着很大的作用。

其次,味道的好坏是人们评价烹饪艺术的最重要的标准,好吃也就自然成为消费者对厨师烹调技艺的最高评价。

最后,食物的质地指软、嫩、酥、脆等,人们习惯称食物的质地为"口感"。在给一份菜肴配料时,除了应注意选择质地相配的原料外,还应考虑到烹调方法的要求,这样才能提高菜肴的质量。质地相配并不是指选择质地相同的原料,相反要避免用同一质地的原料做菜。

在人们的饮食过程中,复合味对人的刺激虽说没有单一滋味那种强烈的刺激性,但它对人的诱惑性远比单一的滋味强烈得多。食物的香味、味道和口感只有同时发挥作用,进餐者才能充分领略食物的滋味。

4. 温度

食物的温度对于菜肴的吸引力十分重要。热汤就应该热气腾腾、香气扑鼻,冷菜则一定要冷。温度对比也十分重要,在炎热的夏天,菜单上应有几道热的菜;同样,在寒冷的冬季,也应有几个冷盘。

（七）选择菜品要注意食品原料供应情况

凡列入菜单的菜式品种,厨房必须无条件地保证供应,这是一条相当重要但极易被忽视的餐饮原则。其解决的办法:一是要克服有原料而菜单上却无此菜造成原料的积压;二是克服菜单上有菜而后厨无原料,以免造成客人投诉。因此,在选择菜单上的菜品时必须充分掌握各种原料的供应情况。

菜单设计者必须了解当地市场有什么食品原料以及这些食品原料的大致价格范围,并掌握采购这些原料的最佳时机,即价格合理、质量符合采购规格的时机。

在掌握食品原料市场供应情况的同时,菜单设计者还应重视饭店现有的库存原料,特别是那些易损坏的原料,如鲜果、蔬菜、乳制品以及各种可使用的备用食品。要做到这一点,厨师长每天都应巡视库房,做到心中有数,决定哪些原料应立即予以使用,以及根据具体情况考虑是否增设当日特选菜点进行推销,或做其他适当处理。

（八）选择菜品要考虑餐饮工作人员的能力

厨师的技术水平和烹饪技能是菜品选择时首先要考虑的问题,否则,设计了某道菜却无人会做,那么菜单也就失去了意义。一般情况下,要尽量设计厨房有条件生产的品种。当然,为了吸引宾客,专门聘请烹饪水平较高的厨师也是有必要的。

(九)选择菜品要考虑餐饮设备设施

在选择菜品时,一定要考虑设备与设施能否保质保量地生产出菜单所规定的菜肴,即应根据生产能力筹划菜单。

首先,选择菜品时,一定要考虑设备的能量。例如,若米饭的需要量超过了蒸饭箱的承受量,则需考虑用其他食品代替。

其次,选择的各种菜品应注意避免过多地使用某一种设备。例如,某一餐厅的晚餐菜单上有几款菜品都要用烤箱制作,而其他的设备用不上,使厨房工作人员感到设备短缺。菜单设计人员发现这个问题时,应及时对菜肴进行调整,让所有设备都得到均衡使用。

最后,生产设备和服务设施缺少或者不足会使菜肴品种的生产受到限制。例如,库房太小,每次不能容纳多种原料;粗加工部门场地小,人多了无法工作,少了又完不成任务;菜单上的某道菜肴需要某种服务设备,而又买不到这种设备,因而无法按规定提供饮食服务等。

所有这些都是菜单设计者在选择菜品时应注意的问题,不能忽视。

二、编排菜品

编排菜品即给菜品编排顺序,通常按照传统的就餐习惯顺序编排,以方便客人点菜与就餐,也方便厨房的加工与出菜。菜品的编排顺序也称菜单程式,是指菜单上各类菜式的排列次序。

小贴士

进餐次序是菜单编排必须遵循的原则。

设计中餐菜单的程式必须遵循冷菜—热菜—汤—主食—水果这一顺序。然后将各类菜式按原料分类进行排列,如冷菜类,鸡鸭类,猪肉、牛肉类,海鲜类,鱼虾类,蔬菜类,汤类,面饭类,点心类等。

西餐进餐次序稍有不同,一般按照开胃菜—汤—主菜—甜点的顺序先后进行,因此西餐午餐菜单通常是开胃品—汤—色拉—主菜—甜食、汤—水果。

菜单的大小尺寸、插页的多少、纸张的折叠方法等各有各的利弊,菜单的编排还应考虑到宾客的阅读习惯。菜单一般按照先外页后内页、先上端后下端、先左侧后右侧的顺序读。另外,应尽可能使菜单上的价格参差不齐。若依照菜价高低的顺序排列,会使宾客的注意力倾向于低价格。

1. 西餐早餐菜单程式

西餐早餐菜单程式包括水果、谷麦食类、蛋类、煎饼和华夫饼、肉类、蔬菜类、面包类、儿童早餐类、饮料类。

2. 西餐午餐菜单程式

西餐午餐菜单程式包括开胃菜、汤类、主菜色拉、面点、主菜、蔬菜、面包、甜点、饮料。

3. 西餐晚餐菜单程式

西餐晚餐菜单程式包括鸡尾酒、开胃酒、汤类、主菜色拉、主菜类、烤肉类、餐间冷饮类、蔬菜类、甜点、餐后酒类。

4. 法式晚餐菜单程式

法式晚餐菜单程式包括开胃菜类、汤类、蛋类、鱼类、主菜类、烤肉类、餐间冷饮、蔬菜类、冷餐类、色拉类、乳酪类、甜点类、水果类、饮料类。

5. 中餐厅菜单程式

中餐厅菜单程式包括厨师特选、冷盘、猪肉、牛肉和羊肉、家禽类、海鲜类、时蔬类、汤类、点心和甜点。

6. 咖啡厅菜单程式

咖啡厅菜单程式包括厨师特选、开胃品、汤类、色拉、主菜、海鲜类、风味小吃、三明治、汉堡包、甜品、酒水饮料。

三、编制菜单

(一) 菜单设计者

1. 菜单设计者的主要职责

(1) 与相关人员(主厨、采购人员)研究并制订菜单,按季节新编时令菜单,并进行试菜。

(2) 根据管理部门对毛利成本等要求结合行情制定菜品的标准分量、价格。

(3) 审核每天进货价格,提出在不影响食物质量的情况下降低食物成本的意见。

(4) 检查为宴席预定客户所设计的宴席菜单。了解宾客的需求,提出改进和创新菜点的意见。

(5) 通过各种方法向客人介绍本餐厅的时令、特色菜点,做好新产品的促销工作。

2. 菜单设计者的工作程序

1) 准备所需的参考资料

(1) 各种菜单,包括企业正在用的菜单。

(2) 标准菜谱档案。

(3) 库存信息和时令菜、畅销菜单子等。

(4) 每份菜的成本或类似信息。

(5) 各种烹饪技术书籍、普通词典、菜单词典。

(6) 菜单食品酒水一览表。

(7) 过去的销售资料。

2) 运用标准菜谱

标准菜谱是由餐馆部门设计建立的规范统一的关于食品烹饪制作方法及原理的说明卡,它列明某一菜肴在生产过程中所需的各种原料、辅料和调料的名称、数量、操作方法、每客分量和装盘工具及其他必要的信息。

3）初步构思、设计

开始构思时，要设计一种空白表格，把可能提供给顾客的食品先填入表格，在考虑了各项影响因素后，再决定取舍并做适量补充，最后确定各菜式内容。

4）菜单的装潢设计

将已设计好的菜肴、酒水按获利大小顺序及畅销程度高低依次排列，综合考虑目标利润，然后予以补充修改。召集有关人员如广告宣传员、美工、营养学家和有关管理人员进行菜单的程式和设计。

5）打印、装帧

最后，将已经装帧设计好的菜单打印、装帧。

（二）菜单的制作

1．选择列入菜单的菜品

（1）列出清单

将拟提供的菜品分类列出一份清单，然后根据不同性质的菜单选择相应的菜品。

（2）列出特色菜及套菜

列完清单后，写出拟重点推销的特色菜及套菜。特色菜是餐厅借以体现经营特色及着重推销的菜品，也是菜单的精华部分。设计师只有领悟到餐厅管理人员的这种经营思想和推销意图后，才能将特色菜的版面位置、选择的字体、图案等设计工作做好。

2．确定菜单的规格与篇幅

菜单的规格与篇幅大小应能达到顾客点菜所需的视觉效果，所以要精心选择菜单开本和页数。

3．确定菜单的文字

菜单必须借助文字向顾客传递信息。一份好的菜单的文字介绍，应该做到描述详尽，令客人读后增加食欲，从而起到促销作用。菜单的文字部分主要可以分为以下三类：①食品名称；②描述性介绍；③餐厅声誉宣传，包括优质服务和烹调技艺。

4．确定菜单的字体

一份菜单最主要的目的是沟通，要把餐厅所能提供的菜肴告诉客人，字体必须美观、清楚。假如不是用手写体，就一定要用排版印刷的方式。菜单的字体太小，不便阅读；有的字间距排得太紧，而且每项菜肴之间间隔小，几乎连在一起，使宾客选择菜肴时很费劲。

5．确定菜单的颜色与艺术设计

菜单的色彩运用也很重要。第一，赏心悦目的色彩能使菜单显得更加诱人；第二，通过彩色图画能更好地介绍重点菜肴；第三，色彩还能反映一家餐厅的情调和风格。挑选菜单颜色时须顾及对宾客心理上的暗示效果；同时要与整个餐厅的色调均衡和谐；字画和空白之间的颜色对比要清朗鲜明，避免产生视觉疲劳。

要根据餐厅的规格大小和种类选择色彩。一般来说，鲜艳大色块、五彩标题、五彩插图较适合快餐厅等设施；而以淡雅优美的色彩（如浅褐、米黄、淡灰、天蓝等）为基础，运用鲜艳的色彩加以点缀则适合具有相当规格、档次的餐厅。

6. 确定菜单的制作材料

一般菜单的材料以纸张居多,设计菜单时首先要选择好用纸。与菜单文字工作、排列和艺术装饰一样,纸的选择关系到菜单设计的优劣。此外,纸的费用也占了相当一部分的制作成本。

7. 确定菜单的形状、式样

因为大部分菜单印在纸上,所以应考虑纸的使用方法。首先,纸可以折叠;其次,纸可以被折成各种形状,并可有不同的造型。

菜单的形状是根据餐厅经营需要、为迎合宾客心理而确定的。菜单的尺寸大小没有统一的规定,用什么尺寸合适,主要从经营需要和方便宾客两个方面考虑。

8. 确定菜单的印刷方法

大部分菜单采用活版印刷或平版印刷,或将两者结合起来。菜单封面一般采用平版印刷,内页的菜肴项目单则采用活版印刷。

9. 菜单封面设计

(1) 突出餐馆的风貌特征。

(2) 必须在设计好菜单版面布局之后再设计封面,因为封面与版面必须相协调。

(3) 封面、版面设计要考虑制作费用、纸张质量、色彩等因素。

10. 突出主要菜式

(1) "特色菜肴"应有别于一般字体排印。

(2) "特色菜肴"应有更详尽的促销性文字介绍。

(3) 采用方框或彩色色块或其他图形突出"特色菜肴"。

(4) "特色菜肴"应用更丰富的色彩点缀并用彩色实例照片衬托。

很多饭店习惯对各类菜式中的菜肴进行编号,以利于宾客点菜,这无疑是一种极好的做法。心理学研究表明,宾客往往对各类菜式中第一号菜特别注意,他们总觉得第一号菜应是这类菜中的最佳者。因此,在安排菜式次序时应把最出色的菜式列在第一号位置上。

任务三　菜单定价

一、定价原则

(一)价格反映产品的价值

菜单上食品饮料的价格是以其价值为依据制定的。其价值包括三部分:一是餐饮食品原材料消耗的价值,生产设备、服务设施和家具用品等耗费的价值;二是以工资、奖金等形式支付给劳动者的报酬;三是以税金和利润形式向国家和企业提供的价值。

(二)价格必须符合市场定位,适应市场需求

菜单定价要能反映产品的价值,还应综合考虑饭店的地理位置、品牌效应、星级标准、餐厅档次、旺季淡季、客源市场的消费能力、地区经济发展状况、物价水平等。价格的制定必须

适应市场的需求能力,价格体系应有较大的选择范围,使餐饮消费呈现高、中、低并存的局面,"让每位客人都能找到属于自己的菜单"。

（三）制定价格既要相对灵活,又要相对稳定

菜单定价应根据供求关系的变化而采用适当的灵活价,如优惠价、季节价、浮动价等。根据市场需求的变化有升有降,调节市场需求以增加销售,提高经济效益。但是菜单价格过于频繁的变动,尤其是价格经常或大幅上涨,会给潜在的消费者带来心理上的压力和不稳定感觉,挫伤消费者的购买积极性,甚至会失去客源。因此,菜单定价要有相对的稳定性。

(1) 菜单价格不宜变化太频繁,更不能随意调价。

(2) 调整菜单价格,必须事先进行市场论证。

(3) 每次调价幅度不能过大,最好不超过10%。

(4) 菜单价格的调整可以与餐饮促销活动同时展开。

(5) 为了避免价格调整对客人消费心理的直接作用,菜单的价格调整可用其他促销方式代替,如优惠卡、积分折扣、VIP卡、赠送奖励消费等。

(6) 降低质量的低价出售以维持销量的方法是不足取的,反对低层次的价格战和低价倾销。

（四）制定价格要服从国家政策,接受物价部门检查和监督

要根据国家的物价政策制定菜单价格,在规定的范围内确定本餐厅的毛利率。定价人员要贯彻按质论价、分等论价、时菜时价的原则,以合理成本、费用和税金加合理利润的原则来制定菜单价格(价格＝成本＋费用＋税金＋利润),反对谋取暴利、坑害消费者的行为。在制定菜单价格时,定价人员要接受当地物价部门的检查和监督。

拓展阅读

崔经理请几位教授到某星级宾馆的中餐厅用餐。服务员很有礼貌地把他们请到餐桌前入座后,便开始请他们点菜。老朋友见面聊个没完,崔经理接过菜单看了一眼,便把它递给旁边的孙教授请他点。孙教授对一些菜名不太熟,便边请服务员讲解边点菜。

点了几个中高档的菜后,孙教授又对服务员说:"我们年纪都大了,很想要一些清淡的,像粟米羹之类的汤菜。"

"我们这里今天没有粟米羹,但有燕窝鱼翅羹,这是我们的特色羹汤。"服务员不失时机地推荐道。

此时,崔经理正在和其他人谈话,孙教授见菜单上没有这道羹汤,以为价钱不贵,就点了点头:"请给我们10个人每人要一碗吧。"过了一会儿,酒水和菜就上桌了。大家边聊边吃,非常高兴。席间服务员给每人端上一小罐羹汤,并告诉大家这是燕窝鱼翅羹,当时大家并没有在意,就用小汤匙喝了起来。孙教授几口就把羹汤喝光了,嘴里还喂喂着:"好喝,味道很鲜,只是有点像粉丝汤。"结账时,服务员告诉崔经理,餐费共6 000多元人民币。大家一听都傻了眼,以为自己听错了。

"我们实在没有要很多菜呀!"崔经理忙让服务员把账单拿过来,一看燕窝鱼翅羹一项就记录着近5 000元。

"小姐,燕窝鱼翅羹多少钱一碗?"孙教授忙问道。

"498 元。"小姐回答说。

"你在介绍时怎么不告诉我价钱呢?"孙教授有些张口结舌了。

服务员微笑着默默无语。

崔经理安慰大家说,他既然请客就要让大家高兴。他告诉收款员身上只带了 3 000 多元现金,还有几百元港币,其他的欠款第二天一定送来。但餐厅不同意赊账,大家见状都翻兜找钱,帮他凑钱,可巧没人带很多钱出来,钱仍凑不足。最后,餐厅终于同意崔经理留下身份证明天再来交钱。

临出餐厅时,孙教授叹着气说:"今天我可犯了个大错误。"大家也都笑着和他开玩笑:"你刚一见崔经理就让他欠账,真有本事啊!"

那么这次"欠账"真的是孙教授的错误吗?

【评析】

本例中,服务员利用孙教授的"不懂行"为餐厅推销出昂贵的高档菜,在经济上取得了效益,但在道义上却给人留下了"欺骗"的嫌疑。如果从为宾客提供满意服务的角度来看,让崔经理欠账的责任当然要由那位服务员来负。首先,她应明白这批客人用餐的目的主要是聚会畅谈,并不是来摆排场。其次,应该弄清楚这批老知识分子来餐厅想要的是经济实惠的菜品。最后,推销高级羹汤时,没有把价格告诉客人,误使孙教授为每人都点了燕窝鱼翅羹。如果给客人介绍清楚,为他们点上一两份羹汤,让大家都品尝一下,可能会起到良好的服务效果。

点菜和推销的关系是紧密的,但出发点一定要正确。为客人点菜时,首先要为他们介绍菜单上的菜品,并根据他们的需求和条件推荐厨师特色菜。然后要向他们报出实价,绝不能利用客人的"无知"欺骗他们,耍一些小聪明;否则,服务员只是一时得逞,最终将败坏自身以至饭店的声誉。

二、定价目标

(一) 以生存为定价目标

当餐饮企业的营业收入与固定成本、变动成本和营业税之和相等时,企业即可保本,即此时:

$$保本点营业收入＝固定成本＋变动成本＋营业税$$

(二) 以利润为定价目标

以经营利润作为定价目标是指餐饮企业在定价时主要以企业应实现的利润为出发点。管理人员根据利润目标,预测经营期内将涉及的经营成本和费用,然后计算出完成利润目标必须完成的收入指标。

$$要求达到的收入指标＝目标利润＋食品饮料的原料成本＋经营费用＋营业税$$

(三) 以营业额为定价目标

采取这种定价目标的餐饮企业通常强调要实现某一营业额目标,但一般不明确规定本企业应实现的利润数额。

大多数餐饮企业相信营业额的增长意味着利润的增加,但若通货膨胀严重、能源紧张或餐饮原材料缺乏,会导致生产和销售成本、费用的增加,即使营业额增加,也未必会增加利润额。因此,虽然仍有企业不把增加营业额作为定价目标,但是将企业的利润作为定价目标。

(四)以竞争作为定价目标

在市场经济条件下,竞争是不可避免的。当餐饮企业面对竞争时,通常会采用竞争导向的定价目标,主要有以下几种情况。

1. 应付或避免竞争

有相当多的餐饮企业确定产品价格的主要依据是对市场有决定影响的竞争者的价格。在一般情况下,消费者对价格比较敏感,因此这些企业的餐饮产品价格不一定与竞争企业的价格完全相同,但会根据自己的具体情况制定比竞争对手略低或稍高的价格。

这些企业在成本、费用或消费者需求发生变化时,如果竞争对手的餐饮产品价格保持不变,他们可能也会维持原来的价格;但若竞争对手做出价格变动的决定时,他们肯定会对价格进行相应的调整,以应对竞争。

2. 维持原有的市场

在餐饮业的竞争日趋激烈的今天,许多餐饮企业都采取各种方法,以保持原有的客源市场,这些餐饮企业有固定的客户,为他们提供适口的餐饮产品。当新的竞争对手出现时,这些餐饮企业力图保持与本企业规模和声誉相适应的市场份额。

3. 开辟新的客源市场

要想在竞争中取胜,并获得长远的经济利益,具有远见卓识的餐饮企业往往会采取各种方法来开辟新的客源市场。尤其在原有市场已经基本饱和的情况下,这种策略很容易在竞争中取胜。

(五)以刺激其他消费为定价目标

有些餐厅为实现企业的总体经营目标,以增加客房或其他产品的客源作为餐饮定价的目标。在我国许多饭店中,餐饮部在定价时往往考虑饭店的整体利益,以较低的餐饮价格来吸引会议、旅游团体以及商务客人,以此提高客房出租率,提高企业整体利润。

在餐厅中,菜单上的有些菜品或每天推出的特价菜是无利甚至亏损的,但这些菜肴可以起到"钓饵"的作用,吸引客人到餐厅来。客人来到餐厅后一定还会点其他菜,从而刺激其他菜品的销售。诱饵菜品的选择十分重要,通常选择一些顾客熟悉、做工简单、其他竞争餐厅也有的菜品作为诱饵,这样能吸引较多的顾客。顾客会与其他餐厅做价格比较而选择价格便宜的餐厅。价格便宜符合顾客追求实惠的心理,并且这类菜品做工简单,企业不易赔本。

三、定价方法

(一)以成本为导向的定价方法

以成本为导向的定价方法是餐饮企业在餐饮产品定价中运用最广的方法,在具体使用中又主要分成五种方法。

1. 毛利率法

毛利率不仅反映餐饮产品的毛利水平，还直接决定企业的盈亏，关系消费者的利益。在餐饮产品原料成本和相关费用不变的情况下，毛利率越高，销售价格就越高，利润也越高；反之，毛利率越低，销售价格越低，利润也越低。

小贴士

因为毛利率有销售毛利率（内扣毛利率）和成本毛利率（外扣毛利率）两种计算方法，所以引用毛利率这个概念时，必须说清楚是内扣还是外扣。

1) 销售毛利率法

销售毛利率法也称内扣毛利率法，是根据餐饮产品的标准成本和销售毛利率来计算销售价格的一种定价方法。

$$销售毛利率（内扣毛利率）＝\frac{毛利}{销售价格}×100\%$$

$$销售价格＝\frac{产品原料成本}{1-销售毛利率}$$

2) 成本毛利率法

成本毛利率法也称外扣毛利率法，是根据餐饮产品的标准成本和成本毛利率来计算销售价格的一种定价方法。

$$成本毛利率（外扣毛利率）＝\frac{毛利}{原料成本}×100\%$$

$$销售价格＝产品原料成本×（1+成本毛利率）$$

3) 销售毛利率与成本毛利率的换算

销售毛利率是以售价额为基数的，而成本毛利率是以成本额为基数的。如果同一售价、同一成本，则成本毛利率大于销售毛利率。

销售毛利率与成本毛利率的换算如下：

$$销售毛利率＝\frac{成本毛利率}{1+成本毛利率}$$

$$成本毛利率＝\frac{销售毛利率}{1-销售毛利率}$$

2. 成本系数定价法

以食品原材料成本乘以定价系数，即为食品销售价格。其用公式表示如下：

$$销售价格＝食品原材料成本×定价系数$$

这里的定价系数是计划食品成本率的倒数，如果经营者计划自己的食品成本率将为50%，那么定价系数即为100%/50%＝2。

3. 贡献毛利法

贡献毛利法是指每位就餐顾客除须支付所购餐饮产品的成本之外，还需平均分摊餐饮企业的其他费用以作为餐饮企业产品销售的毛利，并据此对餐饮产品进行定价。使用贡献

毛利法进行定价,必须较为准确地预测餐饮企业的经营效果,以确定每种餐饮产品的贡献毛利。贡献毛利的计算公式如下:

$$贡献毛利 = \frac{预期获得的毛利总额}{餐饮产品销售总数}$$

4. 分类加价法

分类加价法是对不同餐饮产品分类制定加价率的定价方法。其指导思想是各类餐饮产品的获利能力不仅应根据其原材料成本的高低,而且必须根据其销售量的多少来确定。在确定加价率时,应考虑:

(1) 高成本餐饮产品的加价率应适当降低,而低成本餐饮产品的加价率可适当提高。

(2) 销售量多的餐饮产品的加价率应适当降低,而销售量少的餐饮产品的加价率可适当提高。

根据经验及实际工作需要,餐饮企业中不同类型餐饮产品的加价率如表5-3所示。

表 5-3   不同类型餐饮产品的加价率

餐饮产品类型	加价率范围(%)	餐饮产品类型	加价率范围(%)
高档菜肴	10.00~15.00	低档菜肴	20.00~40.00
畅销菜肴	15.00~18.00	点心	35.00~40.00
滞销菜肴	20.00~22.00		

对于某一具体的餐饮产品来说,在确定其销售价格时,首先应选择合适的加价率,然后确定用于计算其销售价格的销售毛利率。其计算公式如下:

销售毛利率 = 营业费用率 + 该餐饮产品的加价率

其中的营业费用率是指预算期内预算费用总额占营业收入总额的百分比。营业费用即为其他营业费用和劳动力成本之和。而销售毛利率一旦确定,即可根据销售毛利率法计算餐饮产品的销售价格。

5. 主要成本率法

把食品原材料成本和直接人工成本作为定价依据,并从损益表中查得其他成本费用和利润率,则可计算出食品销售价格。

$$食品销售价格 = \frac{食品原材料成本 + 直接人工成本}{1 - (非原材料和直接人工成本率 + 利润率)}$$

主要成本率法是以成本为中心定价的,但它考虑到了餐厅较高的人工成本率,这样,如能适当降低人工成本,则定价可更趋于合理。

(二) 以需求为导向的定价方法

以成本为导向的定价方法比较简单,也很实用,但在经营过程中,管理者不仅要考虑到成本,往往还需要考虑到顾客愿意并能支付的价格水准,考虑到顾客对现行价格的反应。以需求为导向的定价方法便是根据顾客对餐饮产品的认识和需求程度来定价的方法。

1. 声誉定价法

餐厅如果需要招徕注重身份地位的目标客源,就必须关注餐厅的声誉。这些客人总是要求"最好",餐厅的环境最好,服务最好,食品饮料质量最好,价格也较高。如果价格过低,这些客人反而会怀疑质量低而不愿光顾。价格对他们来说是反映菜品质量和个人身份地位的一种指数,餐厅可用高价来吸引这类高消费的客源。

2. 诱饵定价法

有些餐厅为吸引客人光顾,将一些菜品的价格定得很低,甚至低于这些菜品的成本价格。其目的是把客人吸引到餐厅来,客人到餐厅后还会消费其他菜品,而这些低价菜品就起到诱饵作用。

3. 需求后向定价法

许多餐厅对菜品定价时,首先调查客人愿意支付的费用,以此为出发点,反过来调节餐厅菜品的配料数量和品种,调节成本,使餐厅获得薄利。例如,某饭店原来主要接待对象是国外旅游者,由于该城市又新建了许多高档饭店,因此该饭店不得不改变经营方向。为招徕当地居民前来就餐,先根据当地居民的生活水平定出西餐套餐每份 20 元;然后选择做工简单、经济实惠的主食、面包、咖啡等,吸引客人前来就餐,使餐厅有薄利可取。

4. 系列产品定价法

系列产品定价法是向同类目标市场销售的系列产品,如同一餐厅零点菜单上的系列产品供应同类普通客源。在对这类系列产品定价时不能各个菜品孤立地定价,而要首先协调总体价格水平,视其是否能被目标客源所接受。各个菜品的定价虽然要以成本为基础,但不要绝对按成本定价,要考虑在客源群体愿意支付的价格范围按成本分出几个档次。

（三）以竞争为导向的定价方法

以竞争为导向的定价方法就是以竞争对手的价格为基础定价,而不是固守价格与成本及需求间的关系,以达到维持和扩大本企业市场占有率和扩大销售数量的目的。以竞争为导向的定价方法主要有以下几种。

1. "随行就市"法

这是一种最简单的方法,即把竞争同行的菜品价格为己所用。这种定价方法在餐饮业中运用甚广,特别是许多无明显经营特色、企业资金和技术力量不雄厚、经营者又无太多经营经验的餐厅经常采用这种定价方法。由于市场上流行的价格已为顾客所接受,因此采用此种方法进入市场较为稳妥,风险小。但这种定价方法也存在不利于创新、易受竞争者冲击等缺点。

2. 率先定价法

这是一种主动定价的方法,即在激烈竞争中餐饮企业不是采取"等一等""看一看"的观望政策,而是大胆地抢先对产品定出价格,当市场需求和竞争局势发生变化时也是最先提高价格或降低价格。这种定价方法一般为实力雄厚或产品独具特色的企业所采用。该方法的优越性是能抢先抓住市场机会,领先占领市场,尽早获得竞争优势;缺点是风险比较大,有时对市场信息理解不透或对市场趋势判断错误,会做出错误的决策,导致失掉部分市场份额或给企业造成损失。

3. 追随领导企业定价法

此方法是以同行业中占有较大市场份额或影响最大的企业的价格为标准来制定价格。

这是一种以避免和减少价格竞争为意图的定价方法,其优越性是可减少同行之间互相压价而造成的损失,缺点是不利于保护顾客利益和推动行业的进步。

4. 最高价格法

该定价法旨在以质量取胜。其优越性是能避免压价竞争而使同行企业减少收入,鼓励企业为提高质量、创新产品而做出努力。但是在同行各企业都寻求提高质量的市场情况下,要在质量上高出竞争者一头并非易事,往往会受到资金因素、技术因素和领导能力等因素的限制,有时常会在顾客的心目中留下同质高价或低质高价的形象,而被顾客排斥。

5. 同质低价法

该方法一方面用低价将顾客从竞争者那里争取过来,占据尽可能大的市场份额;另一方面加强成本控制,尽可能降低成本并坚持薄利多销,使企业有利可获。

该方法的优越性是能够鼓励企业加强成本控制,提高生产和经营效率,同时能为顾客提供最大利益;缺点是会迫使其他企业也降低价格才能保持其市场份额,因而会造成价格混战的局面,使各企业都减少收入,最后迫使一部分无能力做好成本控制、降低成本的企业破产或转行。

拓展阅读

1. 以保本点为经营目标的收入计算

$$保本点营业收入＝固定成本＋变动成本＋营业税$$

公式两边同时除以"营业收入",得到:

$$1=\frac{固定成本}{营业收入}+\frac{变动成本}{营业收入}+\frac{营业税}{营业收入}$$

$$变动成本率=\frac{变动成本}{营业收入}$$

$$营业税率=\frac{营业税}{营业收入}$$

$$\frac{固定成本}{营业收入}=1-变动成本率-营业税率$$

$$保本点营业收入=\frac{固定成本}{1-变动成本率-营业税率}$$

餐饮企业的固定成本包括房租、水电费用、人力资源成本、餐酒茶具消耗、管理费用、财务费用等。

餐饮企业的变动成本一般是指餐饮原材料成本,有的也包括燃料费用。在高级餐厅中,这部分变动成本约占销售价格的35%,在普通餐厅中这部分变动成本所占的比例更大,餐饮产品的定价必须以这部分变动成本为基础。

餐饮企业的营业税率属于固定税率,一般为5%。

例如,某餐厅每月固定成本预计为30万元,餐饮变动成本率为40%,营业税率为5%,求该餐厅的保本点营业收入。

$$保本点营业收入 = \frac{固定成本}{1-变动成本率-营业税率}$$

$$= \frac{30}{1-40\%-5\%}$$

$$= \frac{30}{0.55}$$

$$\approx 54.55（万元）$$

公式两边同时除以"客人数"，即可测出"保本点客人平均消费额"指标。

$$保本点客人平均消费额 = \frac{固定成本}{客人数×（1-变动成本率-营业税率）}$$

例如，某餐厅每月固定成本预计为 10 万元，餐饮变动成本率为 40%，营业税率为 5%。该餐厅共有 100 个餐座，每天供应三餐，预计每餐座位周转率为 1.2。该餐厅若要达到保本经营，客人平均消费额要达到多少？

$$保本点客人平均消费额 = \frac{固定成本}{客人数×（1-变动成本率-营业税率）}$$

$$= \frac{100\ 000}{100×1.2×3×30×（1-40\%-5\%）}$$

$$= \frac{100\ 000}{5\ 940}$$

$$\approx 16.84（元）$$

2. 以经营利润为目标的收入计算

某餐厅要求达到年利润为 30 万元，根据以前的会计统计，餐饮原材料成本占营业收入的 40%，营业税占 5%，部门经营费用占 30%，餐饮部分摊的企业管理费占 5%。预计明年这些项目占营业收入的比例相差不大，那么明年餐饮营业的收入指标为

$$TR = 300\ 000 + 40\%TR + 5\%TR + 30\%TR + 5\%TR$$

$$TR = \frac{300\ 000}{1-40\%-5\%-30\%-5\%}$$

$$= \frac{300\ 000}{0.2}$$

$$= 1\ 500\ 000（元）$$

TR 为餐厅要求达到的收入指标。

决定销售收入的大小有两个关键指标：一是座位周转率，二是客人平均消费额。通过预测餐厅的座位周转率，就能预测出客人的平均消费额指标。

$$客人的平均消费额 = \frac{计划期餐饮收入}{座位数×座位周转率×每日餐数×期内天数}$$

例如，上述餐厅具有 150 个餐座，预计每餐座的周转率为 0.8，每天供应三餐，则客人的平均消费额为

$$客人的平均消费额 = \frac{计划期餐饮收入}{座位数×座位周转率×每日餐数×期内天数}$$

$$= \frac{1\ 500\ 000}{150×0.8×3×365}$$

$$\approx 11.42（元）$$

本项目对饭店餐饮部运营程序、饭店厨房管理、饭店的食品卫生管理、饭店餐饮人员培训与管理做了介绍,并指出了在具体操作过程中可能会出现的问题。同时,结合案例对理论知识进行进一步的探讨。

思考练习题

(1) 菜单的定义。

(2) 菜单的作用是什么?

(3) 菜单的种类有哪些?点菜菜单有哪些优缺点?

(4) 菜单的主要内容有哪些?

(5) 菜品的选择应考虑哪些因素?

(6) 菜单的设计步骤。

(7) 菜单的定价方法有哪些?

(8) 结合本章原理设计一份宴会菜单。

(9) 结合本章原理对某饭店零点菜单的设计优劣进行分析。

(10) 菜单定价的原则有哪些?

(11) 菜单定价有哪些方法?

点菜服务案例分析

玛利亚是洛杉矶某饭店餐厅的服务员。一天,几位客人来到餐厅用午餐,她为客人送去菜单,并请客人各自点了自己喜欢的主菜。为了使他们的午餐丰盛一些,玛利亚又为他们推荐了几样餐厅的特色菜,推荐时客人们没有表示反对。上菜后客人们只是匆匆喝了汤,用了各自的主菜和主食,对玛利亚推荐的菜他们没有动就结账离开了。离开前有人看了看桌上剩下的菜,摇了摇头,表示不太满意。玛利亚忙问他们是否打包带走这些菜,他们仍然摇着头走了出去。

晚上玛利亚又遇到了几位客人来餐厅吃晚餐。她按中午的服务程序和方法为客人送菜单、推荐菜,结果客人们吃得很高兴,他们对玛利亚推荐的菜赞不绝口,夸奖她服务很好,并给了她小费。

【思考题】

为什么中午和晚上服务的方式基本相同,而客人的反应却不同呢?

【评析】

本例讲述了玛利亚采取相同的服务方法,却得到了不同的效果。从她的服务中似乎看不出什么差错,其他餐厅服务员在为客人点菜时也常会碰到相似的情况,有些客人对你的服务表示满意,而有时尽管你服务很努力也得不到客人的赞许。

从这点来看,好像客人满意与否是客人自身的原因,而不应怪罪服务员。但是进一步分析就可以看出,服务员的每次服务都会影响客人的满意程度,所以服务员在点菜时应该更仔细地观察客人,了解客人的需求情况,并根据他们的实际需求和不同特点采取不同的服务策略。玛利亚在为进午餐的客人服务时,没有问他们有何特殊要求,在不了解顾客需要的情况下就向他们推荐特色菜,虽是热心服务,想使他们的午餐更丰盛些,结果却招致客人的摇头否认。

这些人很可能要在用餐后去机场赶飞机,也可能有急事要办,所以没兴趣慢慢品尝美味佳肴,他们需要的是时间。此时如为其点上一桌丰盛的菜,他们可能认为餐厅是故意揩客人的油。玛利亚在为进晚餐的客人采取相同的服务策略时,正好迎合了他们讲究排场、品尝风味的心理,当然被认为是满意的服务。

从这个案例中可以得到一个结论,客人的要求和特点不同,服务的方式与策略也不同,点菜时不要千篇一律地采取同样的方法,而要从客人的言谈话语中、从每个细节中获得他们的需求信息,并结合这些信息满足他们的要求。

实训项目一：餐前服务

班　级		学　号		姓　名	
实训项目	餐前服务		实训时间		1学时
实训目的	通过对餐前服务基础知识的讲解和餐前服务操作技能的训练,使学生了解餐前服务的内容,掌握餐前服务程序与标准,能够为客人提供熟练、满意的餐前服务				
实训方法	设计模拟场景,老师先示范,后学生实际操作,老师再指导。学生之间相互点评				
课前布置任务	基础知识：客人入座后的餐前服务内容		准备工作：准备好增添餐具、菜单和调味料		
实训内容					
1. 餐前服务程序与标准 (1) 增添餐位。 (2) 服务香巾。 (3) 服务茶水。 (4) 铺放餐巾。 (5) 撤筷套。 (6) 倒调味料。 2. 模拟情景 餐前服务					
要点提示	(1) 知晓客人就餐人数,随时准备增减餐具。 (2) 及时为客人斟茶倒水。 (3) 服务周到细致,不要远离客人。				

	能 力 测 试		
考核项目	操 作 要 求	配分	得分
增添餐位	视客人多少进行餐位调整	10	
服务香巾	放在香巾架中,用香巾夹服务	5	
	服务位置正确	5	
	服务顺序正确	5	
	服务姿态正确	10	
服务茶水	询问客人,适当介绍	10	
	斟茶顺序正确	5	
	斟茶姿势、分量正确	10	
铺放餐巾	铺放顺序正确	10	
	铺放姿势、位置正确	10	
撤筷套	位置、姿势正确	5	
	顺序正确	5	
倒调味料	位置、顺序正确	5	
	姿势、分量正确	5	
	合 计	100	

实训项目二：上菜服务

班 级		学 号		姓 名	
实训项目	上菜服务		实训时间		1学时
实训目的	通过对传菜、上菜服务基础知识的讲解和操作技能的训练,使学生了解传菜、上菜服务要求,掌握上菜的操作程序与服务技巧,达到操作规范、熟练上菜的要求,能够为客人提供熟练、满意而准确的就餐服务				
实训方法	老师先讲解、示范,后学生实际操作,老师再指导。设计模拟场景,按角色扮演法进行传菜员、上菜服务员和客人模拟训练,学生分组进行,相互点评,老师点评并总结				
课前布置任务	基础知识：中餐上菜服务要求(上菜的位置、时机、顺序与原则、上菜要求)、西餐上菜服务要求(上菜方式、顺序、上菜要求)		准备工作：准备好上菜用的餐具;上菜前整理桌面;核对菜肴名称、台号与菜单是否相符,检查菜肴质量,避免出错;了解所上菜肴菜名、特点及典故,找准上菜口		

实 训 内 容

1. 服务程序与标准
(1) 检查菜品。
(2) 端送菜品,选择上菜口上菜。

续表

实 训 内 容
（3）报菜名,介绍菜肴。
（4）摆菜。
2.中餐特殊菜肴的上菜方式
（1）上有包装的菜肴。
（2）上炖类菜品。
（3）上铁板类菜肴。
（4）上拔丝类菜肴。
3.模拟情景
上菜服务模拟

要点提示	（1）上菜时,要端平走稳,轻拿轻放。 （2）上菜时,切不可从客人肩上、头顶越过,以免发生意外。 （3）上菜忌讳"推"和"碰",保持盘底、盘边干净。 （4）上菜时,应注意防止出现空盘空台现象,也要防止上菜过勤,出现菜品堆积现象。 （5）上菜时,大拇指不可伸进菜盘内,注意上菜卫生。

能 力 测 试			
考核项目	操 作 要 求	配分	得分
上菜顺序与原则	依照上菜顺序与原则上菜	20	
上菜位置与姿势	从上菜口将菜肴送上餐桌,姿势正确规范	20	
上菜方法	展示菜肴,后退一步	15	
	报菜名,介绍特色	15	
	语言表达准确,语音语速适中,语态自然大方	20	
其他服务	菜上齐了要告诉客人,并询问是否需要加菜或其他帮助	10	
合　　计		100	

实训项目三：分菜服务

班　级		学　号		姓　名	
实训项目	分菜服务		实训时间		2学时
实训目的	通过对分菜服务基础知识的讲解和操作技能的训练,使学生了解分菜服务方式、分菜顺序与分菜要求,掌握分菜的基本手法和操作程序与标准,达到能够为客人提供熟练、满意而准确的分菜服务的能力				
实训方法	老师先讲解、示范,后学生实际操作,老师再指导。按角色扮演法进行传菜员、上菜服务员、分菜服务员的模拟训练,学生分组进行,相互点评,老师点评并总结				
课前布置任务	基础知识:中餐分菜服务要求(分菜方式、分菜顺序、分菜要求)、西餐分菜服务要求(分菜顺序、分菜用具、分菜要求)		准备工作:准备好分菜工具;分菜前在餐桌上展示分让的菜肴,请客人观赏		

实 训 内 容
1. 分菜程序与标准 (1) 桌上分让式。 (2) 旁桌分让式。 (3) 二人合作式。 (4) 转台分让式。 2. 几种特殊菜品的分菜方法 (1) 分让鱼类菜肴。 (2) 分让冬瓜盅。 (3) 分让拔丝类菜肴。 3. 模拟情景 分菜模拟训练

要点提示	(1) 分菜时,所需的餐具应干净卫生、无破损、无污染。 (2) 分菜时注意手法卫生,不能在盘底刮出很大的响声,装盘整洁美观。 (3) 分送菜品时不可越位,更不可从客人的肩或头上越过。 (4) 分菜时要做到心中有数,将菜肴优质部分让给主宾和客人。

能 力 测 试

考核项目	操 作 要 求	配分	得分
分菜手法	分菜手法正确,工具使用得当	20	
分菜位置与姿势	分菜位置正确,操作姿势标准	25	
分菜顺序	能够按先宾后主的顺序依次进行	15	
分菜要求	不滴不洒,一次到位,分派均匀	25	
分菜禁忌	能够做到不违反分菜禁忌要求	15	
合　　计		100	

项目六

饮品知识与服务技能

学习目标

1. 了解常用的中国酒水；
2. 了解常用的外国酒水；
3. 理解中餐酒水服务程序与服务标准；
4. 理解西餐酒水服务程序与服务标准。

技能要求

1. 熟知常用的中国酒水内容；
2. 熟知常用的外国酒水内容；
3. 注意结合实践学习做好中、西餐酒水服务。

引导案例

关于鸡尾酒的传说在国际酒吧者协会(IBA)的正式教科书中介绍如下：很久以前，英国的船只开进了墨西哥的尤卡里半岛的坎佩切港，经过长期海上航行颠簸的水手们找到了一间酒吧，喝酒、休息以消除疲劳。在酒吧的吧台中央，有一位年轻的服务员正用一根漂亮的鸡尾形无皮树枝调搅着一种混合饮料。水手们好奇地问服务员混合饮料的名字，而服务员却误以为对方是在问树枝的名称，于是答道，"考拉德·嘎窖"。这在西班牙语中是公鸡尾的意思。后来"公鸡尾"成了混合饮料的总称。

任务一 饮品知识介绍

一、常用的中国酒

（一）白酒

白酒是中国特有的一种蒸馏酒，由淀粉或糖质原料制成酒醅或发酵醪经蒸馏而得，又称烧酒、老白干、烧刀子等。白酒酒质无色（或微黄）透明，气味芳香纯正，入口绵甜爽净，酒精含量较高，经贮存老熟后，具有以酯类为主体的复合香味，其酒度一般为50％vol～60％vol。

中国白酒产品种类繁多。1979年全国第三次评酒会上首次提出：可将白酒划分为五种香型，又称五种风格。

（1）酱香型：以贵州茅台酒为代表，又称茅型。酱香型口感风味具有酱香、细腻、醇厚、回味长久等特点。

（2）清香型：以山西汾酒为代表，又称汾型。清香型具有清香、醇甜、柔和等特点，是中国北方的传统产品。

（3）浓香型（大曲香型）：以四川泸州老窖大曲酒为代表，又称泸型。浓香型口感风味具有芳香、绵甜等特点。

（4）米香型：以广西桂林三花酒为代表。米香型口感风味具有蜜香、清雅、绵柔等特点。

（5）其他香型：具有各自独特的生产工艺和口感风味，其主体香型尚未确定。例如，贵州董酒、陕西西凤酒等，其口感风味依酒的特性，风格突出者为佳品。

第五次评酒会提出了"四大香型、六小香型"的概念，除前文所述的"浓、清、酱、米"四大香型外，新增凤香型、兼香型、芝麻香型、特型、豉香型、董型（药香型）六种香型。

中国名酒繁多，主要有茅台酒、汾酒、五粮液、洋河大曲、剑南春、古井贡酒、董酒、西凤酒、泸州老窖特曲、全兴大曲、双沟大曲、黄鹤楼酒和郎酒13种名酒。

另外，优质白酒必须有适当的贮存期。关于白酒的贮存期，泸型酒至少贮存3～6个月，多在一年以上；汾型酒贮存期为一年左右；茅型酒要求贮存三年以上。以下列举一些有名的白酒品牌。

1. 茅台酒

茅台酒酒度为53％vol～55％vol，酱香型，贵州仁怀茅台酒厂出品，具有清凉透明、醇香馥郁、入口醇厚、余香悠长的特色。1915年，巴拿马万国博览会将茅台酒评为世界名酒，被外国人称为中国第一名酒。茅台酒与法国的干邑白兰地、英国的苏格兰威士忌并称世界三大蒸馏白酒。

2. 汾酒

汾酒酒度为60％vol，清香型，山西汾阳杏花村汾酒厂出品，具有酒精清澈透明、气味芳香、入口纯棉、落口甘甜的特点，素有色、香、味"三绝"之称，有"中国白酒始祖"的美誉。

3. 五粮液

五粮液酒度为52％vol，浓香型，四川宜宾五粮液酒厂出品，具有清澈透明、香气浓郁悠久、味醇甘甜、净爽的特点。

4. 剑南春

剑南春酒度为 50%vol 和 60%vol,浓香型,四川绵竹酒厂出品,具有芳香浓郁、醇和回甜、清冽净爽、余香悠长的特点。

5. 古井贡酒

古井贡酒酒度为 60%vol,浓香型,安徽亳州酒厂出品,具有酒液清澈透明、香醇幽净、甘美醇和、余香悠久的特点。因其取古井之水酿制,明清两代均为贡品,故得此名。

6. 董酒

董酒酒度为 60%vol,混合香型,贵州遵义董酒厂出品。酒液晶莹透明、醇香浓郁、甘甜清爽。其因厂址坐落于董公寺而得名。

7. 洋河大曲

洋河大曲酒度为 55%vol 和 64%vol,浓香型,江苏泗阳河酒厂出品,酒质醇香浓郁,柔绵甘冽,回香悠长,余味净爽。

8. 泸州老窖特曲

泸州老窖特曲酒度为 52%vol,浓香型,四川泸州老窖酒厂出品。酒液无色透明、醇香浓郁、清冽甘爽、回味悠长,素有"千年老窖万年糟"的说法。

（二）黄酒

黄酒又名老酒、料酒、米酒,是中国最传统的饮料酒,分为两大类,即南方黄酒和北方黄酒。

1. 绍兴加饭酒

绍兴加饭酒酒度 8%vol,含糖度 2%vol,浙江绍兴酿酒厂出品。此酒储存三年,酒液色泽橙黄明亮、口味鲜美、芳香扑鼻。

2. 龙岩沉缸酒

龙岩沉缸酒酒度 14%vol～16%vol,含糖度 27%vol,福建龙岩酒厂出品。此酒储存两年,酒液呈鲜艳透明的红褐色,香气浓郁、口味淳厚、余味绵长。

（三）啤酒

啤酒是一种含有多种氨基酸、维生素、蛋白质和二氧化碳的营养丰富、高热量、低酒度的饮料酒。它具有清凉、解渴、健胃、利尿、增进食欲等功效,素有"液体面包"的美称。

啤酒按其色泽可分为淡色黄啤酒、浓色啤酒和黑啤酒,按其加工时是否经过均衡程序及杀菌可分为生啤酒和熟啤酒,按其麦芽汁的浓度可分为低浓度啤酒、中浓度啤酒和高浓度啤酒。一杯优质啤酒的色泽应清澈透明、不浑浊,入杯后泡沫应具有洁白、细腻、持久、挂杯的特点,同时还应有明显、纯正的酒花香和麦芽清香,入口柔和、清爽,略带苦味。

例如:青岛啤酒,山东青岛啤酒厂出品。酒度 3.5%vol,麦芽浓度 12°P,酒色呈米黄、淡而透亮、泡沫洁白细腻,具有显著的酒花麦芽的清香和特有的苦味,口感柔和、清爽纯净。

（四）果酒

果酒是选用含糖分较高的水果为主要原料酿制的饮料酒,酒度为 15％vol,酒液大多突出原果实的色泽,美观自然、清澈透明,并带有原果实的特有香气和酒香,酸甜适口、无异味。具有代表性的果酒是葡萄酒。

二、常用的外国酒

（一）蒸馏酒

1. 白兰地

白兰地(Brandy)是以葡萄酒为原料,在葡萄酒的基础上蒸馏后勾兑而成的。白兰地酒色泽呈晶莹的琥珀色,具有浓郁的芳香,味醇厚润。饮用时用手掌暖杯,待白兰地微温有香气散发时,先嗅后尝。白兰地酒度 43％vol。法国干邑白兰地的酒龄可从酒标上识别,如下。

ThreeStar 或 V. S：储存期不少于三年的优质白兰地。

V. O 或 V. S. O. P.：储存期不少于四年的佳酿白兰地。

X. O 或 Reserve 或 Napoleon：储存期不少于五年的优质特别陈酿白兰地。

Paradise 或 LouisXⅢ：储存期在六年以上的顶级白兰地。

白兰地通常由多种不同酒龄的白兰地掺兑而成,上述的陈年期则是掺兑酒中最起码的年份。一些白兰地酒标上常注明“XO 陈酿 50 年”,这并不等于酒瓶内所有的酒液都已储存 50 年,但至少在勾兑的酒液中用了少量陈酿 50 年的白兰地。拿破仑 VSOP、轩尼诗 VSOP、轩尼诗 XO、马爹利蓝带等属于法国著名白兰地(干邑)品牌。

2. 威士忌

威士忌是以大麦、黑麦、燕麦、小麦、玉米等谷物为原料,经过发酵、蒸馏后放入橡木桶醇化而酿成的高酒度饮料酒,颜色为褐色,酒度为 40％vol～43％vol,最高可达 66％vol。

威士忌的主要生产国大多是英语国家,最著名、也最具代表性的分别是苏格兰威士忌(Scotch Whisky)、爱尔兰威士忌(Irish Whiskey)、美国威士忌(American Whiskey)和加拿大威士忌(Canadian Whiskey),其中最久负盛名的是苏格兰威士忌。在英语中 Whisky 指的是苏格兰威士忌,而其他国家的威士忌则称为 Whiskey(本书均采用 Whisky)。

苏格兰威士忌具有独特的风格,它色泽棕黄带红,清澈透明,气味焦香,略带烟熏味,口感干冽、醇厚、劲足、圆正、绵柔,使人感觉到浓厚的苏格兰乡土气息。苏格兰威士忌的独特风味来源于生产过程中所用的水以及神秘的勾兑配方,而烟熏味是由于用泥炭作燃料烘烤麦芽造成的。爱尔兰威士忌制作程序与苏格兰威士忌大致相同,只是烟熏麦芽时用的不是泥煤,而是无烟煤,因此没有烟熏味。另外爱尔兰威士忌陈酿时间一般是 8～15 年,所以成熟度高,口味较绵柔长润。加拿大威士忌酒度 45％vol,酒色泽棕黄,口感轻快爽适,酒体丰满,以淡雅著称。

英国酒法规定,威士忌要在橡木桶中至少陈酿三年。陈酿 15～20 年为最优质酒。如果酒已经陈酿了 20 年,再存放并不能使酒的品质有显著提高,反而会让酒吸收木桶的味道而使品质下降。世界著名威士忌品牌如杰克丹尼、威雀、格兰菲迪、黑方、蓝方等。

3. 金酒

金酒（Gin）又叫杜松子酒，是以玉米、麦芽和稞麦为原料，加入杜松子等香料，经发酵、蒸馏得到的烈性酒。其酒液无色透明，酒度为 35%vol～55%vol。金酒的最大特点是散发着令人愉快的香气。

金酒是世界上第一大类的烈酒，最先由荷兰生产，后在英国大量生产，闻名于世。金酒著名的生产国是荷兰、英国、加拿大、美国、巴西等。

荷兰金酒和英式干金酒是世界金酒的两大分类。其中，荷兰金酒无色透明，杜松子和麦芽香味突出，辣中带甜，清新爽口，风格独特，酒度为 52%vol 左右，只适于净饮，不宜作调制鸡尾酒的基酒，否则会破坏配料的平衡香味。英式干金酒是淡体金酒，不甜，不带原体味，它生产简单，既可单饮，又可作混合酒的酒基。

金酒不需要陈酿，但也有厂家将原酒放到橡木桶中陈酿，从而使酒液略带金黄色。一般金酒酒度越高，酒质就越好。世界著名金酒品牌如荷兰的宝狮、波克马、享克斯、哈瑟坎波，英国的哥顿等。

4. 伏特加

伏特加（Vodka）是俄罗斯具有代表性的蒸馏酒，无色无酒精味，具有中性的特点，不需储存即可出售。伏特加酒是以马铃薯、玉米等为原料，经发酵、蒸馏、过滤后制成的高纯度烈性酒，酒液无色无味，酒度为 35%vol～50%vol。酒度为 40%vol 的伏特加酒的销量最大。

通常伏特加酒不需要以储存（陈化）手段来提高酒质，只要将蒸馏后滤清的酒勾兑装瓶即可。

世界上著名的伏特加酒产地有俄罗斯、波兰、美国、德国、芬兰、英国、乌克兰等。其中，俄罗斯伏特加酒酒液透明，除酒香外几乎没有其他香味，口味凶烈，劲大冲鼻；波兰伏特加的香体丰满，富有韵味。世界著名伏特加品牌如瑞典伏特加、芬兰伏特加、皇冠伏特加、红牌伏特加等。

5. 朗姆酒

朗姆酒（Rum）又叫糖酒，以蔗糖为原料，先制成糖蜜，然后经发酵、蒸馏，在橡木桶中储存三年以上而成。朗姆酒是用甘蔗、甘蔗糖浆、糖蜜、糖用甜菜或其他甘蔗的副产品，经发酵、蒸馏制成的烈性酒，酒度为 35%vol～75.5%vol，最常见的为 40%vol。

朗姆酒有三种类型：清淡型、浓郁型和芳香型。

清淡型朗姆酒储存期至少一年。如在玻璃或不锈钢容器中陈酿一年以后进行勾兑装瓶，酒液无色清澈；如在装瓶前已在橡木桶中陈酿至少三年，酒液则呈金黄色，且有蜜糖和橡木桶的香味。

浓郁型朗姆酒要在橡木桶中陈酿 5～7 年，在酿制过程中加焦糖调色，因此酒体呈浓褐色，甘蔗香味突出，口味醇厚圆润。

朗姆酒的主要产地有牙买加、波多黎各、古巴、海地、爪哇及多米尼加等加勒比海国家。世界著名朗姆酒品牌如百家得金牌、百加得朗姆、摩根船长朗姆、奇峰朗姆、美亚士等。

6. 龙舌兰酒

龙舌兰酒（Tequila）是墨西哥独有的名酒，它由热带作物龙舌兰的发酵浆液蒸馏而成，又名仙人掌酒。著名的鸡尾酒玛格莉特即用龙舌兰酒作基酒。特基拉酒是以墨西哥珍贵的植物龙舌兰为原料,经过发酵、蒸馏制成的烈性酒,因此又称龙舌兰酒。该酒有无色和金黄色两种,酒度为 38%vol～44%vol,口感凶烈,带有龙舌兰的独特芳香。

龙舌兰酒在橡木桶中陈酿的时间不同,对其颜色和口味的影响很大。透明无色龙舌兰酒不需要陈酿,银白色龙舌兰酒储存期至多 3 年,金黄色龙舌兰酒的储存期至少 2～4 年,特级龙舌兰酒则需要更长的储存期。

(二)酿制酒

1. 葡萄酒的起源

法国葡萄酒被世人奉为世界葡萄酒的极品。它之所以深受人们的爱戴,不仅在于它与香水、时装一样象征着法兰西浪漫情调,更重要的是它有着独特的历史和文化底蕴。

法国葡萄酒的种类繁多,可谓千变万化,从东到西、从南到北,葡萄种植园无处不有。由于葡萄酒对种植葡萄的土地、葡萄的品种有着严格的要求和规定,不同品种的葡萄以及不同土质上出产的葡萄所酿制的葡萄酒均有较大的区别。根据地域分布,法国葡萄酒大致可分为波尔多葡萄酒(中西部),勃艮第葡萄酒、安茹葡萄酒、香槟酒(中部),波日莱葡萄酒(中南部),普罗旺斯、罗纳河谷葡萄酒(南部),阿尔萨斯葡萄酒(东北部)。而每个区域的葡萄酒也都有近百个不同的品牌,其中最著名的当数波尔多、勃艮第葡萄酒和香槟酒。根据葡萄酒不同的酿制方法,又可将葡萄酒分为红、白葡萄酒(一般指干红、干白),桃红葡萄酒,新葡萄酒,香槟酒四大类。

(1)红白葡萄酒的酿制程序。先将采集来的葡萄筛选和清洗,然后倒入榨汁机榨汁。红葡萄酒选用紫红葡萄,而白葡萄酒则选用白葡萄或红皮白肉葡萄(仅使用榨出的汁),然后连皮带汁放入发酵池中发酵。为了达到所要求的酒精含量(一般在 12%vol),在发酵时要加入一定比例的糖(每升葡萄酒的酒精含量增加 1 度,就需加入 17～18g 糖)。一般来说,等酒中的糖分完全发酵后,便可将发酵池中的自流原酒放入酒窖的巨大橡木酒桶存放数月,然后装瓶上市。

(2)桃红葡萄酒的酿制程序。将红皮白肉葡萄压碎,然后葡萄汁和皮一块倒入发酵池中发酵。当葡萄汁刚开始发酵变成淡红时,马上进行过滤,并将滤除皮的酒放入发酵池进行二次发酵。等发酵结束后即可将自流原酒放入木桶储存。法国法律严格禁止将白葡萄酒和红葡萄酒通过混兑制成的淡红葡萄酒,因此凡淡红葡萄酒必须采取上述方法酿制。

(3)新葡萄酒的酿制程序:新葡萄酒也称当年酒。当年的葡萄经发酵产生自流原酒后,即可过滤装瓶。按法国有关规定,新葡萄酒只能在当年 11 月的第三个星期四零点上市直到来年的葡萄摘收季节前。法国最有名的新葡萄酒为波日莱红葡萄酒,每年 11 月都大量出口亚洲。

(4)香槟酒的酿制程序比一般葡萄酒复杂。首先必须根据严格的规定,按每 160kg 葡萄榨出 102kg 的葡萄汁的比例榨汁。然后放入发酵池中在 20～22℃的条件下进行第一次发酵。三周之后进行第一次倾析,对葡萄酒加以冷却,以加速葡萄酒的沉淀,保证葡萄酒的稳定性。待酒质变清之后,再次倾析并进行勾兑工艺。勾兑方法是将新酿的香槟酒与以前的好年香槟酒进行勾兑(遇上特殊好年,则可不进行勾兑而直接使用当年的原酒)。勾兑后的酒从木桶中取出,放入瓶中进行二次发酵。封瓶前需加入特有的天然发酵粉和甜酒。此后,酒中的糖分会慢慢地变成酒精和碳酸并开始产生气泡。酒需在酒窖存放至少一年,未经勾兑工艺的好年酒至少要在酒窖中存放三年。待发酵停止后,酒变得清澈,此时酒精度已达12%vol左右。接着要通过摇动工艺将沉淀物从酒中全部取出,最后装瓶封口上市。按工艺分,香槟酒实际上是一种汽酒,但由于其独特的酿造原料,因此只有产于香槟地区的酒才能以香槟酒命名。其他地方用类似方法酿制的葡萄酒只能称为葡萄汽酒。

葡萄酒有严格的等级和品质体系,从大的方面可分为四等。第一等为法定产地葡萄酒(AOC),第二等为优良产地葡萄酒(VDQS)。上述两类酒对产地、所采用的葡萄品种、酿制过程、每公顷葡萄的产酒量及最低酒精含量都进行了严格规定。第三等为产地酒(Vins de Pays),指注明产地的佐餐酒。这类酒在其产量、酒精、储量酿制程序上也都有严格规定。第四等为佐餐酒(Vins de table),这种酒不注明产地,大多通过不同酒窖的酒勾兑而成。第一等酒又可分为超一级(1erCru Classe exceptionel)、一级(1erCru)、二级(2eCru)、三级(3eCru)、四级(4eCru)等多个级别。此外,法国酒还特别讲究年成(香槟酒只有特别好年才标年份),分成特别好年、很好年、好年、较好年、一般、差等几类。特别好年的酒不仅可以长时间储存,而且因为具有升值潜力而具有一定的收藏价值。20世纪以来的好年酒有1904(特别好)、1906、1921(特别好)、1928(特别好)、1929、1934、1937(特别好)。20世纪中期以后有1961、1964、1966、1970、1971、1975、1978、1981、1982(特别好)、1983、1985、1986、1988、1989(特别好)、1995、1996。

2. 葡萄酒命名标准

(1) 地区命名。例如,以地区命名的有雪比利——它是法国东北部一个出产著名白酒的地方,保祖利——它是法国东部一个出产著名红酒的地区,莱茵——它是德国最著名的酿制白酒的地区。

(2) 葡萄种类名称命名。如果某种葡萄酒的酿制地区不很出名,或来源复杂,但采用的葡萄种类相当著名,这些酒便会以该葡萄种类名称命名。例如,雷司令——它是全世界葡萄产区中广泛种植和很受欢迎的一种葡萄,霞多丽——它是一种高级的青葡萄,部分法国香槟也是采用这种葡萄酿制的,卡皮诺苏维安——它是红葡萄类中的极品,大部分法国极品红酒均采用它来酿制。

(3) 商标名称命名。有些葡萄酒的酿制地区不很出名,而且采用的葡萄种类比较杂,那么酿酒商会替这些酒起一个商标名称。这类酒如果推销成功,仍然可以受到世界各地人士的欢迎,如密桃红和碧加露便是一些很好的例子。

(4) 厂名命名。有些著名的厂商历史悠久,酿酒经验丰富,所以会用厂名为某一种葡萄酒命名,如路易拉图、狄络丝和莫路等。

3. 葡萄酒酒标内容

法国法律将法国葡萄酒分为四级:法定产区葡萄酒、优良地区餐酒、地区餐酒、日常餐酒。其中,法定产区葡萄酒占全部产量的35%,优良地区餐酒占2%,地区餐酒占15%,日常餐酒占38%。

(1) 法定产区葡萄酒,级别简称AOC,是法国葡萄酒最高级别。AOC的法文意思为"原产地控制命名"。原产地地区的葡萄品种、种植数量、酿造过程、酒精含量等都要得到专家认证。法定产区葡萄酒只能用原产地种植的葡萄酿制,绝对不可和别地葡萄汁勾兑。AOC产量大约占法国葡萄酒总产量的35%。酒瓶标签标示为Appellation+产区名+Contrôlée,如

图 6-1 所示。

（2）优良地区餐酒，级别简称 VDQS，是普通地区餐酒向 AOC 级别过渡所必须经历的级别。如果在 VDQS 时期酒质表现良好，则会升级为 AOC。其产量只占法国葡萄酒总产量的 2%。酒瓶标签标示为 Appellation＋产区名＋Qualite Superieure，如图 6-2 所示。

图 6-1　法定产区葡萄酒

图 6-2　优良地区餐酒

（3）地区餐酒 VIN DE PAYS（英文为 Wine of Country）。日常餐酒中最好的酒被升级为地区餐酒。地区餐酒的标签上可以标明产区。其可以用标明产区内的葡萄汁勾兑，但仅限于该产区内的葡萄。其产量约占法国葡萄酒总产量的 15%。酒瓶标签标示为 Vin de Pays＋产区名，如图 6-3 所示。法国绝大部分的地区餐酒产自南部地中海沿岸。

（4）日常餐酒 VIN DE TABLE（英文为 Wine of the table）。日常餐酒是最低档的葡萄酒，作日常饮用。其可以由不同地区的葡萄汁勾兑而成，如果葡萄汁限于法国各产区，可称法国日常餐酒。其不得用欧共体外国家的葡萄汁，产量约占法国葡萄酒总产量的 38%。酒瓶标签标示为 Vin de Table，如图 6-4 所示。

图 6-3　地区餐酒

图 6-4　日常餐酒

酒瓶小常识

波尔多产区：直身瓶型，类似中国的酱油瓶形状，是波尔多酒区的法定瓶型，在法国只有波尔多酒区的葡萄酒才有权利使用这种瓶型。

勃艮第产区:略带流线的直身瓶型。

罗讷河谷产区:略带流线的直身瓶型,比勃艮第产区的矮粗。

香槟产区:香槟酒专用瓶型。

阿尔萨斯产区:细长瓶型,是法国阿尔萨斯酒区的特有瓶型。

普罗旺斯产区:细高瓶型,颈部多一个圆环。

卢瓦河谷产区:细长瓶型,近似阿尔萨斯瓶型。

隆格多克鲁西雍产区:矮粗瓶型。

日常餐酒:日常餐酒一般的瓶形像大号的勃艮第瓶型。

为什么瓶口有一层塑料封套?

(1)为了防止虫子咬软木塞。

(2)有时封套上留有小孔,这是为了葡萄酒能与外界呼吸交换,主要是浅龄酒用。

为什么瓶底有凹凸?

(1)为了葡萄酒瓶直立时能沉淀酒渣。

(2)越需要长时间贮存的葡萄酒,凹凸越深。所以,一般来说,好酒因需要长期保存,瓶底凹凸都比较深,但瓶底凹凸深的酒不一定是好酒。

未开封的酒,如果瓶塞凸起或瓶口有黏液,说明该酒品质出现问题。

三、非酒精饮料

非酒精饮料又称为软饮料,主要包括咖啡、茶、可可等饮料。

1. 咖啡

咖啡为世界三大饮料之一,原产于埃塞俄比亚,含有脂肪、水分、咖啡因、纤维素、糖分、芳香油等成分,具有振奋精神、消除疲劳、除湿利尿、帮助消化的功效。

2. 茶

茶为世界三大软饮料之一,是人们普遍喜爱和有益的饮料,具有止渴生津、提神解乏、消脂解腻、促进消化、杀菌消炎、利尿排毒、强心降压、增强体质、补充营养、预防辐射的功效。茶的种类主要如下。

(1)绿茶以西湖龙井最有名,它具有色翠、香郁、味醇、形美的特点。

(2)红茶是世界上产量最多、销路最广、销量最大的茶类,可单独冲饮,也可加牛奶、糖等调饮。

(3)乌龙茶是我国独特产品,以福建产地最为有名,其中武夷岩茶为珍品。

(4)花茶又名香片,以茉莉花茶为上品。

(5)茶砖是一种加工复制茶,用压力把茶叶制成一定的形状,便于长途运输和储藏,一般供应边疆地区。

3. 可可

可可是世界三大软饮料之一,原产于美洲热带,可作饮料,亦可供药用,有强心、利尿的功效。

四、其他饮料

其他饮料包括矿泉水、牛奶、鲜果汁、果蔬汁、碳化饮料等。

任务二　饮品服务技能

一、中餐酒水服务

（一）黄酒的服务程序与标准

黄酒的服务程序与标准如下。

1. 准备工作

（1）客人订完酒后，服务员去酒吧取酒，并准备与客人人数相符的黄酒杯。

（2）从管事部取冰桶及黄酒壶，冰桶内装 1/3 开水。

（3）将冰桶放在冰桶架上，并在冰桶上横放一条叠好的餐巾。

2. 黄酒的展示与加热

（1）用一块干净的餐巾垫着黄酒坛向客人展示，商标面对客人，然后告诉客人需等候的加热时间。

（2）将黄酒打开，倒入黄酒壶内，再将黄酒壶放入盛有开水的冰桶内加热 2～3min 即可。

（3）将黄酒杯放在客人筷子的右上方。

3. 黄酒的服务

（1）将冰桶架拿到主人座位的右侧。

（2）当黄酒加热至 35℃ 左右时开始为客人斟酒。

（3）斟酒时，左手拿餐巾，右手从冰桶中拿出黄酒壶，用餐巾将壶底部擦干净，按女士优先、先宾后主的原则依次从客人右侧为客人倒酒 4/5 杯即可。

4. 黄酒的添加

（1）随时为客人加酒。

（2）随时更换热水，以保持酒的温度。

（3）黄酒壶的酒倒完时，马上将酒坛中的酒倒入黄酒壶中继续加热。

（4）当酒坛中的酒将要斟完时，询问主人是否再加酒，如需加酒程序同上。

（5）如主人不再加酒，服务员应观察客人，待其喝完后将空杯撤掉。

（二）白酒的服务程序与标准

白酒的服务程序与标准如下。

1. 准备工作

（1）客人订完酒后，服务员立即去酒吧，时间不得超过 5min。

（2）准备一块叠成 12cm 见方的干净餐巾。

（3）准备与客人人数相符合的白酒杯。

2. 酒的展示

在左手掌心上放一个叠成 12cm 见方的餐巾，将白酒瓶底放在餐巾上，右手扶住酒瓶上端，并呈 45°倾斜，商标向上，为客人展示白酒。

3. 酒的服务

（1）征得客人同意后，在客人面前打开白酒。

（2）服务时，左手持方型餐巾，右手持白酒瓶，按照先客后主、女士优先的原则从客人右侧依次为客人倒酒。

（3）白酒倒入酒杯 4/5 即可。

（4）倒完一杯后轻轻转动瓶口，避免酒滴在台布上，再用左手中的餐巾擦拭瓶口。

4. 白酒的添加

（1）随时为客人加酒。

（2）当整瓶酒将斟完时，询问主人是否再加一瓶，如同意则服务程序同上。

（3）如不再加酒，及时将空杯撤掉。

（三）啤酒的服务程序与标准

啤酒的服务程序与标准如下。

1. 推销及建议

（1）熟练掌握各种啤酒知识，在客人订饮品时，介绍本餐厅提供的各国啤酒及特点（酒的度数）。

（2）为客人写订单并到酒吧去取酒，不得超过 5min。

2. 服务

（1）用托盘拿回啤酒及冰冻酒杯，依据先宾后主、先女后男的原则为客人服务啤酒。

（2）提供啤酒服务时，服务员站在客人右侧，左手托住托盘，右手将冰冻啤酒杯放在客人餐盘的右上方，拿起客人所订啤酒，在客人右侧侧立，将啤酒轻轻倒入酒中。倒啤酒时使啤酒沿杯壁慢慢滑入杯中，以减少泡沫。

（3）倒酒时，酒瓶商标应面向客人。

（4）啤酒应斟满但不得溢出杯外。

（5）如瓶中啤酒未倒完，应把酒瓶商标面对客人，摆放在酒杯右侧。

3. 啤酒的添加

（1）随时为客人添加啤酒。

（2）当杯中酒仅剩 1/3 时，主动询问是否添加。

（3）如不需则及时将空杯撤下。

（四）饮料的服务程序与标准

饮料的服务程序与标准如下。

1. 准备工作

（1）为客人写订单并到酒吧去取饮料，不得超过 5min。

（2）将饮料和杯子放于托盘上。

（3）注意饮料一定要当客人面开启。

2. 普通饮料服务

（1）将饮料杯放于客人右手侧。

（2）从客人右侧按顺时针方向服务，女士优先、先宾后主。

（3）使用右手为客人斟倒饮料，速度不宜过快。

（4）未倒空的饮料瓶放在杯子的右前侧，商标朝向客人。

（5）如客人使用吸管，需将吸管放在杯中。

3. 含酒精混合饮料服务

（1）将盛有主饮料的杯子放在客人右手侧。

（2）在配酒杯中斟酒，并依据酒店要求配加饮料。

（3）使用搅棒为客人调均饮料。

（4）将搅棒和配酒杯带回服务桌。

（五）中国茶的服务程序与标准

中国茶的服务程序与标准如下。

1. 准备工作

（1）使用中式茶壶、茶杯和茶盘，要求干净整洁、无茶垢、无破损。

（2）备好各种茶叶。

2. 沏茶

（1）确保茶叶质量。

（2）将适量的茶叶倒入茶壶中。

（3）先倒入 1/3 的热水，将茶叶浸泡两三分钟，再用沸水将茶壶沏满。

3. 倒茶

（1）使用托盘，在客人右侧服务。

（2）茶应倒至茶杯 4/5 位置。

（3）当茶壶中剩 1/3 茶水时，再为客人添加开水。

4. 注意事项

（1）为客人斟茶时，不得将茶杯从桌面拿起。

（2）不得用手触摸杯口。

（3）服务同一桌的客人使用的茶杯，必须大小一致，配套使用。

（4）及时为客人添加茶水。

二、西餐酒水服务

（一）白葡萄酒的服务程序与标准

白葡萄酒是在冰镇的情况下饮用的,理想饮用温度为 4～13℃。如果客人有特殊要求,可视情况尽量予以满足。

干白的最佳饮用温度为 9℃,甜白的最佳饮用温度为 4.5℃。白葡萄酒的服务程序与标准如下。

1. 准备工作

（1）客人订完酒后,立即去酒吧取酒,不得超过 5min。

（2）检查葡萄酒标识及年份。

（3）在冰桶中放入 1/3 冰块,在放入 1/2 冰桶的水后,放在冰桶架上,并配一条叠成 8cm 宽的条状餐巾。

（4）白葡萄酒取回后,放入冰桶中,标志向上。

（5）在客人水杯的右侧摆放白葡萄酒杯,间距 1cm。

2. 酒的展示

（1）将准备好的冰桶架、冰桶、餐巾条、一个小酱油碟一次拿到主人座位的右侧,将小酱油碟放在主人餐具的右侧。

（2）右手持葡萄酒瓶,将酒瓶底部放在条状餐巾的中间部位,再将条状餐巾两端拉起至酒瓶商标以上部位,并将商标全部露出。

（3）右手持用餐巾包好的酒,用左手四个手指轻托住酒瓶底部,送至客人面前,请客人看清酒的商标,并询问客人是否可以服务。

3. 酒的开启

（1）得到客人允许后,将酒放回冰桶中,左手扶住酒瓶,右手用开酒刀割开铅封,并用一块干净的餐巾将瓶口擦干。

（2）将酒钻垂直钻入木塞,注意不要旋转酒瓶,待酒钻完全钻入木塞后,轻轻拔出木塞,木塞出瓶时不应有声音。

（3）将木塞放入小酱油碟中,放在主人白葡萄酒杯的右侧间距 1～2cm。

4. 酒的服务

（1）服务员右手持用条状餐巾包好的酒,商标朝向客人,从主人右侧为主人倒 1/5 杯的白葡萄酒,请客人确认、品评酒质。

（2）酒杯位于客人的右侧,倒入杯中 2/3 即可。

（3）每倒完一杯酒要轻轻转动一下酒瓶,以免酒滴出。

（4）斟完酒后,将白葡萄酒放回冰桶,商标向上。

5. 酒的添加

（1）随时为客人添加白葡萄酒。

（2）当整瓶酒将要倒完时,要询问客人是否再加一瓶。如客人不再加酒,即观察客人,待其喝完酒后,立即将空杯撤掉。

(3) 如客人同意再加一瓶,则程序同上。

(二) 红葡萄酒的服务程序与标准

红葡萄酒在室温下饮用,一般为 15~24℃,最佳饮用温度为 20℃。红葡萄酒的服务程序与标准如下。

1. 准备工作

(1) 客人订完酒后,立即去酒吧取酒,不得超过 5min。

(2) 检查葡萄酒标识及年份。

(3) 准备好红葡萄酒篮,将一块干净的餐巾铺在红葡萄酒篮中。

(4) 将取回的红葡萄酒放在酒篮中,商标向上。

(5) 在客人的水杯右侧摆放红酒杯。如客人订白葡萄酒,酒杯摆放按水杯、红酒杯、白酒杯的顺序摆放,间距均为 1cm。

2. 酒的展示

(1) 将小酱油碟放在客人餐具的右侧。

(2) 服务员右手拿起装有红酒的酒篮,走到客人座位的右侧。

(3) 服务员右手拿酒篮上端,左手轻托住酒篮的底部,呈 45°倾斜,商标向上,请客人认清商标并询问客人是否可以服务。

3. 酒的开启

(1) 将红酒立于酒篮中,左手扶住酒瓶,右手用开酒刀割开铅封,并用一块干净的餐巾擦拭瓶口。

(2) 将酒钻垂直钻入木塞,注意不要旋转酒瓶,待酒钻完全钻入木塞后,轻轻拔出木塞,注意不要发出声音。

(3) 将木塞放入小酱油碟中,放在红葡萄酒杯的右侧,间距 1~2cm。

4. 酒的服务

(1) 服务员将打开的红葡萄酒放回酒篮,商标向上,同时用右手拿起酒篮,从客人右侧倒入客人杯中 1/5 红葡萄酒,请客人认可后,开始按先宾后主、女士优先的原则,依次为客人倒酒。倒酒时站在客人的右侧,倒入杯中 2/3 即可。

(2) 每倒完一杯酒要轻轻转动一下酒篮,避免酒滴在桌布上。

(3) 倒完酒后,把酒篮放在客人餐具的右侧,商标朝上,注意不要将瓶口朝向客人。

(4) 服务过程中动作要轻缓,避免酒中的沉淀物浮起影响酒的质量。

5. 酒的添加

(1) 随时为客人添加红葡萄酒。

(2) 当整瓶酒将要倒完时,询问客人是否再加一瓶。如不再加酒,即观察客人,待其喝完酒后,立即撤掉空杯。

(3) 如客人同意再加一瓶,则程序同上。

（三）葡萄汽酒的服务程序与标准

葡萄汽酒的服务程序与标准如下。

1. 准备工作

（1）准备好冰桶。

（2）将酒从酒吧取出，擦拭干净，放在冰桶内冰镇。

（3）将酒连同冰桶和冰桶架一起放到客人桌旁，以不影响正常服务为宜。

2. 葡萄汽酒的开启

（1）将葡萄汽酒从冰桶内取出向客人展示，待客人确定后放回冰桶内。

（2）用酒刀将瓶口处的锡纸割开除去，将酒瓶倾斜45°，左手握住瓶颈，同时用拇指压住瓶塞，右手将捆扎瓶塞的铁丝拧开取下，用干净餐巾包住瓶塞顶部，左手依旧握住瓶颈，右手握住瓶塞，双手同时反方向转动并缓慢地上提瓶塞，直至瓶内气体将瓶塞完全顶出。

（3）开瓶时动作不宜过猛，不要将瓶口朝向客人。

3. 葡萄汽酒的确认

（1）用餐巾将瓶口和瓶身上的水迹拭掉，将酒瓶用餐巾包住。

（2）用右手拇指抠住瓶底，其余四指分开，托住瓶身。

（3）向客人杯中斟1/5杯酒，交由客人品尝。

（4）客人品完认可后，服务员需征求客人意见，是否可以立即斟酒。

4. 斟酒服务

（1）斟酒时服务员右手持瓶，从客人右侧，顺时针按女士优先、先宾后主原则进行。

（2）斟酒量为2/3杯。

（3）每斟一杯酒最好分两次完成，以免杯中泛起泡沫溢出。斟酒完后需将瓶身顺时针轻转，防止瓶口的酒滴出。

（4）酒的商标始终朝向客人。

（5）为所有的客人斟完酒后，将酒瓶放回冰桶内冰冻。

（6）酒瓶中只剩下一杯的酒量时，需及时征求客人意见，是否准备另加一瓶。

（四）开胃酒的服务程序与标准

开胃酒的服务程序与标准如下。

1. 准备工作

（1）根据客人的订单准备好吸管、搅棒、杯垫及所需辅料。

（2）将盛放酒的酒杯放于托盘左侧，盛有配酒的特制玻璃杯放于酒杯右侧。

2. 开胃酒的服务

（1）服务酒水时，在客人右侧用右手进行，按顺时针方向服务，女士优先、先宾后主。

（2）给客人倒完配酒后，需用搅棒把开胃酒调均匀，然后把配酒放于一旁，示意客人开胃酒已调好。

（3）再次为客人服务开胃酒时，需准备新的酒杯和配酒。

（五）餐后酒的服务程序与标准

餐后酒的服务程序与标准如下。

1. 准备工作

（1）检查酒车上酒和酒杯是否齐备。

（2）将酒和酒杯从酒车上取下,清洁酒车,在车的各层铺垫上干净的餐巾。

（3）清洁酒杯和酒瓶的表面、瓶口和瓶盖,确保无尘迹、无指印。

（4）将酒瓶分类整齐摆放在酒车的第一层上,酒标朝向一致。

（5）将酒杯放在酒车第二层上。

（6）将加热酒用的酒精炉放在酒车的第三层上。

（7）将酒车推至餐厅明显的位置。

2. 服务工作

（1）酒水员必须熟悉酒车上各种酒的名称、产地、酿造和饮用方法。

（2）等服务员为客人服务完咖啡和茶后,酒水员将酒车轻推至客人桌前,酒标朝向客人,建议客人品尝甜酒。

（3）积极向客人推销:对于不了解甜酒的客人向他们讲解有关知识,推销名牌酒;根据客人的国籍,给予相应的建议;尽量推销价格高的名酒,然后是普通的酒类;向男士推销时选择较烈的酒类,向女士建议饮用柔和的酒。

（4）斟酒时用右手在客人的右侧服务。

（5）不同的酒使用不同的酒杯。

（六）英国茶的服务程序与标准

英国茶的服务程序与标准如下。

1. 用具准备

（1）准备茶壶,茶壶应干净、无茶锈、无破损。

（2）准备茶杯和茶碟,茶杯和茶碟应干净、无破损。

（3）准备茶勺,茶勺应干净、无水迹。

（4）准备奶罐和糖盅,奶罐和糖盅应干净、无破损。

（5）奶罐内倒入 2/3 的新鲜牛奶。

（6）糖盅内放袋装糖,糖袋无破漏、无污迹。

2. 茶水准备

（1）用沸水沏茶。

（2）每壶茶应放入一袋无破漏、干净的英国茶。

（3）沏茶时,将沸水倒入壶中至 4/5 的位置。

3. 斟茶服务

（1）使用托盘,在客人右侧为客人服务。

（2）先将一套茶杯、茶碟、茶勺放在桌上,茶勺与茶杯把呈 45°,茶杯把与客人平行。

（3）用茶壶将茶水倒入杯中，茶水应倒满茶杯的 4/5。将一个装有奶罐和糖盅的甜食盘放在餐桌上，由客人自己添加糖和牛奶。

（4）当茶壶内茶水剩 1/3 时，上前为客人添加茶水。

（七）冰茶的服务程序与标准

冰茶的服务程序与标准如下。

1. 准备工作

（1）使用长饮杯，长饮杯应干净、无破损。

（2）将适量的茶包放入水瓶中用沸水沏茶。

（3）将沏好的茶水放入冰箱内冷藏，温度为 2～6℃。

（4）准备一个半圆形的柠檬片。

（5）在奶罐中倒入 2/3 的糖水。

（6）准备一支吸管和一支搅棒。

2. 冰茶的制作

（1）在长饮杯中放入适量的冰块。

（2）将凉茶倒入长饮杯至 4/5 处。

（3）将柠檬片放入杯中。

（4）将吸管插入杯中。

3. 服务

（1）使用托盘，在客人右侧服务。

（2）先在客人面前放上一块杯垫，再放上冰茶，在其右侧放一装有糖水的奶罐。

（3）将搅棒放在冰茶与奶罐之间。

（八）咖啡的服务程序与标准

咖啡的服务程序与标准如下。

1. 准备工作

（1）准备咖啡壶，咖啡壶应干净、无茶锈、无破损。

（2）准备咖啡杯和咖啡碟，咖啡杯和咖啡碟应干净、无破损。

（3）准备咖啡勺，咖啡勺应干净、无水迹。

（4）准备奶罐和糖盅，奶罐和糖盅应干净、无破损。

（5）奶罐内倒入 2/3 的新鲜牛奶。

（6）糖盅内放袋装糖，糖袋无破漏、无水迹、无污迹。

2. 咖啡的制作

（1）取用冲调一壶咖啡所用的咖啡粉（或现磨咖啡豆）。

（2）先将咖啡粉容器取下，在容器里垫一张咖啡过滤纸，然后将咖啡粉倒入容器中，并放到咖啡机上。

（3）从咖啡机上部的注水口注入一大壶冷水。

（4）把空的咖啡壶放置到咖啡机的出水口处。

（5）4min后,咖啡将自动煮好,流入咖啡壶中。

（6）如用自动咖啡机,一般每杯咖啡的制作时间需用20s。

3. 器具摆放

（1）使用托盘,在客人右侧服务。

（2）将干净的咖啡碟和咖啡杯摆放在客人餐台上。

（3）如客人只喝咖啡,则摆放在客人的正前方。

（4）如客人同时食用甜食,则摆放在客人右手侧。

4. 服务

（1）服务咖啡时,按顺时针方向进行,女士优先、先宾后主。

（2）咖啡斟至2/3处。

（3）将奶罐和糖盅放在餐桌上,便于客人取用。

5. 注意事项

（1）为客人斟咖啡时,不得将咖啡杯从桌面拿起。

（2）不得用手触摸杯口。

（3）服务同一桌客人使用的咖啡杯,必须大小一致,配套使用。

（4）及时为客人添加咖啡。

（九）冰咖啡的服务程序与标准

冰咖啡的服务程序与标准如下。

1. 准备工作

（1）使用长饮杯,长饮杯应干净、无破损。

（2）准备好一壶煮好的咖啡。

（3）准备好糖水和淡奶。

（4）准备一支吸管和搅棒。

2. 冰咖啡的制作

（1）在长饮杯中放入1/2杯的冰块。

（2）将咖啡倒入长饮杯至4/5处。

（3）将吸管和搅棒插入杯中。

3. 服务

（1）使用托盘,在客人右侧服务。

（2）先在客人面前放上一块杯垫,再放上冰咖啡。

（3）将糖水和奶罐放在便于客人取用的台面上。

（4）糖水和淡奶由客人自己添加。

（十）鸡尾酒的服务程序与标准

1. 鸡尾酒的基本调制程序

（1）按配方把所需的酒水备齐，放在操作台面上的专用位置。

（2）把所需的调酒用具准备好。酒水和用具需冷却的要预先冷却好，需加热的要预先加热到合适的温度。

（3）开始调酒。调酒有一套标准的动作，包括取瓶、传瓶、示瓶、开瓶及量酒、调制。

① 取瓶。把酒瓶从操作台上取到手中的过程为取瓶。

② 传瓶。用左手拿瓶颈传递到右手，右手握住瓶的中间部分是传瓶。也可省去传瓶，直接用右手从瓶颈的颈部上提到瓶中间的部分，动作要快、要稳。

③ 示瓶。把酒瓶商标朝向顾客。用左手托住瓶底，右手扶住瓶颈，呈45°把酒标面向客人。从取瓶到示瓶是一个连贯动作，要求动作熟练，行云流水，一气呵成。

④ 开瓶及量酒。用右手握住瓶身，左手拧下瓶盖放在台面上，开瓶后用左手捏住量杯中间部分并端平，右手将酒按要求分量注入，随之向内侧旋转瓶口，立即收瓶，同时将酒注入所选的调酒用具中。放下量杯，盖好瓶盖，将酒放回原位。

⑤ 调制。按配方所注明的方法调制鸡尾酒。调制动作要规范、快速、美观，还要注意整洁、卫生。

（4）清理操作台，清洗调酒用具，将没有用完的酒水、原料放回原处。

2. 服务标准

在酒吧，调酒师不但要注意调制酒的方法、步骤，还要留意操作姿势及卫生标准，否则细小的差错或不当的行为都会令客人感到不适。

1）姿势和动作

调酒时要注意姿势端正，一般不要弯腰或蹲下调制。要尽量面对客人，动作要潇洒、轻松、自然、准确，不要紧张。任何不雅的姿势都能直接影响客人的情绪。用手拿杯时要握杯子的底部，不要握杯子的上部，更不能用手指碰杯口。调制过程中尽可能使用各种工具，尽量不要用手直接调制，特别是不准用手代替冰夹抓取冰块放进杯中。工作中不要做摸头发、揉眼、擦脸等小动作，也不准在酒吧中梳头、照镜子、化妆。

2）先后顺序与时间

调酒时要注意客人到来的先后顺序，为早到的客人先调制酒水，同来的客人要先为女士、老人（酒吧一般不允许接待未满18周岁的青少年）配制饮料。调制任何酒水的时间都不能太长，以免使客人不耐烦。这就要求调酒师平时多练习，保证调制时动作快捷、熟练。一般的果汁、汽水、矿泉水、啤酒可在1min内完成，混合饮料可用1～3min完成，鸡尾酒包括装饰可用2～4min完成。有时五六个客人同时点酒水，也不必慌张忙乱，可先答应下来，再按次序调制。一定要答应客人，不能不理睬客人，只顾做自己手头的工作。

3）卫生标准

在酒吧调酒一定要按卫生标准去做。稀释果汁和调制饮料用的水为冷开水，无冷开水时可用容器盛满冰块倒入开水也可，但绝不能直接用自来水。配制酒水时有时要用手操作，如拿柠檬片、做装饰物等，所以调酒师要经常洗手，保持手部清洁。

凡是过期、变质的酒水不准使用,腐烂变质的水果及食品也禁止使用。要特别留意新鲜果汁、鲜牛奶和稀释后果汁的保鲜期,天气热时食品容易变质,这时更要仔细检查食品的卫生状况。

4)良好服务

注意观察客人的酒水是否将要喝完,快喝完时,要询问客人是否再加一杯;注意吧台表面有无酒水残迹,如发现残迹要及时用干净湿毛巾擦抹干净。

在调酒服务中,因各国客人的口味、饮用方法不尽相同,有时客人会提出一些特别要求与特别配方,调酒师不一定会做,这时可以询问、请教客人怎样配制,以便更好地为客人服务。

5)清理工作台

工作台是配制、供应酒水的地方,位置很小,要注意经常性地清洁与整理。每次调制完酒水后一定要把用完的酒水放回原来的位置,不要堆放在工作台上,以免影响操作。

斟酒时滴下或不小心洒在工作台上的酒水要及时擦掉,专用于清洁、擦手的湿毛巾要叠成整齐的方形,不要随手抓成一团。

3. 鸡尾酒服务要点及注意事项

1)握瓶

手握酒瓶的姿势,各国不尽相同,有的主张手握在标签上(以西欧诸国多见),有的则主张手握在酒标的另一方(以中国见多)。服务员应根据当地习惯及酒吧要求去做。

2)饮酒礼仪

我国饮宴席间的礼仪与其他国家不同,与通用的国际礼仪也有所区别。在我国,人们通常认为,席间最受尊重的是上级、长者,尤其是在正式场合中,上级和客人处于绝对优先地位。服务顺序一般是为首席主宾、首席夫人、主宾、重要陪客斟酒,再为其他人员斟酒。

客人围坐时,采用顺时针方向依次服务。国际上比较流行的服务顺序是,先为女宾斟酒,后为女主人斟酒;先为女士,后为先生;先为长者,后为幼者。妇女处于绝对优先的地位。

3)酒水服务

酒水服务一般按下列程序进行:点酒服务→开单→收款员立账→配制酒水→供应酒水。其中点酒服务、开单、配制酒水及供应酒水大多是由调酒师完成的工作。

(1)点酒服务。调酒师要简要地向客人介绍酒水的品种、质量、产地和鸡尾酒的配方内容。介绍时要先询问客人所喜欢的口味,再介绍品种。如果一张座位台有若干客人,务必对每一位客人点的酒水做出记号,以便准确地将客人点的酒水送上。

(2)开单。调酒师或服务员在开单时要重复客人所点酒水的名称、数目,避免出差错。开单时要清楚地写上经手人、酒水品种、数量、客人的位置及客人所提供的特别要求,填好后交收款员立账。

(3)配制酒水。调酒师应凭开酒单配制酒水。

(4)供应酒水。配制好酒水后,按服务标准将酒水送给客人。

4)酒水出品顺序

以先制作最简单的酒水饮品为宜。如果酒单上有几种饮品,如血玛莉(Bloody Mary)、金汤力(Gin Tonic)和扎啤等,其制作顺序应为:首先制作金汤力酒,因为它的制作工艺简单;其次是调制血玛莉,因为它的制作工艺相对复杂一些;最后上扎啤,这样的出品顺序可避免扎啤放置太久使酒中的气泡损失殆尽,给人一种不新鲜的感觉。

本项目主要介绍了常用的中国白酒;常用的外国酒;红、白葡萄酒,葡萄汽酒的服务程序;白酒、啤酒、黄酒、饮料的服务程序;咖啡、中国茶、英国茶的服务程序;冰咖啡、冰茶的服务程序;开胃酒的服务程序;餐后酒的服务程序;鸡尾酒的服务程序等内容。

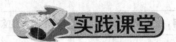

(1)常见的中国白酒有哪些?

(2)常见的外国酒有哪些?

(3)比较说明红、白葡萄酒,葡萄汽酒的服务程序。

(4)比较说明白酒、啤酒、黄酒、饮料的服务程序。

(5)比较说明咖啡、中国茶、英国茶的服务程序。

(6)比较说明冰咖啡、冰茶的服务程序。

(7)比较说明开胃酒、餐后酒和鸡尾酒的服务程序。

实训项目一:点菜和点酒水服务

班 级		学 号		姓 名	
实训项目	点菜和点酒水服务		实训时间		1学时
实训目的	通过对点菜和点酒水服务基础知识的讲解和操作技能的训练,使学生了解就餐中为客人点菜服务、酒水服务的基本要领,掌握点菜和点酒水服务程序与标准,达到能够为客人提供熟练、满意而准确的服务的能力				
实训方法	设计模拟场景,老师先示范,后学生实际操作,老师再指导。按角色扮演法进行点菜和点酒水服务模拟训练,学生分组进行,相互点评				
课前布置任务	基础知识:点菜和点酒水服务要求、点菜单的填写要求		准备工作:准备好就餐服务的餐具,准备好席间使用的用具		
实训内容					

1. 服务程序与标准

(1)问候客人:征询客人是否可以点菜。

(2)介绍、推销菜肴和酒水。

(3)填写点菜单。

续表

实 训 内 容
(4) 特殊服务。 (5) 确认。 (6) 下单。 2. 模拟情景 点菜和点酒水服务。

要点提示	(1) 知晓客人就餐人数,随时准备增减餐具。 (2) 及时为客人斟茶倒水。 (3) 服务周到细致,不要远离客人。

能 力 测 试

考核项目	操 作 要 求	配分	得分
问候客人	礼貌问候客人	5	
	介绍自己	5	
	征询客人是否可以点菜	5	
介绍、推销菜肴和酒水	向客人推销、推荐餐厅的时令菜、特色菜、畅销菜、高档菜	5	
	介绍菜肴、酒水时要做适当的描述和解释	5	
	注意礼貌用语的使用,尽量使用选择性、建议性语言,不可强迫客人接受	5	
填写点菜单	站在客人的左后侧,身体略向前倾,认真倾听客人的叙述	5	
	回答客人问询时要音量适中,语气亲切	5	
	注意身体姿势,不可将点菜单放在餐桌上填写	5	
	熟悉菜单,对于客人所点菜肴、酒水要做到了如指掌	5	
特殊服务	客人所点菜肴过多或重复时,要及时提醒客人	5	
	如客人所点菜单上的菜肴没有或已销售完时,要积极与厨房取得联系,尽量满足客人的需要或介绍其他相应的菜肴	5	
	如客人点需烹制时间较长的菜肴时,要主动向客人解释,告之等待时间,调整出菜顺序	5	
	如客人需赶时间,要主动推荐一些快捷易做的菜肴	5	
	记清客人的特殊要求,并尽量满足客人	5	
确认	点完菜后,要向客人复述一遍,并请客人确认	5	
	感谢客人,告之客人大约等待时间	5	
	同客人告别	5	
下单	填写点菜单要准确、迅速、清楚、工整	3	
	填写内容齐全,不同种类要分开填写	5	
	及时分别送交厨房(吧台)、收银处、传菜部	2	
合　　计		100	

实训项目二：斟酒服务

班　级		学　号		姓　名	
实训项目	斟酒服务		实训时间		4学时
实训目的	通过对斟酒服务基础知识的讲解和操作技能的训练,使学生了解斟酒服务的方式、方法,斟酒的顺序和时机,斟酒前酒质的检查、冰镇和温热,掌握斟酒的操作要领与标准,达到熟练操作,不滴不洒、不少不溢的训练要求			
实训方法	设计模拟场景,老师先讲解、示范,后学生实作,老师再指导。学生分组进行,相互点评				
课前布置任务	基础知识:斟酒服务要求(斟酒方式、标准、方法)、斟酒顺序与时机、中西餐宴会斟酒要求、检查酒质、展示酒水、酒水的冰镇与温热			准备工作:准备好客人点用的酒水和酒具,检查酒水质量	

实训内容

(1) 开启酒瓶操作方法。
①葡萄酒的开启。②香槟酒的开启。
(2) 握瓶姿势。
(3) 斟酒三步法。
(4) 斟酒要领。
①斟酒时,服务员站在客人两椅之间,右手握住酒瓶的下半部,酒标朝外,显示给客人。②斟酒时,身体微微前倾,不可紧贴客人,但也不要离得太远,右脚踏入两椅之间,呈 T 字形侧身而立。③斟酒时,瓶口距杯口 2cm 左右,不要将瓶口搭在杯口上,以防污染。④斟酒适度后,微微抬起瓶口,同时手腕顺时针旋转 45°,使最后一滴酒均匀地分布到瓶口边沿上,不至于滴落在客人的身上或餐布上。⑤斟酒时做到不滴不洒、不少不溢。
(5) 托盘斟酒服务程序与标准。
(6) 徒手斟酒服务程序与标准。
(7) 模拟情景:葡萄酒、香槟酒的开启模拟,托盘斟酒、徒手斟酒模拟训练。

要点提示	(1) 斟酒时,要随时注意瓶内酒量的变化情况,以适当的倾斜度控制酒液的流速,学会巧用腕力。瓶内酒量越少,酒液的流速越快,容易溅出杯外。 (2) 斟酒时,不要站在客人左侧,不能站在一个位置为左右两位客人斟酒,不能隔位斟、反手斟。 (3) 如果由于操作不慎将酒杯碰翻,应向客人表示歉意,并立即将酒杯扶起,检查有无破损。同时,用干净的餐巾将酒液吸干,重新斟酒。 (4) 瓶内酒水不足一杯时,不宜为客人斟酒,瓶底朝天有失礼貌。切忌一杯酒用两只酒瓶同斟,宾客会误以为自己是多余的。 (5) 斟酒时,因为泡沫较丰富,极易沿杯壁冲出杯外,所以斟酒的速度要慢些,可以沿酒杯的前壁流入杯内,也可以分两次斟倒。 (6) 开启瓶盖或易拉罐时,不要冲着客人,避免气体喷溅到客人。 (7) 酒液、汽水混合在一只杯中时,应先斟汽水后斟酒液,以防汽水对酒液的冲击。 (8) 零点客人的酒水在斟第一杯后,全部放回客人餐桌上,若有空瓶、罐则及时撤走。 (9) 斟酒时尽量注意不要打扰客人交谈,影响客人。

续表

能 力 测 试			
考核项目	操 作 要 求	配分	得分
斟酒顺序	能够按照先宾后主的顺序依次进行	20	
斟酒姿势	酒水商标朝外,显示客人	10	
	瓶口不要碰杯口,相距 2cm 左右	10	
	握瓶姿势正确,步法正确	15	
	收瓶姿势规范,动作优美	15	
斟酒标准	斟酒量 8 分满	15	
	不滴不洒、不少不溢	15	
合　　计		100	

项目七

餐饮原料采购与库存管理

学习目标

1. 了解餐饮原料自采购至验收、储存、发放、盘点等诸环节的管理工作；
2. 掌握原料采购的数量控制、价格控制，以及原料验收的程序等；
3. 掌握不同原料的贮存要求及原料的发放管理；
4. 掌握不同库房的管理工作要求，以及库房和厨房库存原料的盘点及库存额计算等。

技能要求

1. 掌握酒店餐饮原料、原料采购、原料验收、原料贮存与发放的定义与特点；
2. 掌握餐饮采购程序和食品卫生的管理，学会如何进行采购管理；
3. 熟悉酒店餐饮原料采购、原料验收、原料贮存与发放程序，增强服务操作技能。

引导案例

夏日饮食宝典

天气炎热时，适量吃些冷食或喝些饮料能起到一定的解暑降温作用。雪糕、冰砖等冷食是用牛奶、淀粉、糖等材料制成的，不可食之过多，过多食用会使胃肠温度下降，引起不规则收缩，可诱发腹痛、腹泻等病症。饮料的品种较多，多饮会影响食欲，严重者可损伤脾胃或导致胃肠功能紊乱。

【思考题】

以上案例说明了什么？

【评析】

"福"自"苦"中来。苦味食品中所含有的生物碱具有消暑清热、促进血液循环、舒张血管等药理作用。热天适当吃些苦味食品，不仅能清心除烦、醒脑提神，且可增进食欲、健脾利胃。

啤酒：啤酒中含有丰富的氨基酸、蛋白质、糖、矿物质及其他有益人体健康的成分，素有

"液体面包"之誉。夏天适量饮用一些啤酒可起到健胃、清目、散热、解渴、止咳、利尿、消除疲劳、恢复体力等作用,实为夏日理想的饮料。

苦瓜:取其未熟嫩果做蔬菜,成熟果瓤可生食,既可凉拌又能炒肉、烧鱼,清嫩爽口,别具风味。苦瓜具有增食欲、助消化、除热邪、解疲乏、清心明目等作用。

苦笋:苦笋味道苦中带甜,性凉而不寒,具有消暑解毒、健胃消积等功效。人们常用苦笋、排骨、青菜等原料做成多种佳肴,味美可口,堪称夏日蔬中上品。

此外,苦菜、茶叶、咖啡等苦味食品也可酌情选用。应注意的是,食用苦味食品不宜过量,否则可能引起恶心、呕吐等症状。

注意补充盐分和维生素。盛夏,人体大量排汗,氯化钠损失比较多,故应在补充水分的同时注意补充盐分。每天可饮用一些盐开水,以保持体内酸碱平衡和渗透压相对稳定。营养学家还建议,高温季节最好每人每天能补充维生素 B1、维生素 B2 各 2mg,钙 1g,这样可减少体内糖类和组织蛋白的消耗,有益于人体健康。因此,在夏日应多吃一些富含上述营养成分的食物,如西瓜、黄瓜、番茄、豆类及动物肝脏、虾皮等,也可饮用一些水果汁。

任务一 餐饮原料及饮料知识

一、餐饮原料知识

餐饮原料是指能供餐饮工作者在加工制作面点、菜肴、小吃等一系列食品过程中所使用的一切原料物料。餐饮原料是餐饮活动的物质基础。事实上,一切餐饮活动中所加工的对象都是围绕着餐饮原料展开的。从原料的采购、贮存、运输,到原料的选择、粗细加工、烹调等每一个环节,都是以原料为基础进行的。

(一)动物性原料

动物性原料主要有家畜肉类、禽类、蛋类、乳品类、水产类、野味类、动物性干货等。

(二)植物性原料

由于我国传统的饮食结构自古注重以粮为主,以肉蛋蔬果为辅的特色,因此植物性原料几乎成为烹饪中的主体。植物性原料主要有粮食、蔬菜、水果、菌藻类、植物性干货等几大类。

(三)调味料

烹饪中的调味是菜点成败的关键,而调味料又是影响调味质量的重要因素。根据烹饪的特点,按口味可把调味料分为六类:咸味调味料,如食盐、酱油、酱品等;甜味调味料,如食糖、蜂蜜、糖精;酸味调味料,如醋、番茄酱、柠檬汁;辣味调味料,如辣椒、胡椒、花椒、芥末;鲜味调味料,如味精、鸡精、蚝油;苦、香味调味料,如酒、桂花、茴香、丁香。

（四）作助料

作助料既不是主配料，也不是调味料，主要包括食用淡水、食用油脂、食品添加剂等。食用油脂有植物性油脂、动物性油脂、再制油脂（如奶油、黄油、葱椒油、辣油）。食品添加剂有食用色素、膨松剂、增稠剂、发色剂和助色剂等。

二、饮料知识

（一）含酒精饮料

含酒精饮料是由制酒的原料，如葡萄、苹果、梨、大麦、高粱、稻米等经过发酵酿造或蒸馏而成的、含乙醇的、带刺激性的饮料。其可分为葡萄酒、蒸馏酒、啤酒等。

1. 葡萄酒

葡萄酒是葡萄发酵后酿造出来的饮料，其种类繁多，根据色泽的不同可分为红葡萄酒、白葡萄酒和淡红葡萄酒；根据二氧化碳的含量情况可分为不起泡葡萄酒（如白兰地、波特酒）和起泡葡萄酒（如雪利酒、香槟酒）；根据葡萄酒的含糖量可分为干葡萄酒、半干葡萄酒、半甜葡萄酒、甜葡萄酒。葡萄酒的酒精浓度一般在 14% vol 以下。

2. 蒸馏酒

蒸馏酒也称烈性酒，指原料经发酵蒸馏而取得的酒液，酒精含量较高，多在 40% vol 左右。按酿酒原料划分，蒸馏酒可分为葡萄蒸馏酒、谷物蒸馏酒和果杂蒸馏酒。世界闻名的白兰地、威士忌、杜松子酒、伏特加、朗姆酒、龙舌兰都是蒸馏酒。

3. 啤酒

啤酒是用大麦芽和啤酒花为主要原料，再加上水、淀粉、酵母等辅料，经发酵而成的一种含二氧化碳的低度酒精饮料，也称麦酒。

小贴士

啤酒根据是否杀菌可分为生啤酒和熟啤酒，根据麦汁浓度、酒精含量不同可分为低浓度啤酒（$7\sim8°$P，2% vol）、中浓度啤酒（$11\sim12°$P，3.1% vol～3.8% vol）、高浓度啤酒（$14\sim20°$P，4.9% vol～5.6% vol），根据颜色深浅可分为黄啤酒、棕啤酒和黑啤酒。

（二）不含酒精饮料

不含酒精的饮料又称软饮料，主要有咖啡、茶、可可、果汁、矿泉水、碳酸水等。大部分软饮料还是调制鸡尾酒和混合饮品所不可缺少的辅助材料。

1. 咖啡

一般餐厅常用的咖啡有巴西咖啡、蓝山咖啡、哥伦比亚咖啡、摩卡咖啡、曼特宁咖啡、危地马拉咖啡、牙买加咖啡。咖啡的冲泡法有过滤式冲泡法、蒸馏式冲泡法、滴漏式电咖啡壶冲泡法、咖啡机冲泡法。

2. 茶

茶可分为完全发酵的茶(如红茶)、半发酵的茶(如乌龙茶)和不发酵的茶(如绿茶)。

3. 可可

可可是用可可树的种子(可可豆)磨成粉后制成的饮料。可可粉既可冲制饮料,又是制造巧克力糖的原料。可可有着极高的营养价值。

4. 果汁

果汁分鲜榨、罐(瓶)装和浓缩三种,既可单饮,也是调制鸡尾酒必不可少的辅助材料。常见的果汁有橙汁、柠檬汁、菠萝汁、西柚汁、葡萄汁、番茄汁等。

5. 矿泉水

矿泉水饮用前也需冷藏,酒吧服务中可放一片柠檬,不要加冰。

6. 碳酸水

碳酸水饮用前需冷藏,也可在杯中加冰块,还可加柠檬片,以使其更加清香可口。

(三)宴会酒水设计

1. 酒水与宴会的搭配

酒水在宴会中有着举足轻重的地位,但不是所有的酒水都适合与任何食品搭配,宴会设计用酒要合时宜。酒水与宴会的搭配必须遵循如下原则。

(1)酒水的档次应与宴会的档次相符。

(2)酒水的来源应与宴会席面的特色相符。

(3)宴会中要慎用高度酒。

2. 酒水与菜肴的搭配

无论是以酒佐食还是以食助饮,其基本原则都是进餐者或饮酒者要能从中获得快乐和艺术享受,这就需要讲究酒水与菜肴的搭配。酒水与菜肴搭配的基本原则如下。

(1)有助于充分体现菜肴色香味等风格。

(2)饮用后不抑制人的食欲和人体的消化功能。

(3)佐餐酒以佐为主。

(4)酒水和菜肴的搭配应让客人接受和满意。

以上所述搭配原则最终要遵从客人的意愿,若客人点的酒水违反了上述原则,或服务员向客人推荐的酒水没有得到客人的认同,则应按客人的意愿办。

3. 酒与酒的搭配

酒与酒之间的搭配也有一定的规律,如果酒席间或宴会上备有多种酒品,通常的搭配方法参考如下。

(1)低度酒在先,高度酒在后。

(2)软性酒在先,硬性酒在后。

(3)有汽酒在先,无汽酒在后。

(4)新酒在先,陈酒在后。

（5）淡雅风格的酒在先，浓郁风格的酒在后。

（6）普通酒在先，名贵酒在后。

（7）干烈酒在先，甘甜酒在后。

（8）白葡萄酒在先，红葡萄酒在后（甜型白葡萄酒例外）。

（9）最好选用同一国家或同一地区的酒作为宴会用酒。

任务二　餐饮原料采购管理

餐饮原料采购就是根据餐饮生产和经营的需要，以理想的价格购得符合酒店或餐厅质量标准的餐饮原料，是酒店餐饮业务经营活动的起点和前提，为餐饮食品生产加工和销售服务的顺利进行提供物质基础。

采购管理的目的是保证为厨房等加工部门提供适当数量的餐饮原料，保证每种原料的质量符合一定的使用规格和标准，并保证采购的价格和费用相对最为低廉，使餐饮原材料成本处于最理想的状态。

一、原料采购的基本要求

餐饮原料的采购具有采购面广、品种规格复杂、品质易变、生产季节性强、价格涨落快等特点。为了做好采购工作，要把握采购"品种对路、质量优良、价格合理、数量适当、供货商最佳、进货时间适当、凭证齐全"等基本要求。

二、确定标准采购规格

确定标准采购规格是对采购原料进行质量和规格控制、保证采购产品达到理想标准的一项重要措施。餐厅要生产质量稳定的菜品，必须使用质量稳定、规格一致的原料。原料的质量是指食品的新鲜度、成熟度、纯度、质地、颜色等，而原料的规格是指原料的种类、等级、大小、重量、份额和包装等。

（一）标准采购规格的内容

标准采购规格是根据菜单的要求，以书面形式对要采购的餐饮原料的质量、规格等做出详细具体的规定。一般根据原材料的特性有选择地列出以下项目：产品的通用名称或常用商业名称、用途、产地、等级、部位、色泽与外观、报价单位、容器及容器中的单位数或单位大小、重量范围、最小或最大切除量、加工类型和包装、成熟程度、交货时间要求、防止误解所需的其他信息。××酒店标准采购规格，如表7-1所示。

（二）标准采购规格的编制

标准采购规格是根据菜单提供的菜品要求编制的，主要是针对某些主要的食品原料和价格昂贵的食品原料。

表 7-1　××酒店标准采购规格

制定规格书时间：　　　　　　　　　　　　　　　　　　　　年　　月　　日

1. 原材料名称	
2. 原材料用途	如葡萄用于榨汁或用于水果拼盘
3. 原材料的一般概述	列明原材料的一般质量要求，如葡萄要求酸甜适中、中等和大型椭圆或圆形、紫色无可见斑点或皮伤
4. 详细说明	有选择地列明下列有助于识别的因素： ※产地　　　※规格　　　※比例　　　※品种 ※容器　　　※商标　　　※等级　　　※净料率 ※包装　　　※稠密度　　　※类型　　　※份额大小
5. 原材料检验程序	
6. 特别要求	如交货和售后服务要求

　　标准采购规格的编制要求由餐饮部经理、采购部经理和相关人员，如厨师长、餐厅经理、酒吧经理、采购员及验收员等共同协调研究，决定后经批准作为企业标准公布与实施，同时作为各部门共同遵守的依据和准则。

　　在编制标准采购规格时，还要考虑一些因素，如企业的档次和类型、客人对原材料的要求、现行的行业标准、现有设备对原材料的加工能力、市场环境与原材料的可得性等。标准采购规格的文字表述要科学、准确、简练；品质和规格指标的选择要抓住重点，分清主次；内容要便于操作。

　　使用固定菜单的餐厅，在一段时间内其产品相对稳定，原材料的采购规格也相对稳定。如果菜单变化或市场条件发生变化，标准采购规格就应部分调整、修改或重新制定。标准采购规格实例如表 7-2 所示。

表 7-2　标准采购规格实例

品名	产地	部位形状	色泽与外观	气味与味道	产率	发货
比目鱼	上海	整条椭圆形，长约为宽的 2 倍	鱼肉硬而有弹性，色泽明亮而清晰。鱼鳃应无黏液，色泽红粉色，鱼鳞紧贴鱼身	无带氨的腐败气味	应能产生 40% 的鱼排	订货后次日交货，鲜鱼交货
葡萄	新疆一级品	中等或大型椭圆或圆形	紫色无可见斑点或皮伤	酸甜适中		每日订货，次日交货
青岛啤酒	青岛啤酒厂生产	易拉罐装	淡黄色液体，崂山矿泉水酿制，原麦汁浓度 12°P，酒精≥3.7%vol	略带苦味	净重 355mL	订货后第三日交货

三、原料采购的数量控制

　　由于原料采购数量会直接影响到食品成本的构成和数额，关系到采购价格的高低和资金周转的快慢，因此餐厅和厨房的管理人员应根据酒店和餐厅的经营策略制定出合理的采购数量,使原料的供给既充足又无过多的剩余。

(一)影响餐饮原料采购数量的因素

影响餐饮原料采购数量的因素主要包括菜肴的预计销售量、食品原料的特点、贮存条件、市场供应情况、采购点的距离远近、供货商的政策等。

(二)不同原料的采购数量控制

各类原料的采购数量取决于原料的使用生命期和日需要量。对采购管理来说,餐饮原料可分为易坏性原料和非易坏性原料,对这两类原料的采购数量应分别加以探讨。

1. 易坏性原料的采购数量

易坏性原料一般为鲜活货,这类原料必须遵循先消耗再进货的原则。因此,要确定某种原材料的当次采购量,必须先掌握该原材料的现有库存量,并根据营业预测决定下一营业周期所需要的原材料数量,然后计算出应采购的数量。这类原料的采购频率较大,一般需每日采购。在实际操作中,可以选用以下方法。

1)日常采购法

日常采购法适用于采购消耗量变化大,有效保存期较短因而必须经常采购的鲜活原材料。每次采购的数量用公式表示如下:

原料需购量＝应备量－现存量

应备量指在进货间隔期内对某种原材料的需要量。其根据客情预测,由厨师长或餐饮部经理决定。在确定该数字时,还要综合考虑特殊餐饮活动、节假日客源变化、天气情况等加以适当调整。

现存量是指某种原材料的库存数量,它通过实地盘存加以确定。这就要求采购员每日检查库存的余量。在对每日库存量进行检查时,可采用实物清点与观察估计相结合的方法。对价值高的原料要清点实际存量,对价值低的原料只要估计大约数就可以。

为了方便采购,采购员应将每日要采购的鲜活原料编制成采购清单。采购清单上要列出原料的名称和规格、应备量、现存量、需购量等,同时还要加上供货商的报价、实际采购量和实际价格,如表7-3所示。

表7-3 原料采购清单 _____年_____月_____日

品　名	应备量	现存量	需购量	市场参考报价			实际购量实际价
				甲	乙	丙	
(肉类) 一级牛排 牛肉末 一级猪里脊 家禽类 家养小公鸡 乳鸽 ⋮							

品　名	应备量	现存量	需购量	市场参考报价			实际购量 实际价
				甲	乙	丙	
（蔬菜类） 花菜 芹菜 番茄 ⋮							

使用原料采购清单可节省厨师长和采购员的工作量,他们不需要每日填写需采购原料的品名,同时还能帮助控制采购数量和采购价格。原料采购清单和标准采购规格联用,能使采购数量、质量和价格标准化,在一定程度上限制供货商与采购员相互勾连的舞弊行为。采购清单上要留一些空格,以填写需采购的特殊原料,并留出实际采购数量和实际价格,以便与采购标准做比较,以利于进行控制。

2）长期订货法

在鲜活类食品原材料中,某些品种的原材料如面包、奶制品、鸡蛋、常用蔬菜、水果和常用饮料等,每日的消耗量价值不太高,但其消耗量大,所需数量也较稳定,没有必要每天填写采购单,因而酒店往往采用长期订货法。

长期订货法一般可采用两种形式:其一是酒店与某一供货商签订合约,由供货商以固定的价格每天或每隔数天向酒店供应规定数量的某种或某几种原材料,直到酒店或供货商感到有必要改变已有供应合约时再重新协商;其二是要求供货商每天或每隔数天把酒店的某种或某几种原材料补充到一定数量,酒店对有关原材料逐一确定最高储备量,由酒店或供货商盘点进货日的现存量,以最高储备量减去现存量得出当日需购数量。

长期订货法还可用于价值低、耗量大、占地大、需天天补充的其他原料和用品,如餐巾纸、啤酒等。这些物品如大量储存,会占用很大的仓库面积,因此由供货商定期送货更有效率。

2. 非易坏性原料的采购数量

非易坏性原料既包括干货原材料,如粮食、香料、调味品和罐头食品等,又包括可冷冻储存的原材料,如各种肉类、水产品原材料。非易坏性原料不易迅速变质,因此为减少工作量,可一次采购较大数量贮存起来。

1）定期采购法

定期采购法是一种采购周期固定不变,即采购间隔时间(一周、一旬、半月或一月等)不变,但每次采购数量任意的一种方法。管理人员可根据库房的贮存面积、原料可得性和流动资金多少确定同类原料(或向同一供货商)采购的间隔天数,再根据各项原料的预计日需要量算出各项原料的标准贮存量。原料的标准贮存量也是原料的最高贮存量,它主要根据原料的平均日需要量以及计划采购的间隔天数,再加上一定的保险系数而定。

小贴士

原料的标准贮存量计算公式如下:

标准贮存量＝日需要量×定期采购间隔天数＋保险贮存量

日需要量指该原料平均每日消耗量,一般根据以往的经验数据得出。保险贮存量的多少视原材料的供应情况而定,一般酒店把保险贮存量定为定购期内需用量的50%。

在确定标准贮存量时还要考虑能用于库存物质的流动资金的多少、市场原料供应的充足程度、采购运输的方便程度等因素。

每到某种原料的订货日,管理员或采购员应对该原料的库存进行盘点,掌握原材料的库存量与标准贮存量的差额,计算出本次采购的数量。其计算公式如下:

$$原料需购量＝标准贮存量－现存量＋日需要量×发货天数$$

定期采购法的优越性是同类原料或同一供货商供应的原料可定期在同一天采购,这样能减少采购次数和人工时;同时,每项原料确定标准贮存量后,原料不会过量贮存,采购数量容易决策;还可减少采购员的工作量,使他们能将更多的精力用于采购易坏性原料。但这一方法也有缺点,有时某些原料的实际用量大大超过预计数,采用定期采购法不易发现原料短缺。为避免这种缺陷,应配合运用第二种方法,即订货点采购法。

2) 订货点采购法

订货点采购法是通过查阅库存卡上原料的结存量,对达到或接近订货点贮存量的原料进行采购的方法。当某种原料经过使用后,其数量降至需要采购的数量,但又能够维持至新的原料到来时,此时的数量就称为某种原料的订货点贮存量,也称最低贮存量。其数量是原料发货期间消耗的数量和保险贮存量之和,计算公式如下:

$$订货点贮存量＝原料日需要量×发货天数＋保险贮存量$$

采用订货点采购法,原料的采购数量比较稳定。原料的采购数量由原料标准贮存量减订货点贮存量再加原料发货期的消耗量而得,计算公式如下:

$$原料采购量＝标准贮存量－订货点贮存量＋原料日需要量×发货天数$$

使用订货点采购法时,要求在库房中对每种原料建立库存卡。原料收到后必须在卡片上登记正确的数量、单价和金额,发出的原料也要随时登记。库房中还需要有一套检查制度,检查哪些原料已经达到或接近订货点贮存量,对这些已经达到订货点贮存量的原料发出采购通知并确定采购数量。

订货点采购法的优点是由于建立了原料库存卡制度和检查制度,原料不足时能及时检查和反映出来并及时采购。由于每项原料都有标准贮存量,因此也不会多购。这项制度能有效地防止原料贮存量不足或过量贮存。

由于原料库存卡上规定每种货物的标准贮存量和订货点贮存量,并且记录了原料的结存量,因此在确定采购日期和采购数量时不必逐项检查原料的实际库存量,只要翻阅库存卡即可。这样能够节省人工时,同时以这种方法采购,采购数量比较稳定,不需要每次决策,采购管理较方便。但是该方法需要对原料进行不定期采购,采购和运输的工作量比较大,而且库存卡上要正确登记库存的进货和发货量,卡片登记工作也比较费时。

所以,许多酒店将上述两种方法结合使用。他们一方面对各项库存的原料建立库存卡,另一方面又对各类原料规定定期采购的日期。对一般的库存原料定期进行采购。同时,库房管理员经常查阅登记卡,随时注意对达到订货点贮存量的原料发出采购通知。采购前不用清点实物的结存量,这样既节省了采购和库存的清点时间,又能使库存原料及时得到补足和有效的控制。

四、原料采购的价格控制

原料采购价格的高低直接影响餐饮原材料的进价成本。餐饮原材料的价格受多种因素影响,如市场供应情况、采购数量、原材料质量、供应渠道、供货商的垄断程度、季节、消费趋势等,许多品种的原材料在不同时间价格波动大。在菜单确定的情况下,餐饮企业的营业利润更多地取决于原材料的采购成本。因此,在餐饮经营中要采用多种手段来实施采购价格的控制:

(1) 规定采购价格;

(2) 集中批量订货;

(3) 控制贵重原料和大批量原料的购货权;

(4) 减少供应环节;

(5) 适时采购;

(6) 规定供货单位和供货渠道;

(7) 组建购买集团或采购中心。

任务三　餐饮原料验收管理

验收在餐饮经营管理和成本控制流程中处于重要地位。餐饮原料的验收是指根据酒店或餐饮部制定的原料验收程序和原料质量标准,检验供应商发送的或由采购员购买的原料的质量、数量、单价和总额,将检验合格的各种原料送到仓库或厨房,并记录检验结果的过程。

一、建立完善的验收制度

(一) 验收组织

(1) 明确验收员的部门归属。

(2) 明确验收体系的负责人。

(3) 全方位、多角度地对验收工作进行检查和帮助。

(二) 人员配备

(1) 对于验收员的招聘,由酒店的人事部门负责审查应聘人员的资历,然后会同财会部门和营业部门主管人员决定人员的录用。

(2) 挑选验收员的最好方法是从库房、食品和饮料成本控制、财会人员和厨工中发现人才。这些人员有一定的食品知识和经验,而且往往愿意通过从事验收工作积累管理工作经验。

(3) 收货时,验收员应对订货单进行数量盘点和质量检验。

(4) 企业应制订培训计划,对所有验收人员进行培训。在某些大型酒店,员工定期轮换工作,培训就显得更为重要。

(5) 验收员必须懂得:未经经营管理人员同意,任何人无权改变采购规格。在工作中,验收员需和采购员、餐饮部经理、厨师、贮藏保管人员接触,虚心向他们学习,丰富自己的知识和经验。

(三) 验收场地、设备和工具的配备

酒店一般设有验收处或验收办公室,它的位置一般在酒店的后门或边门,适宜设在靠近贮藏室至货物进出较方便的地方,最好也能靠近厨房的加工场所。这样便于货物的搬运,缩短货物搬运的距离,也可减少工作失误。此外,要有足够的空地便于卸货。

磅秤是验收部最重要的工具。验收部可配备重量等级不同的磅秤,各种磅秤都应定期校准,以保持称重的精确度。有一种可记录的磅秤,能将货物的准确重量印在发票或收据上面,不仅可以节省人力,还可以减少手工计数的错漏。

验收办公室还应有直尺、温度计、小起货钩、纸板箱切割工具、铁榔头、铁皮条切割工具等,以及有足够数量的公文柜。公文柜用于存放验收部的各种表格,如验收单、验收日报表等。

(四) 科学的验收程序和良好的验收习惯

原料验收程序规定了验收工作的职责和方法,使验收工作规范化。同时,按照程序进行验收,养成良好的习惯,是验收高效率的保证。

(五) 做好防原料损失工作

(1) 指定专人负责验收工作,不能谁有空谁验收。

(2) 验收工作和采购工作分别由专人负责。如果有条件,验收员和采购员各设数名。

(3) 如果验收员兼管其他工作,应尽可能将交货时间安排在验收员比较空闲的时候。

(4) 货物应运送到指定验收区域。

(5) 验收之后,尽快将货物送入贮藏室,防止食品变质和损失。

(6) 不允许推销员、送货员等进入贮藏室或食品生产区域。验收检查区域应靠近入口处。

(7) 入口处大门应加锁。大门外应安装门铃。送货人到达之后,应先按门铃。送货人在离开之前,验收员应始终在现场。

二、制定科学的验收控制程序

(一) 核对订购单和发货票

第一联存根:主要是核对账目,防止送货单在流转过程中丢失。

第二联客户:送货时给客户,留给客户做账、核对库存等。

第三联记账:公司财务对账用。

第四联请款:一般是贴在开给客户的发票后面,向客户请款时使用。

第五联仓库:仓库做台账时使用,存根联和仓库联一般都由仓库保管。

（二）检查原料质量

核对原料质量主要是需要核对证件；按程序和手续，严格核对凭证；检验实物质量。

（三）检查原料数量

（1）若有外包装，先拆掉外包装再称重。

（2）对于密封的箱或其他容器的物品，应打开一个做抽样检查，查看里面的物品数量与重量是否与容器上标明的一致，然后计算总箱数。但对高规格的原料仍需全部打开逐箱点数。

（3）对于未密封的箱装原料，仍应按箱仔细点数或称重。

（4）检查单位重量。除了到货的重量外，还应抽查单位重量，检查单位重量是否在验收规格规定的范围。

（四）在送货发票上签名

所有送货都应有送货发票。送货员呈给验收员的送货发票有两联，送货员要求验收员在送货发票上签名，并将第二联退还给送货员以示购货单位收到了货物，第一联交给餐厅财务部门作为付款凭证。发票上面应该有价格，验收员要检查发票上的价格，避免产生错误。发货票如表 7-4 所示。

表 7-4　发货票

| 户名：北京市水产公司 | | 账户号码：×××××× | | |
| 开户行：×××××× | | | 年　　月　　日 | |
项 目	单 位	数 量	单 价	小 计

（五）填写验收单

验收员确定所验收的这批原料的价格、质量、数量全部符合订购单或原料采购规格书后，可填写验收单。验收单一式四联，其中第一联交验收处，第二联交仓库，第三联交成本控制室，第四联交财会部。验收员在货物验收单上填写供货单位名称、货品名称及规格、单位、数量、单价及合计金额与总计项目等内容后，应在验收单上签名，明确责任。货物验收单如表 7-5 所示。

（六）退货处理

若送来的原料不符合采购要求，应请示餐饮部经理或厨师长。若因生产需要决定不退货，应由厨师长或有关决策人员在验收单上签名；若决定退货，应填写退货单，在退货单上填写所退货物名称、退货原因及其他内容，并要求送货员签名。

表 7-5 货物验收单

酒店： 供货单位： 供货单位地址： 订购单编号：			编号： 日期：		
货品编号	项目及规格	单位	数量	单价	合计金额
总计					
验收员： 贮藏室管理员：			送货员：		

退货单一式三联，一联留验收部，一联交送货员带回供货单位，一联交财会部。要及时通知供货单位本酒店已退货，如果供货单位要求补发或重发，新送来的货物按常规处理。交货中如有腐烂食品原料，退货之后，应向采购部有关人员报告并处理。另外，要尽快找到可代替的食品原料。退货通知单如表 7-6 所示。

表 7-6 退货通知单

（副本储存） 发自：		交至：		编号：
发票号码：		开具发票日期：		
货号	单位	数量	单价	总价
理由： 送货员签字：			总计：_____元 负责人签字：	

（七）盖验收章

验收员检查完原料的价格、数量、质量及办理完必要的退货之后,可在获准接受的食品原料的送货发票上盖验收章,并把盖了验收章的送货发票贴在验收单上,以便送往财会部。验收单内容有酒店或餐饮企业的名称、验收员签名、验收日期、成本入账部门。验收单如表7-7所示。

表7-7　×××酒店(餐厅)验收单

项　　目	内　　容
验收日期:	
采购员签字:	
验收员签字:	
成本核算员签字:	
同意付款签字:	

（八）在货物包装上注明货物信息

在包装上注明收货日期,有助于判断存货流转方法是否有效;标明单价、重量等,以便存货计价时不必再查验收时的报表或发货票。

在验收时,验收员还需对冷冻原材料加系存货标签,如表7-8所示。标签有正、副两联(也可上下或左右两联),正联由验收员用绳子系在原料外包装或者直接系在食品原料上,副联与验收单一起交成本控制办公室。

表7-8　冷冻原材料存货标签

项　　目	内　　容	项　　目	内　　容
标签号:		收货日期:	
项目:		重量/单价/成本:	
发料日期:		供货单位:	
标签号:		收货日期:	
项目:		重量/单价/成本:	
发料日期:		供货单位:	

厨房领料时,连同标签一起发给厨房。厨房领料后,解下标签,加锁保管。原料用完之后将标签送食品会计师,核算当天鱼类、肉类食品成本。食品成本控制师核对由其保管的正标签和厨房送来的副标签,根据未使用的标签盘点存货。发现存货短缺,应分析是否发生偷窃行为或者记错了数额。

（九）将到货物品送到贮藏室、厨房

收到的原料一部分被直接送到厨房,称为直接采购原料;另一部分被送到贮藏室,称为库房采购原料。出于质量和安全方面的原因,验收员应负责保证把货物送到贮藏室。验收员把验收单中规定的一联交给贮藏室管理员,后者根据验收单再次验收,最后入库贮存。

为了便于进行食品成本核算,验收员在发票上明显的地方逐项注明哪一项直接送厨房,哪一项送仓库;或者根据不同的送货地点,使用不同颜色的发票,以方便送货,并凭此编制验收日报表。

(十)填写验收日报表

验收员每日将经验收合格签字的账单连同验收日报表送到财务部。成本核算员收到验收日报表后,记下直接采购食品的金额,计算当日各厨房的食品成本。库房管理员要登记各货物入库的数量和金额。在月末,汇总每日验收日报表的直接采购原料金额和库房采购原料金额,得到食品月报表上本月厨房采购额和本月库房采购额数据。饮料采购额数据以同样方法计算。

任务四 原料的贮存与发放管理

一、原料的贮存管理

(一)库房的分类及要求

1. 库房的分类

由于不同原材料要求在不同的温度、湿度条件下保存,因此酒店应设置不同功能的储藏库房。通常库房的类别有以下三种。

(1)按地点分类,可分为中心库房(酒店总库房)和各厨房贮存处。

(2)按物品的用途分类,可分为食品库房、酒类饮料库房和非食用原材料库房。

(3)按储存条件分类,可分为干藏库房、冷藏库房和冷冻库房。

2. 库房的位置

理想的库房位置应设在原料验收处和厨房之间,最好与两者都接近,有可以让货车自如通行的合适通道,以减少原料的搬动距离,减少人流、物流的拥挤,确保原料的贮存和发放方便、迅速。酒水贮存处应尽可能接近酒吧,以避免延误酒水供应。

如果酒店由于建筑结构上的原因,厨房与验收处不处于同一楼层,这时应考虑把库房设在验收处附近,以方便及时把验收后的原料入库储存;或者考虑设在地下室,因为地下室避光的贮存条件和相对容易控制的温度、湿度对原料的保存是有利的。

当中心仓库与各厨房相距较远时,要求厨房制订较为周密合理的用料计划,尽量减少领料次数。

小贴士

库房位置的要求是:①确保贮存发料迅速;②降低劳动强度;③确保安全。

3. 各类库房的贮存要求

1）中心库房和厨房贮存处

酒店一般有中心库房和各厨房贮存原料的地方。需要立即使用的原料直接发送厨房可节省时间和人力。中心库房一般贮存保存期较长、体积较大的物资。一般来说，厨房贮存的原料不宜太多，其贮存面积只要够放每日用的货品（如调料等）和一天使用的原料即可。一是因为厨房贮存的原料较难受到严格的控制，容易丢失；二是因为厨房加工烹调的工作环境不利于食品的保存，原料容易变质。

中心库房一般由专职管理员管理，需要一套完整的管理、清点、进货、发货制度，并要求有全面的建卡记账制度，以确保货物管理水平。每日需用的原料用小车从中心库房运到厨房。为使运货车能顺利通过，要求通道的地面平整，门和通道的宽度能允许货车顺利通行。中心库房和厨房贮存处要具有保存食品饮料及其他物资的合适的贮存条件和设备。少量原料若能锁在运货车里，则能节约装卸时间。

2）干货库房

干货库房主要存放各种罐头食品、干果、粮食、香料及一些干性食品原料。干货库房一般不需要供热和制冷设备，其最佳温度为 15～20℃。一般而言，温度低些，食品的保存期可以长些。试验证明，在 20℃下贮存的食品比 37℃的保存期长三倍。因此，如果库房不设空调设备，应选择远离发热装置的位置，且有较好的防晒措施。

干货库房应保持相对干燥，相对湿度控制在 50%～60% 为宜。要防止库房的墙、地面返潮，管道滴水等引起湿度的增加。干货库房应挂有湿度计和温度计，以供保管员随时观察。为保持空气干燥，库房要保持通风良好，按标准每小时至少应保持交换空气四次。

3）冷藏库

冷藏库主要存放蔬菜、水果、蛋、黄油、牛奶及需要保鲜的禽、鱼、肉类原料。冷藏是利用低温抑制细菌繁殖的原理来延长食品原料的保存期和提高其保存质量。酒店常用冰箱、冷藏室对食品进行低温贮存。

不同的食品原料需要不同的贮存温度。理想情况下，应将冷藏室的温度控制在 4℃以下，因为细菌一般在 4℃以下不活动，而 15～49℃ 的温度范围是最适宜细菌繁殖的危险区。

食品冷藏时应注意以下方面：冷藏的食品应经过初加工，并用保鲜纸包裹，以防止污染和干缩；存放时应用合适的盛器盛放，盛器必须干净；热食品应待凉后冷藏并加盖，避免吸收冰箱气味和被污染；存放时，食品间放置距离间隔适当，不可堆积过高，以免冷气透入困难；包装食品存放时不要碰到水，不可存放在地上；易腐的食品要每天检查，发现腐烂要及时处理；鱼虾类要与其他食品分开放置，奶品要与有强烈气味的食品分开；存、取食品时尽量缩短开启门或盖的时间，要减少开启次数，以免库温产生波动；随时和定期关注冷藏温度；定期进行冷藏间的清洁工作。

4）冷冻库

冷冻库主要存放需较长时间保存的冷冻肉、水产品、禽类和已加工的成品或半成品食物。冷冻技术能够延长食物的贮存时间，使企业可以大批量购买原料，节约采购、验收、运输的工作量，但冷冻贮存往往会使食物的营养成分、香味、质地、色泽随时间的推移而下降。要使冷冻贮存保质良好，应做到如下几点。

（1）掌握贮存食品的性质。

（2）冷冻速度要迅速。食品冷冻贮存可分三个步骤：降温—冷冻—贮存。为保持食品质量鲜美，要求食品降温和冷冻速度十分迅速。

（3）冷冻贮存温度要低。食物冷冻贮存的一般温度宜在－18～－17℃。食品冷冻可贮存时间较长，但这并不等于可无限制贮存。一般食品的冷冻贮存不要超过三个月。

（4）冷冻食品的验收要十分迅速，不能让食品解冻后再贮存。冷冻食品一经解冻，特别是鱼、肉、禽类食品应尽快使用，不能再次贮存。

（5）食品解冻处理应适当。鱼、肉、禽类食品宜解冻后再使用。各类食品应分别解冻，并应在低于 8℃的温度下解冻。如果时间紧迫，可将食物用洁净的塑料袋盛装，放在冷水中浸泡或用冷水冲洗以助解冻。冷冻的蔬菜、春卷、饺子等食品不用经过解冻便可直接烹调。这些食品不经解冻使用反而能保持色泽和外形。

5）饮料和酒水库

饮料和酒水库用于存放各种软饮料、果汁和各种酒类。一般的酒水可以在常温下贮存。有些酒水需要稳定的温度，在温度比较极端的条件下应使用空调自动调节温度。酒水库中有许多酒品价值昂贵，而且酒水最容易丢失，因此应采用更严格的保安措施。库房要随时上锁，要设专人保管。

（二）原料的库存安排

库房内部原料的安排合理可以保持较高的工作效率，便于原料的入库上架、清仓盘点和领用发放。

1. 分区分类

根据原料的类别，合理地规划原料摆放的固定区域。同一品种的原料不能放在两个不同的位置，否则容易被遗忘，也给盘点带来麻烦，甚至可能导致采购过量。若条件许可，不同类的原料应尽可能贮存在不同的区域。例如，鸡蛋最好不要同鱼、奶制品及其他带气味的食品一起贮存，因为鸡蛋是多孔物质，容易吸收其他物质的气味。鱼类、酒类也最好单独、分类存放。

在对原料进行分类摆放时，为便于存料发料、盘点清仓，可采用四号定位和五五摆放的方法。

四号定位就是用四个号码来表示原料在库房中的位置，这四个号码分别是库号、架号、层号、位号。任何原料都要对号入位，并在该原料的货牌上注明与账页一致的编号。例如，鱿鱼干在账页上的编号是 1－4－2－7，即可知鱿鱼干是存放在第一号仓库、第四号货架、第二层、第七号货位上。

五五摆放法是根据分类后的原料形状，以五为计算单位进行摆放，做到五五成堆、五五成排、五五成行、五五成串、五五成捆、五五成层等。这种摆放方法能使码放的原料整齐美观，也便于清点发放，充分利用库容。五五摆放法适用于储存包装较规范的箱、罐、瓶、盒装原料。

2. 先进先出

库房管理员应注意确保先到的原料比后到的先用，确保原料的循环使用。为此，要把新到的原料放在老的原料后面,这样先到的原料能先使用。库房管理员在盘点库存物资时发现贮存时间较长的物资应列在清单上,请主厨师长及时使用。

3. 常用原料安排在存取方便之处

在安排原料的贮存位置时,要注意将常用的原料放在尽可能接近出入口之处和方便取拿之处。重的、体积大的原料应放在低处并接近通道和出入口,这样能降低劳动强度和节省搬运时间。

4. 原料应放在货架上

任何原料均不能直接放在地上,而应放在透空气的货架上。最底层货架起码应离地15～20cm,以便于空气流动和库房的清扫。底层货架用于存放体积大、重量重的原料。为防止墙壁反潮,原料存放不易贴墙,原料起码应离墙5cm远。若面积许可,货架最高层不要超过2m,最好不用凳子或梯子装货或取货。

(三) 原料的贮存管理

1. 原料贮存管理基本制度

(1)四禁制度。禁止无关人员入库,禁止为个人存放物品,禁止在库房饮酒,禁止危险物品入库。

(2)四不制度。采购人员不购腐败变质的原料,库房人员不收腐败变质的原料,厨房人员不用腐败变质的原料制作食品,销售人员不收变质变味的食品。

(3)四隔离制度。在食品原料保管、储存过程中坚持生、熟隔离,成品和半成品隔离,食物和杂物、药物隔离,食品和天然冰隔离,预防食物污染和食物中毒。

(4)三先一不原则。在原料出库管理中坚持先进先出,易腐易变的先出,有效期短的先出,腐败变质的不出,及时报损处理。

(5)三防制度。认真做好防火、防盗、防毒工作。一切进库人员,不得携带火种、背包、手提袋等。因业务工作需要进入库房的人员,入库前要办理入库登记手续,并由库房人员陪同,不得擅自入库;凡入库人员工作完毕,出库时应主动请库房管理人员检查;库房范围及库房办公地点不得会客;库房周围不得生火,也不准堆放易燃易爆物品;库房每月要检查防火、防盗、防毒等设施,接受企业安全部门的检查、监督,以确保库房安全。

2. 原料贮存管理方法

(1)做好入库验收工作。严格按照原料验收程序办理入库手续,填写入库验收单。

(2)采用货品库存卡制度。要求对每种货品的入库和发料做好数量、金额的记录,记载各种货品的结存量。货品库存卡的内容主要包括如下五部分。

① 货物进货信息:货品库存卡上有货品进货的日期、数量、单价和金额以及账单号。

② 货物发货信息:货品库存卡上登记有发料的数量、单价和金额。每发出一笔料都要有发货日期以及相对应的领料单号。

③ 结存量信息:货品库存卡上记载着货品结存的数量、单价和金额。根据库存卡上的结存数量核对实物数,便于控制货品的短缺。

④ 采购信息:货品库存卡上有各货品的标准贮存量、订货点贮存量、订货量和订货日。货品在规定的订货日定期采购,采购员根据库存卡上的结存数量将货物补充到标准贮存量。

如果在规定的采购日以前货物已减少到订货点贮存量,则可根据库存卡上的订货量采购。

⑤ 货品位置信息:货品库存卡标明货品的货架号和货位号,二者结合就是该货品的货号。这些号码标明货品贮存的位置。

(3) 使用货品标牌。货品标牌是挂贴在贮存货品上的一种库房管理工具。货品标牌上提供货品品名、进货日期、货品数量或重量,货品的单价和金额。

(4) 库房必须设专门的库房管理员,负责库房食品原料的入库验收、贮藏保管、出库发货、库房盘点、报表送达和安全卫生等各项日常管理工作。

二、原料的发放管理

(一) 发放管理要求

1. 定时发放

一般要求领料部门提前一天送交领料单,并在规定的时间段内到库房领料,其他时间除紧急情况外不予领料。例如,有的酒店规定上午 8:00～10:00 和下午 2:00～4:00 为库房发料时间。

2. 凭领料单发放

领料单是库房发出原料的原始凭证。领料单上正确地记录库房向各厨房发放的原料数量和金额,它具有三大作用:①控制库房的库存;②核算各厨房的餐饮成本;③控制领料量。

领料单上要列出申请原料的品名和数量以及实发原料的数量、价格和金额,领料单必须由厨师长核准签字,库房才能发料。库房发料后,发料人和收料人都要签字。领料单上如有剩下的空白处,应当着领料人的面划掉,以免管理员私自填写。领料单必须一式三联,一联随发出的原料交回领料部门,一联转财务部,一联由库房留存,以汇总每日的领料总额。食品原料领料单如表 7-9 所示。

表 7-9　食品原料领料单

领料部门:　　　　　　　　仓库类别:　　　　　　　　日期:

品　　名	货号	领取数量	实发数量	单价(元)	金额(元)
3# 西红柿罐头	G2—7	2箱	2箱	29.00	58.00
2# 青豆罐头	G2—10	3箱	3箱	23.00	69.00
本月领料总金额		￥127.00			
本月累计总金额					

领料人:　　　　　　　　审批人:　　　　　　　　发料人:

3. 正确计价

原料从库房发出后,库房管理员有责任在领料单上列出各项原料的单价,计算出各项原料的金额,并汇总每份单据上的总金额。

肉类及其他冷冻食品发出后,解下系在货物上的标牌,按标牌上的单价和金额记在领料单上。如果一张领料单需要好几种原料,则按标牌上的不同价格分别计算原料金额,最后相加汇总。

干货及一些其他食品价格和规格一般比较稳定,在发放时只需在领料单上填写实发数量,再乘以每件货物的成本单价,即可计算出领料总额。有许多原料价格常有波动,货物入库时在贮存的盛器上应贴上标牌,注明数量和单价,领料时按标牌上的价格计算领料总额。

这里采用的是实际进价法。除此之外,还可以根据酒店的财务制度,选择先进先出法、最后进价法、后进先出法、平均价格法等计价方法中的一种来计价。

(二)几种不同原料的发放管理

1. 直接采购原料的发放

直接采购原料从验收区直接输送到厨房,其价值按进料价格计入当日的食品成本。食品成本核算员在计算当日直接采购的原料成本时,只需抄录验收日报表中的直接采购原料总金额即可。有时一批直接采购原料当天未用完,剩余部分在第二天、第三天接着用,但作为原料的发放和成本的计算按当天厨房的进料额计算。

2. 库房采购原料的发放

对验收后入库贮存的原料,其价值首先在财务账册中,反映在流动资产原料库存项内,而不是直接算作成本。在原料从库房发出后,发出原料的价值就从原料库存转移到餐饮成本中。因此,发料要做记录。

每日库房发出的原料都要登记在库房食品原料发料日报表上,日报表上汇总每日库房发料的品名、数量和金额,并明确原料价值分摊的部门,注明领料单号码。每月末,将库房食品原料发料日报表上的发料总额汇总,便得到本月库房发料总额。库房食品原料发料日报表如表 7-10 所示。

表 7-10　库房食品原料发料日报表

货　号	品　名	数量(听)	单价(元)	金额(元)	成本分摊部门	领料单号	备注
AI—3023	3#蘑菇罐头	20	12	240	中厨房	2 345	
AI—3019	2#瓶装玉米笋	30	6	180	中厨房	2 345	

本日发料汇总:_____　发料项目数:_____　总金额:_____　制表人:_____

3. 酒水的发放

由于酒水饮料容易丢失,且一些名贵酒的价值较高,为了减少酒水被偷盗的机会,酒店往往对每个营业点确定一个标准贮存量(一般是日均消耗量的 2～3 倍)。在一般情况下,不允许酒吧领用超过贮存量的酒水。因此,一些名贵酒的领用,不仅要有领料单,还要凭酒吧和餐厅退回的空瓶或整瓶销售报告单。

这样能使酒吧和餐厅对名贵酒的存量保持在标准贮存量的水平。每天退回的空瓶数应是昨日的消耗量,每日领取的数量实际上是昨日耗用的数量。假如酒吧中轩尼诗 XO 的标准贮存量是五瓶,用完两瓶的空瓶在领料时送回库房,再领取两瓶,这样,酒吧每天营业开始时,轩尼诗 XO 始终保持 5 瓶的标准贮存量。

如果有的客人将整瓶的酒买走,服务员不能收回空瓶,这时就需填写整瓶销售报告单。在领料时以此代替空瓶作为领料的凭证。这样,餐厅和酒吧中各种酒水无论什么时候检查都应是如下数量:

$$满瓶饮料数＋不满瓶数＋空瓶数(或整瓶销售数)＝标准贮存量$$

在一些特殊的销售活动(如宴会、团体用餐)中,无法设立标准贮存量,一般领取的酒水数量大于预计的使用量。这些活动结束后,应将未销售完的酒水退回,退回的酒水填写在食品饮料调拨单上。

4. 食品饮料的内部调拨

大型酒店往往设有多个厨房、酒吧,厨房之间、酒吧之间经常会发生食品和酒水的相互调拨。为了明确成本与收入的对应关系,使各部门的成本核算尽可能准确,酒店有必要使用食品饮料内部调拨单记录所有的调拨往来。

在统计某部门的成本时,要减去该部门调出原料的金额,加上调入原料的金额。食品饮料内部调拨单应一式三份或四份,调入与调出部门各一份,另一份交财务部,有的酒店要求另一份给库房记账。食品饮料内部调拨单如表 7-11 所示。

表 7-11　食品饮料内部调拨单

编号:3422 调出部门:酒吧		日期:2004 年 2 月 5 日 调入部门:主厨房	
品　　名	数量	单价(元)	金额(元)
雪利酒	1 瓶	11.89	11.89
威龙干红葡萄酒	1 瓶	25	25
金额总计			36.89
发货人: 收货人:		发货部门主管: 收货部门主管:	

三、库存盘点控制

(一)库存盘点概述

1. 库存盘点的意义

餐饮企业原料流动性大,为了及时掌握原料库存流动变化的情况,就必须对库存原料进行盘点。库存盘点能全面清点库房和厨房的库存物资,检查原料的实际存货额是否与账面额相符,以便控制库存物资的短缺。

通过盘点,可以使管理人员掌握原料的使用情况,分析原料管理过程中各环节的现状;能计算和核实每月月末的库存额和餐饮成本消耗,为编制每月的资金平衡表和经营情况表提供依据。

2. 库存盘点的时间

一般而言,餐饮企业每年、季、月末都要配合财务对餐饮原料进行例行的库存盘点核算,统计库存的价值。除此之外,在遇到以下情况时也应进行库存盘点:新开酒店营业前,关、停、并、转企业的结算时期,库房管理员更换交接之际,企业的定期或不定期检查时。

3. 库存盘点的内容和程序

库存盘点作为库存控制的一种手段,必须由财务部派工作人员与库房管理员一起进行,使财务部直接对库存起到控制作用。在盘点时,要对每一种库存原料进行实地点数。其具体程序如下。

(1)制作存货清单。

(2)库存卡结算。

(3)库存实物盘点。

(4)核对。

(5)计算盘点清单上的库存品价值。

盘点完毕,以实际库存金额记账代替账面数字计算出各种原料的价值和库存原料金额,作为月末原料库存额。月末库存额自然转结成下月月初的库存额。月末实际库存额与账面库存额的差额计入资金平衡表的流动资产占用项:"待处理流动资产损失",数量不大的金额直接打入餐饮成本。

(二)库存原料的计价方法

1. 实际进价法

如果酒店在库存的原料上粘贴或挂上货物标牌,标牌上写有进货的单价,那么采用实际进价法计算库存原料的价值就较为简单和合理。

2. 先进先出法

如果不采用货物标牌注明价值,可按照货品库存卡上进料日期的先后,采用先进先出法。这种方法的思路是:原料发放是以先进先出为原则,即先购进的货物,在发料时先计价发出;而剩余的原料都是最近进货,以最近价格计算。

3. 后进先出法

一般而言,市场物价呈上升趋势,采用后进先出法可使计入成本的原料价格较高,而计入库存的价值较低,企业可以在未来的经营中减少压力。后进先出法只是原料价值计算的一种财务处理方法,在实际发料过程中,还是应坚持原料实物的先进先出,以避免原料的积压。

4. 最后进价法

如果酒店进货记录不全,没有使用货物标牌和货品库存卡,可采用最后进价法来估计原料的库存价值。最后进价法一律以最后一次进货的价格来计算库存的价值,这种方法计价最简单,但计算的月末库存额不太精确,往往会偏高或偏低。

5. 平均价格法

平均价格法是将全月可动用原料的总价值除以总数量计算出单价的方法。如果酒店贮存的原料数量较大,其市场价格波动也大,可采用平均价格法。平均价格法需要计算可动用原料的全部价值和平均价格,比较费时,所以应用不广泛。

用上述五种方法计价,会使月末库存额的价值不一。酒店要根据财务制度和库存管理制度确定一种计价方法,并统一按该计价法计算,不得随意变动。

(三)库存指标控制

1. 库存短缺率控制

按照原料实际盘点数量和一定的计价方法得出库房月末实际库存额后,为了解实际库存额有无短缺及短缺的程度,需将实际库存额与账面库存额进行比较,分析短缺额和短缺率。

库存短缺额＝账面库存额－实际库存额

账面库存额＝月初库房库存额＋本月库房采购额－本月库房发料额

$$库存短缺率＝\frac{库存短缺额}{发料总额}×100\%$$

在理想的条件下,库存的账面额和实际库存额应该相同;然而在绝大多数情况下,两者之间会有差异,造成库存短缺。

小贴士

根据国际惯例,库存短缺率不应超过 1%,否则为不正常短缺,应查明原因。

2. 库存周转率

库存周转率反映原料在库存中的周转情况,反映原料的储备量是否合适、是否充足、是否过量。

库存周转率大,说明每月库存周转次数多,相对库存的消耗量来说库存量较少。库存周转率应为多大取决于许多因素,如酒店所处的地理位置、采购的方便程度、酒店所需储备的原料数量等。一般来说,食品原料的库存周转率每月为 2~4 次为宜,许多鲜货原料每天周转一次,而有些干货原料则应数周或数月周转一次。饮料一般不直接发送厨房或酒吧,因而饮料库存周转率略小,一般为每月 0.5~1 次;一些高档洋酒也许一年采购一次,用量很多的啤酒也许每天进货。

对管理者来说,重要的是注意库存周转率的变化。如果酒店正常周转率为每月两次,但某月周转率增加或降低很多,就要查明原因。库存周转率太快,有时储备的原料就会供不应求;周转率太低,又会积压资金过多。因此,管理人员应经常分析周转率的变化,保证适度的库存规模。

(四)厨房库存物品价值的计算

每日从验收处向厨房直接发送的原料,以及库房向厨房发出的原料,不可能一天全部消耗完,厨房中总有一些原料、半成品和成品的储存。如果对这些库存物品不加清点,会使厨房贮存的物资失控,还会使财务报表上反映的资产状况、经营情况和成本消耗情况失真。

由于厨房一般没有库存记录统计制度,没有库存卡,原料的单价难以掌握,而且这些原料品种多,数量少,耗用频繁,客观上盘点计算比较困难,因此对这些原料价值的计算方法有别于库房原料。

厨房盘点计算原料价值的原则:对主要原料进行盘点核算;对辅料、调味料等单位价值较低的原料做出估算。

其具体方法是累计需精确盘点的主要原料和价值小的原料的数量金额,计算出准备重点盘点的主要原料(如肉类、鱼类、禽类等)的价值占全部原料价值(总库存额)的百分比,以后每个月月末只要盘点主要原料的价值,通过它们的价值计算出厨房全部原料库存额的估计值:

$$厨房总库存额 = \frac{主要原料价值}{主要原料占总库存额百分比}$$

项目小结

餐饮原料是餐饮活动的物质基础。本章在介绍餐饮原料的种类及特点的基础上,阐述了餐饮原料自采购至验收、储存、发放、盘点等诸环节的管理工作要点,主要包括原料的采购数量控制、价格控制,原料验收的程序和其中各种表单的应用,不同原料的贮存要求及不同库房的管理工作要求,原料的发放管理,库房及厨房库存原料的盘点及库存额计算等。

思考练习题

(1) 熟悉餐饮原料的种类及各类的特点。

(2) 什么是标准采购规格?使用标准采购规格的意义是什么?

(3) 某酒店采用每两周一次的定期采购法,根据以下要求,计算樱桃罐头的标准贮存量和订货数量。

① 如果樱桃罐头的正常消耗量是每周 28 听,酒店要求有一周的保险贮存量,请计算出标准贮存量。

② 如果采购前库房里还有樱桃罐头 30 听,樱桃罐头的发货周期为 3 天,请计算酒店应采购多少听樱桃罐头?

(4) 某餐厅青岛啤酒的月销售量为 9000 听,该啤酒的订货周期为 6 天,保险贮存量为 500 听,求该啤酒的订货点。

(5) 验收的主要环节有哪些?如何通过验收控制采购原料的数量、质量和价格?

(6) 餐饮原料的贮存需要用到哪些类别的库房?这些库房需要什么样的贮存条件?

(7) 如何对食品原料的发放进行有效的管理?酒水的发放有什么特殊要求?

案例分析

某酒店 1 月份库存额统计如下：

月初库房库存额：￥15 000。

本月库房采购额：￥46 000。

本月库房发料总额：￥43 780。

月末实际盘点库存额：￥16 730。

请计算该酒店该月库房的短缺率是否属于正常范围，并计算其库存周转率。

货品库存卡如表 7-12 所示。

表 7-12　货品库存卡

进货					发货					结存			库存盘点日期
日期	账单号	数量	单价（元）	金额（元）	日期	领料单号	数量	单价（元）	金额（元）	数量	单价（元）	金额（元）	
10	1 01467	300 听	12.60	3 780	10	1	1 256	26 听	12.8	332.80	52 听 326	12.8 12.8/12.6	665.60 4 112.80	
					10	2	1 574	28	12.8 12.6	358	298	12.6	3 754.80	
					10	3	2 403	23	12.6	289.80	275	12.6	3 465	
					10	4	2 708	29	12.6	365.40	246	12.6	3 099.60	
					10	5	2 918	25	12.6	315	221	12.6	2 784.60	
					10	6	3 719	27	12.6	340.20	194	12.6	2 444.40	
					10	7	3 902	26	12.6	327.60	168	12.6	2 116.80	
					10	8	3 919	24	12.6	302.40	144	12.6	1 814.40	
					10	9	4 104	23	12.6	289.80	121	12.6	1 524.60	
					10	10	4 215	22	12.6	277.20	99	12.6	1 247.40	
10	11 03678	250	13.00	3 250	10	11	5 101	26	12.6	327.60	323	12.6/13.0	4 169.80	

标准贮存量	订货点贮存量	单位	订货量	订货日	货架号	货位号	价格	货名
350	90	听	300	每月 1 日、10 日、30 日	AI—3	045		3# 蘑菇罐头

食品验收日报表如表 7-13 所示。

表 7-13 食品验收日报表

日期　　年　　月　　日　　编号：12345

| 货品名 | 供应商 | 发票号 | 质量 (kg) | 单价 (元) | 金额 (元) | 直接采购食品 | | | | 库房采购食品 | | | | | |
| | | | | | | 一厨房 | | 二厨房 | | 一号库 | | 二号库 | | 三号库 | |
						质量 (kg)	金额 (元)	质量 (kg)	金额 (元)	质量 (kg)	金额 (元)	质量 (kg)	金额 (元)	质量 (kg)	金额 (元)
二级猪排	区副食品公司	34670	50	10.00	500.00					50	500.00				
二级小牛肉	区副食品公司	34670	35	12.00	420.00					35	420.00				
一级猪里脊	区副食品公司	34670	25	11.00	275.00					25	275.00				
青豆罐头	××罐头食品厂	25681	60	35.00	175.00							60	175.00		
蘑菇罐头	××罐头食品厂	25681	72	30.00	180.00							72	180.00		
合计					¥1 550.00							72	180.00		
活鲤鱼	××副食品店 34671		10	10.00	100.00			10	100.00						
活青鱼	××副食品店	34671	6	12.00	72.00			6	72.00						
鲜猪肉 (瘦猪肉)	××副食品店	34671	10	10.00	100.00	3	30.00	7	70.00						
四季豆	桥仙菜场	25682	12	1.60	19.20	12	19.20								
生菜	桥仙菜场	25682	5	1.70	8.50	4	6.80	1	1.70						
葡萄	大兴果品店	25682	10	2.20	22.00	6	13.20	4	8.80						
桃	大兴果品店	25682	8	1.80	14.40	6	10.80	2	3.60						
合计					¥336.10										
总计					¥1 886.10										

饮料验收日报表如表 7-14 所示。

表 7-14 饮料验收日报表

品　名	供应商名称	发票号	箱数	瓶数	每瓶容量 (mL)	每瓶单价 (元)	每箱单价 (元)	总金额 (元)
黑牌苏格兰威士忌	×××酒公司	34781	5	12	700	120.00	1 440	7 200
路易老爷白兰地	×××酒公司	34781	4	12	750	50.00	600	2 400
四玫瑰波本威士忌	×××酒公司	34781	4	12	750	70.00	840	3 360
贝克啤酒	金钥匙集团	34782	30	24 听	355	3.50	84	2 520
龙徽干白葡萄酒	正泰公司	34782	20	10	500	5.00	50	1 000
总　　计								16 480

实训项目一：饮品制作与服务

项目标题	鸡尾酒的调制				
模块标题	搅和法鸡尾酒调制				
学时	4				
教学目标	能力（技能）目标		知识目标		
	能熟练运用搅和法调制五款鸡尾酒，并能描述各款鸡尾酒的口味与风格特点		（1）掌握鸡尾酒的类型与结构特点。 （2）知道鸡尾酒的调制规则。 （3）能识别各类酒杯、调酒用具、调酒辅料。 （4）能熟记国际知名的五款搅和法调制鸡尾酒的方法与配方。		
教学参考资料	《经典鸡尾酒调制手册》				

教学步骤	教学内容	教学方法	教学手段	学生活动	时间分配(min)
教学内容	模块一 搅和法鸡尾酒调制	讲授法 操作示范法 观看影像资料	多媒体	操作示范	180
导入	描述鸡尾酒的由来，引申本项目内容。介绍目前国内酒吧推出鸡尾酒的状况，引申本模块推出的具有中国特色符合国内消费者需求的特殊鸡尾酒	讲授法	多媒体	请学生思考：作为酒吧消费者，个人对鸡尾酒口感的要求，启发学生自创鸡尾酒	10
操练1	搅和法操作	讲授法 操作示范	配套操作用品用具	学生操作	35
说明	操作要点及注意事项	讲授法 案例分析法	多媒体		5
操练2	雪糕系列	讲授法 操作示范	多媒体	通过品尝，对此款鸡尾酒进行描述 学生操作	40
说明	操作要点注意事项	讲授法 案例分析法	多媒体 配套操作用品用具		5

续表

教学步骤	教学内容	教学方法	教学手段	学生活动	时间分配（min）
操练3	雪尼系列	讲授法 操作示范法 观看影像资料	多媒体 配套操作 用品用具	通过品尝，对此款 鸡尾酒进行描述 学生操作	40
说明	操作要点注意事项	讲授法			5
操练4	综合系列	讲授法 操作示范	多媒体 配套操作 用品用具	通过品尝，对此款 鸡尾酒进行描述 学生操作	35
说明	操作要点注意事项	讲授法			5
总结	本模块是学生第一次接触鸡尾酒的操作，注意控制操作秩序与纪律，同时 强调操作卫生，以及成本的控制				5
作业	课后作业： 熟记五款搅和法鸡尾酒配方				
后记	由于时间有限，加之成本的考虑，每位学生不能参与每款鸡尾酒的操作，只能最多调制一款， 其他的通过观察以及熟记配方来掌握				

实训项目二：撤换餐用具

班　级		学　号			姓　名	
实训项目	撤换餐用具		实训时间		1学时	
实训目的	通过对撤换餐用具基础知识的讲解和操作技能的训练，使学生了解撤换餐用具的时机 与要求，掌握撤换餐用具的方法与标准，达到熟练操作的要求					
实训方法	老师先讲解、示范，后学生实作，老师再指导。学生分组进行，相互点评					
课前布置任务	基础知识：中餐撤换餐用具的时机、西餐撤 换餐用具的时机			准备工作：准备好撤换餐用具使用的用 品，准备好备餐台		

实训内容
（1）撤换骨碟、汤勺、汤碗。 （2）撤换菜盘。 （3）撤换酒具。 （4）撤换香巾。 （5）更换台布。

要点提示	（1）在撤换时，注意将干净的和用过的餐具严格分开，以免交叉污染。 （2）注意不要将汤汁滴洒在宾客身上或台面上，动作要轻、要稳。 （3）在撤换时，注意将干净的和用过的酒具严格分开，以免交叉污染。操作时不得使酒具相互碰撞，以免发出声响，打扰客人。 （4）撤换香巾时注意不要用手直接取送。 （5）更换台布：①注意台布四周下垂均匀，符合规范；②将台面用品按规定摆放好。

续表

能 力 测 试			
考核项目	操 作 要 求	配分	得分
操作姿势	能够按照操作姿势进行规范操作	30	
更换要求	能够按照操作要求进行操作	40	
更换效果	更换后台面用品按规定摆放好	30	
合　　计		100	

餐饮成本控制

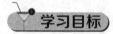 **学习目标**

1. 了解餐饮产品成本控制的有关原理和方法;
2. 掌握有效的成本控制、成本核算实务。

技能要求

1. 熟练掌握餐饮成本控制程序和基本操作技能;
2. 熟练掌握餐饮产品成本核算管理的基本技能,具备餐饮企业经营战略策划、设计布局及各相关业务部门日常成本控制管理的能力。

 **引导案例**

餐饮成本核算方法

食品原材料种类不同,加工方式和出料要求不同,其成本核算的具体方法也不一样。主要有两种情况:

(一)一料一档成本核算

一种原材料经过加工处理后只有一种净料,下脚料已无法利用。其成本核算以毛料价值为基础,直接核算净料成本。其核算公式如下:

$$C=\frac{PQ}{Q_n} \quad r=\frac{Q_n}{Q}$$

式中,C 为净料单位成本;P 为毛料价;Q 为毛料重量;Q_n 为净料重量;r 为出料率。

厨房用胡萝卜 25kg 和木耳 8kg 作为原料,胡萝卜进价 0.86 元/kg,木耳进价 98.4 元/kg。经加工后,得到萝卜净料 21kg,水发木耳 20.6kg。请分别确定两种原料的单位成本和出料率。

代入公式,计算两种原料的单位成本 C_1 和 C_2。

$$C_1 = \frac{25 \times 0.86}{21} \approx 1.02(元/kg)$$

$$C_2 = \frac{8 \times 98.4}{20.6} \approx 38.21(元/kg)$$

直接代入公式,计算两种原料的出料率 r_1 和 r_2。

$$r_1 = \frac{21}{25} \times 100\% = 84\%$$

$$r_2 = \frac{20.6}{8} \times 100\% = 257.5\%$$

(二)一料多档成本核算

一种原材料经加工处理后可以得到两种以上的净料或半成品,这时,要分别核算不同档次的原料成本。食品原材料加工处理形成不同档次后,各档原料的价值是不相同的。为此,要分别确定不同档次的原材料的价值比例,然后才能核算其分档原料成本。其核算公式如下:

$$C_n = PQf_n/Q_n$$

式中,C_n 为分档原料单位成本;P 为毛料价格;Q 为毛料质量;f_n 为各档原料价格比例;Q_n 为各档净料重量。

任务一　餐饮成本控制概述

一、餐饮产品成本构成

餐饮产品成本是凝结在餐饮产品中的原材料价值和劳动力价值以及其他相关费用的货币表现。餐饮产品成本既包括食品原材料价值和生产过程中的厨房、餐厅设备、餐茶用品、水电燃料消耗等的价值(这部分价值有的以直接消耗的形式加入成本,有的以渐进消耗的方式加入成本,成为餐饮产品成本的基本组成部分),也包括为维持劳动力的生产和再生产所需要的价值(这部分价值以劳动工资和资金福利的形式加入成本,成为餐饮产品成本的必要组成部分)。

餐饮产品成本的核算以原材料成本为基础。在餐饮生产过程中,食品原材料有主料、配料和调料之分。主料是餐饮产品中的主要原材料,一般成本份额较大;配料是餐饮产品中的辅助原材料,其成本份额相对较小,但在不同花色品种中,配料种类各不相同,有的种类较少,有的种类可多达十种以上,使产品成本构成变得比较复杂;调料也是餐饮产品中的辅助原材料,主要起色、香、味、型的调节作用,调料品种越多,在产品中每种调料的用量则越少。食品原材料的主料、配料和调料价值共同构成菜肴成本。餐饮经营过程中,要同时销售各种洒水饮料,其中鸡尾酒又是饭店宾馆、涉外餐馆的重要产品。由此,食品成本和饮料成本又共同构成餐饮产品成本。

另外,从理论上来说,餐饮产品的成本应当包括生产过程的各种合理耗费。由于餐饮产品花色品种多,成本构成复杂,除食品原材料成本以外,很难准确计算出每个菜肴中应该分摊多少水费、电费、燃料、家具折旧、餐茶用品消耗等。因此,在实际工作中,为便于核算,往往将食品原材料之外的其他各种耗费都作为流通费用处理。

因此,基于以上的认识,食品成本、酒水成本再加上餐饮经营中的其他各种合理耗费,就构成了餐饮经营中的全部成本,也形成了狭义和广义上的两种餐饮产品成本的形式。餐饮成本的构成如表8-1所示。

表8-1　餐饮成本的构成

主料	配料	调料	酒水成本	员工费用	餐茶用品	水电消耗	燃料消耗	折旧费用	维修费用	销售费用	印刷费用	管理费用	交际费用	其他费用
食品成本														
餐饮产品成本(狭义)														
餐饮产品全部成本(广义)														

二、餐饮成本的特点

(一) 变动成本比例大

餐饮部门的成本费用中,除食品饮料的成本以外,还有物料消耗等一部分变动成本。这些成本和费用在营业费用中占的比例大,并随着销售数量的增加而呈正比例增加。这个特点意味着餐饮价格折扣的幅度不能太大。

(二) 可控成本比例大

除营业费用中的折旧、大修理、维修费等是餐饮管理人员不可控制的费用外,其他大部分费用及食品饮料原料成本是餐饮管理人员能控制的费用。这些成本和费用的多少与管理人员对成本控制的好坏直接相关,而且这些成本和费用占营业收入的很大比例。这个特点说明餐饮成本和费用控制十分重要。

(三) 成本泄漏点多

餐饮成本和费用的大小受经营管理的影响很大。在菜单的计划、食品饮料的成本控制、餐饮的推销和销售控制以及成本核算的过程中涉及许多环节:菜单计划—采购—验收—贮存—发料—加工切配和烹调—餐饮服务—餐饮推销—销售控制—成本核算,以上每个环节都可能影响成本。

(1) 菜单计划和菜品的定价影响顾客对菜品的选择,决定菜品的成本率。

(2) 对食品原料的采购、验收控制不严,或采购的价格过高、数量过多会造成浪费;采购的原料不能如数入库、采购的原料不好等都会引起成本提高。

(3) 贮存和发料控制不佳,会引起原料变质或被偷盗、丢失和私用。

(4) 对加工和烹调控制不严不仅会影响食品的质量,还会提高食品饮料的折损和流失量,对加工和烹调的数量计划不好也会造成浪费。

(5) 餐饮服务不仅影响顾客的满意程度,也会影响顾客对高价菜的挑选,从而影响成本率。

(6) 餐饮推销情况不仅影响收入,也影响成本率。例如,加强宴会和饮料的推销会降低成本率;销售控制不严,售出的食品饮料得不到收入也会使成本比例增大。

(7) 企业若不加强对成本的核算和分析,就会放松对各个环节的成本控制。

总之,对上述任何一个环节控制不严都会产生成本泄漏。

任务二　餐饮成本核算组织形式、基础工作与核算方法

一、餐饮成本核算的组织形式

餐饮产品成本核算根据企业管理体制不同,其组织形式主要有两种:一是餐饮成本核算归餐饮部门负责(图 8-1)。餐饮部门设餐饮成本会计,厨房设成本核算员。成本会计直接为财务部提供成本核算报表。二是餐饮成本核算由财务部负责(图 8-2)。财务部设餐饮成本会计,厨房设成本核算员。成本核算员归财务部餐饮成本会计管理,直接为成本会计提供核算资料。在实际工作中,后者被绝大多数企业采用。

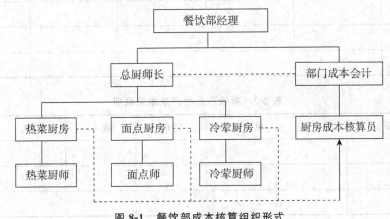

图 8-1　餐饮部成本核算组织形式

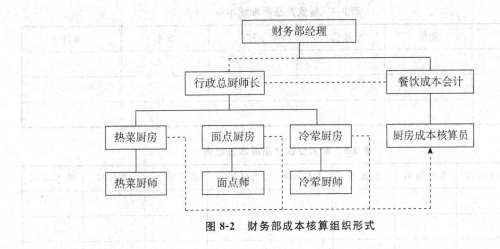

图 8-2　财务部成本核算组织形式

二、餐饮成本核算的基础工作

餐饮成本核算分为厨房成本核算和会计成本核算两个方面。前者主要为厨房生产和产

品定价服务,控制厨房实际成本消耗,同时为会计成本核算提供基础数据;后者主要从会计专业化管理角度核算各餐厅和企业餐饮成本消耗及成本率,控制餐厅和企业成本,同时为餐饮企业的经营管理提供依据。所以,两者必须各司其职,协调工作。

(一)做好餐饮成本核算原始记录

原始记录是餐饮成本核算的依据。要正确进行成本核算,必须建立原始记录制度。采购、储藏、领料、发料、生产销售等各个环节都要做好原始记录,其内容主要包括原料进货发票、领料单、转账单、盘存单、原料耗损报告单、生产成本记录册、生产日报等。主要的相关表格如表8-2~表8-5所示。

表8-2 食品原料耗损报告单

原　料	加工方式	标准耗损	实际耗损	单价	损失金额

表8-3 餐饮产品生产成本记录册

产品	单位	生产量	单位成本	售价	成本	收入	成本率

表8-4 餐饮产品标准成本单

原料	规格	单价	用量	成本	备注

表8-5 厨房餐饮产品成本日报表

项目	上日结存	本日领料	转账单	本日调整	当日耗用	本日收入	成本率	成本差率
食品								
饮料								
合计								

(二)使用衡器

衡器是餐饮成本核算的必备计量工具,厨房为准确计量各种原材料的消耗,必须配备必要的衡器。用于餐饮的衡器主要有四种：台秤，用于大宗食品原料计量；天平秤或电子秤，用于贵重食品原料计量；案秤，用于一般食品原料计量；量杯，用于调味品原料计量。衡器的选择应根据本餐厅食品原料的计量要求来确定。

小贴士

在使用衡器过程中，要掌握标明的量度和灵敏度。长期使用的衡器要定期检查其精确度，加强衡器保养，做到计量准确，防止发生误差。

三、餐饮成本核算方法

餐饮成本核算根据厨房产品生产方式和花色品种的不同，有不同的核算方法。通常情况下，餐饮成本核算的方法有四种：一是按产品生产步骤核算成本，二是按产品生产批量核算成本，三是按预定情况倒推核算成本，四是按产品类别核算成本，核算思路分别如下。

（一）顺序结转法

顺序结转法是根据餐饮产品生产步骤来核算成本，适用于分步加工、最后烹制的餐饮产品成本核算。其具体方法是将产品的每一生产步骤都作为成本核算对象，依次将上一步骤的成本转入下一步骤的成本，逐步计算出产品成本。在餐饮管理中，大多数热菜食品是分步加工的。例如，鱼香肉丝，其成本核算的过程如下：先核定出肉丝、木耳、竹笋等的成本，然后相加，最后加上调料成本，从而形成餐饮产品成本。

（二）平行结转法

平行结转法主要适用于批量生产的餐饮产品成本核算，但它和顺序结转法又有区别。生产过程中，批量餐饮产品的食品原材料成本是平行发生的，原料加工一般一步到位，形成净料或直接使用的食品原材料，这时只要将各种原料成本相加，即可得到产品成本。

例如，冷荤中的酱牛肉、酱猪肝，面点中的馅料食品，如三鲜馅的饺子、包子等，这些食品在加工过程中，其各种原料成本是平行发生的，只要将各种同时发生的原料成本汇总，即可得到餐饮产品成本和单位成本。

（三）订单核算法

订单核算法是按客人订单来核算成本，主要适用于团队、会议、宴会等成本核算。这些类型的客人用餐事先都会预订，且用餐标准十分明确。在成本核算时，首先必须根据订餐标准和用餐人数确定餐费收入，然后要根据预订标准高低确定毛利率高低，算出一餐或一天的可容成本，最后在可容成本的开支范围组织生产，而这一过程都是以订单为基础和前提的。

（四）分类核算法

分类核算法主要适用于餐饮核算员和餐饮成本会计的成本核算。例如，成本核算员每天核算成本消耗，先要将所有单据按生产区域分类，然后在每一个生产区域内将所有成本单据按食品和饮料分类,再按食品原料种类分类记账,最后分别核算出每个生产区域的各类原材料成本。此外,在月、季成本核算中还可以分别核算出蔬菜、肉类、鱼类成本或冷菜、热菜、面点、汤类等不同种类的餐饮产品成本。

任务三　食品成本控制

食品成本控制是指食品及菜肴的成本控制,它是餐饮成本管理的关键。在餐饮的营业收入中,除去成本即为毛利。食品成本与营业收入之比就是食品成本率。

食品成本率公式表示如下:

$$食品成本率 = \frac{食品成本}{营业收入} \times 100\%$$

所以,在确定毛利率的同时也就决定了食品成本率。确定了食品成本率,餐饮管理人员就可以此为依据,分析食品成本控制的各个环节,努力控制成本。

食品成本控制贯穿餐饮经营业务的全过程,是对食品的质和量进行控制。这一过程主要包括食品采购控制、验收控制、库存控制、发料控制、生产控制、销售控制六个环节的内容,如图 8-3 所示。

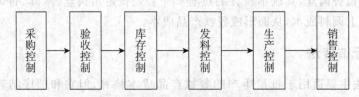

图 8-3　食品成本控制过程示意图

一、采购控制

(一)采购成本高的原因

(1)采购过多。

(2)采购价格太贵。

(3)未考虑应付采购市场竞争的策略。

(4)未按采购规程说明书实施采购。

(5)采购员缺乏责任心。

(6)采购员与供货商的关系不够协调。

(7)采购缺少成本预算。

(8)采购有欺骗行为。

(9)对原料采购账单及支付情形未加稽核。

（二）采购成本差额分析方法

采购成本控制是在采购预算安排和采购进货原始记录的基础上进行的。采购预算安排中的各种食品和饮料采购数量及规定价格形成标准采购成本。采购进货中入库验收的进货发票和原始记录形成实际采购成本。采购成本控制一般以月度为基础,分析两者之间的成本差额,其成本差额分析方法如表8-6所示。

表8-6　餐饮采购成本控制表

报告部门＿＿＿＿＿＿　月度＿＿＿＿＿＿　制表人＿＿＿＿＿＿　单位＿＿＿＿＿元

原料	采购计划		实际采购		价 格 差	数 量 差	成 本 差
	数量	价格	数量	价格			
1	150	2.85	158	2.92	$(158-150)\times(2.92-2.85)$ $=0.56$	$(158-150)\times2.85$ $=22.80$	$0.56+22.80$ $=23.36$
2	230	3.24	236	3.21	$(236-230)\times(3.21-3.24)$ $=-0.18$	$(236-230)\times3.24$ $=19.44$	$19.44+(-0.18)$ $=19.26$
3	280	2.94	289	2.98	$(289-280)\times(2.98-2.94)$ $=0.36$	$(289-280)\times2.94$ $=26.46$	$0.36+26.46$ $=26.82$
＿＿年＿＿月＿＿日	合计				0.74	68.70	69.44

注:价格差是指由于实际采购价格相对于计划采购价格发生变化而引起的成本变动,数量差是指由于实际采购数量相对于计划采购数量发生变化而引起的成本变动。

在分析采购成本差额的基础上,管理人员要进一步查明造成价格差和数量差的具体原因。例如,价格差可能是市场物价变动造成的,也可能是采购人员价格控制不严、高价进货造成的;数量差可能是计划数量制定不合理造成的,也可能是实际进货过多或过少造成的。在查明具体原因的基础上,有针对性地提出具体控制办法,即可实现采购成本控制,降低成本消耗,逐步提高采购成本控制水平。

（三）采购阶段成本控制措施

1. 坚持使用采购规格标准

餐饮企业应根据烹制各种菜肴的实际要求,制定各类原料的采购规格标准,对采购的原料从形状、色泽、登记、包装要求等方面加以规定,并在采购工作中坚持使用。这不仅是保证餐饮成本质量的有效措施,也是最经济地使用各种原料的必要手段。

2. 严格控制采购数量

过量的采购必然导致过多贮存,而过多地贮存原料不仅占用资金、增加仓库管理费用,而且容易引起偷盗、原料变质、损耗等问题。因此,餐饮企业应根据营业情况、现有库存量、原料特点、市场供应状况等,努力使采购计划与实际需要相符合。

3. 采购价格必须合理

食品原料采购者应该在确保原料质量符合采购规格的前提下,尽量争取最低的价格。采购时,要做到货比三家,再做选择。

二、验收控制

（一）验收工作

（1）对所有验收原料、物品都应称量、计数和计量，并如实登记。

（2）核对交货数量与定购数量是否一致、交货数量与发货单填写数量是否一致。

（3）检查原料质量是否符合采购规格标准。

（4）检查购进价格是否和所报价格一致。

（5）如发现数量、质量、价格方面有出入或差错，应按规定采取拒收措施。

（6）尽快妥善收藏处理各类进货原料。

（7）正确填制进货日报表、验收记录和肉签等票单。

（二）验收阶段成本控制措施

（1）检查验收的工作重点在于：是否按订货规格进行验收；箱装食品材料有无异常，是否查清。

（2）进货日报表中，应将生鲜食品、饮料、罐头等分别记入。在大型饭店中，还应将食品原材料的发送地填写清楚，以便有关部门进行计量管理。

（3）验收时，如发现有些食品原料数量不足、规格有差别，或其他与要求有差异的情况，要详细记录。验收记录一式三联，会计、采购员、验收员各执一联。采购员可凭此办理追加或退货手续。

（4）对于肉类等高价品，应在每块肉上加注肉签。肉签一式两份，一份夹在肉上，另一份由库房管理员掌握，这样便于根据先入先出原则进行库存管理。

三、库存控制

库存是食品成本控制的一个重要环节。库存控制不好，会引起原料变质或被偷盗、丢失和私用，造成成本上升。

（一）库存成本高的原因

（1）储存区域没有划分，食品放置不当。

（2）储存温度与湿度不当。

（3）储存的食品未做逐日检查。

（4）储存区域不干净，不通风。

（5）无盘存记录和库存滞销的报告。

（6）食品储存和核发工作没有制定严格的规章制度。

（二）库存阶段成本控制措施

（1）原料的贮存保管工作应由专职人员负责，任何人未经允许不得进入库区。库门钥匙须由专人保管,门锁应定期更换。

（2）对库存环境加强控制。不同的原料应有不同的贮存环境,如干藏仓库、冷库、冷藏室等;一般原料和贵重原料也应分别保管。库房设计建造必须符合安全、卫生要求,有条件的企业应在库区安装闭路电视,监察库区人员活动。

（3）原料贮存保管应有严格的规程,其日常管理基本内容包括以下几个方面。

① 各类原料都必须有其固定的贮藏地方,原料经验收后,应尽快地存放到位,以免耽搁引起损失。

② 为了有效防止腐烂,应对生鲜食品加以管理,保管过程中要求对温度进行严格控制,防止细菌繁殖。还应防止原料贮存时间过长,因为长时间贮存也是造成减重、腐烂、鲜度下降的因素。另外,仓库中一般湿气较重,库存品最好放在距地面 $10\sim15\mathrm{cm}$ 的货架上,直接入口的食品要放在塑料包装或纸包装中保存。

③ 要经常按易腐烂顺序检查库存品,检查顺序如下:贝类、鱼类、奶类、奶油类、蛋类、猪肉、鸡肉、牛肉。对于出现异常的食品原料应即时剔除,防止污染。例如,破损的罐头,生虫的谷类（粉类）,不明日期的贝类、奶类等。研究和采用先进的贮存方法能加强防腐工作,提高防腐效果。

④ 各类原料入库时应注明进货日期,并按照先进先出的原则调整原料位置和发放原料,以保证食品原料质量,减少原料腐败、霉变损耗。

⑤ 定期检查记录干藏仓库、冷藏室、冷库、冷藏箱柜等设施设备的温度,确保各类食品原料在合适的温度和湿度环境中贮存。

⑥ 保持仓库区域清洁卫生,杜绝鼠害、虫害。

四、发料控制

（一）发料成本高的原因

（1）仓库发料未加控制与记录。

（2）未注意发料物品的价格。

（二）发料阶段成本控制的措施

（1）使用领料单。任何食品原料的发放必须以已经审批的原料领用单为凭据,以保证正确计算各领料部门的食品成本。同时,饭店应明确规定,各部门应提前交送领料单,使仓库保管员有充分的时间正确无误地准备各种原料。

（2）对于肉类等高价品的出库管理,可按烹调需要的大小规格进行采购;或采购进来后按统一标准进行加工,分出一份一份的量。对于小型餐饮企业来说,能够坚持做到按需烹调,不仅可以避免浪费,还能增加经济效益。

（3）对于长期未使用的在库品,应主动提醒厨师长,避免造成死藏。

（4）规定领料次数和时间。仓库全天开放,任何时间都可以领料的做法并不科学,因为这样会助长厨房用料无计划的不良作风。因此,饭店应根据具体情况规定仓库每天发料的次数和时间,以促使厨房做出周密的用料计划,避免随便领料,造成浪费。

五、生产控制

食品的具体生产过程即食品原料的粗加工、切配以及烹调、装盘的整个过程,对食品成本的高低也有很大的影响。这些环节如不加以控制,往往会造成原料浪费,成本增加。

(一)生产成本差额分析法

生产成本控制以厨房为基础,以食品原料为对象,根据实际成本消耗来进行。厨房餐饮产品生产花色品种多,各种产品既要事先制定标准成本,又要每天做好生产和销售的原始记录,然后根据统计分析,和标准成本比较才能确定成本差额,发现生产管理中成本消耗存在的问题,分析原因,提出改进措施。

生产成本控制可以逐日、逐周、逐月进行,其成本差额分析以成本差额为主。一般来说,各种产品的成本率差额应控制在$\pm(1\%\sim2\%)$,如果发生偏差,就应查明原因,对那些成本差额太大的产品的实际成本消耗采取控制措施。例如,改进食品原材料粗加工、细加工,提高净料率;严格控制盘菜配料、用料,降低烹调加工损耗等。

(二)生产阶段成本控制的措施

(1)切割烹调测试。对于肉类、禽类、水产类及其他主要原料,饭店应经常进行切割、烹烧测试,掌握各类原料的出料率;制定各类原料的切割、烹烧损耗许可范围;检查加工、切配工作的绩效,防止和减少粗加工和切配过程中造成原料浪费。

(2)对粗加工过程中剔除部分(肉骨头等)应尽量回收,以提高其利用率,做到物尽其用,从而降低成本。

(3)坚持标准投料量。这是控制食品成本的关键之一。在菜肴原料切配过程中,必须使用称具、量具,按照有关标准菜谱中规定的投料量进行切配。饭店对各类菜肴的主料、配料投料量规定应制表张贴,以便员工遵照执行,特别是在相同菜肴采用不同投料量的情况下更应如此,以免差错。

(4)切配时,应根据原料的实际情况整料整用、大料大用、小料小用、下脚料综合利用,以降低食品成本。

(5)控制菜肴分量。饭店中有不少食品菜肴是成批烹制生产的,因而在成品装盘时必须按规定的分量进行,即应按标准菜谱所规定的分量进行装盘,否则就会增加菜肴成本,影响毛利。

(6)在烹饪过程中提倡一锅一材、专菜专做,并严格按规程进行操作,力求不出或少出废品,有效地控制烹饪过程中的食品成本。

六、销售控制

(一)销售成本增加的原因

一般来说销售成本增加的原因包括以下十点。

(1)未规定标准分量。

（2）服务时没有采用标准器皿。

（3）没有尽快将食物送到餐桌上。

（4）粗心将菜送错餐桌，而客人已经食用。

（5）不用心造成事故和浪费。

（6）已出厨房的食物未做记录。

（7）未注意客人"逃账"。

（8）出现偷窃行为。

（9）促销广告太差。

（10）缺乏销售的比较和物品消耗的标准。

（二）销售阶段成本控制的措施

1. 有效地使用订单控制营业收入

首先，服务员在接受顾客点菜时，必须将菜肴的名称用圆珠笔或无法擦掉字迹的铅笔填写在订单上，如果填写错误，应当划去，而不能擦掉；其次，厨师应按订单上的要求烹制菜肴，不应烹制订单上未记录的任何菜肴；最后，各餐厅和酒吧应使用不同颜色的订单，订单必须编号，以便出现问题后能立即查明原因，并采取措施，防止类似的问题再次发生。

2. 防止或减少由员工贪污、盗窃或偷吃而造成的损失

当服务员违规操作，而管理者又未发现时，会造成销售成本上升。例如，有的服务员用同一份订单两次从厨房领菜而将其中一次的现金收入塞入自己的腰包；有的服务员领用了食品，订单上却不做记录；有的服务员可能会少算亲友的客账单上的金额或从亲友的客账单上划去某些菜肴；服务员可能偷吃食物。以上情况都会造成食品成本的上升。

3. 抓好收款控制

服务员主要应做到：在客人点菜时，防止漏记或少记菜点的价格；在客人消费即将结束时，防止漏单或逃单；在结账时，要在账单上准确填写每个菜点的价格，账单核算要正确。另外，管理者要严防收款员或其他工作人员的贪污、舞弊行为。认真审核原始凭证，以确保餐饮部的利益。

任务四 酒水成本控制

酒水成本控制是指餐饮企业中各类酒及饮料的成本控制。酒水因其价格昂贵，容易携带，在销售中稍有疏忽或过失就会影响酒吧及整个餐厅的经济效益。酒水就像水一样容易流失，因此必须严格控制和认真管理。酒水成本控制过程如图8-4所示。

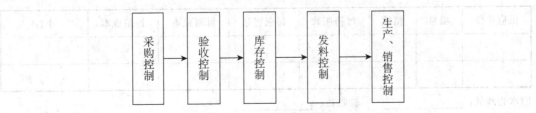

图8-4 酒水成本控制过程

一、采购控制

酒水采购控制的主要目的是保持酒水生产所需的各种配料的适当存货,保证各种配料的质量符合使用要求,以及保证按合理价格采购。

(一)选好采购人员

餐饮部必须有专人负责酒水采购工作。为了便于控制,酒水采购人员不能同时从事酒水配料和销售工作。

(二)确定采购数量

要准确确定订货数量,最好使用永续盘存制。永续盘存制会注明各种酒、饮料应保存的标准存货数量。标准存货数量是指企业最理想的贮存数量,通常为企业在一定时期真实使用量的150%左右。永续盘存表还标明了最高和最低存货量,其中最高存货量是管理人员规定的现有存货量可增加的最高限度,最低存货量实际上即订货点。

(三)保证采购质量

根据使用情况,酒水可分为指定牌号和通用牌号两种类型。只有在顾客具体说明需要哪一种牌子的酒水时,才供应指定牌号;顾客未说明需要哪一种牌子时,则供应通用牌号。此外,确定酒水的质量,还需考虑价格,顾客的偏爱、年龄,酒水的销售状况等一系列因素。

二、验收控制

酒水验收员的责任是根据订单检验酒水质量、数量是否符合要求,是否可以接收。

验收时,必须仔细清点瓶数、桶数。如按箱进货,验收员应开箱检查瓶数是否正确。要了解整箱酒或饮料的重量,也可通过称重量检查。如果瓶子密封,还应抽查是否已启封或瓶盖是否松动。发现有不一致之处,应做好记录,并按规定处理。

验收之后,验收员应在每张发票上盖上验收章,并签名,然后立即将酒水送到贮藏室。另外,验收员还应根据发票填写验收日报表,送财务部,以便在进货日记账中入账。酒水验收日报表、分类日报表如表8-7和表8-8所示。

表 8-7　酒水验收日报表

供应单位	项目	箱数	每箱瓶数	每瓶容量	每瓶成本	每箱成本	小计

酒水管理员:_____　　验收员:_____

表8-8　分类日报表

果酒	烈酒	啤酒	甜酒	淡色啤酒	…

酒水管理员：_____　　验收员：_____

三、库存控制

酒类在空气中极易被细菌侵入,导致变质,许多高级酒类价格昂贵,库存不善将造成酒水成本的大大提高。因此,库存控制的目的是防止酒水变质,从数量管理上防止酒水损耗,对有些酒类来说库存还能提高与改善酒本身的价值。

(一)建立酒窖

室内的任何地方都可以改造成酒窖。例如,楼梯口的杂物间可以根据楼梯的走势设计成错落有致的酒架;狭长走廊可选用阶梯形的酒架;地下室是酒店(餐厅)建酒窖的最佳选址之一。

酒窖的照明应选用冷光源。因为白炽灯产生的热量会影响酒窖的温度,而荧光灯产生大量的紫外线会破坏葡萄酒的酒体结构,所以它们都不宜作为酒窖的照明光源。射灯是酒窖装饰中最受欢迎的,大多用来突出区域、酒瓶等。

对于酒窖而言,只有酒架还不是完整意义上的酒窖,因为对温度和湿度的控制,才是一个专业酒窖的关键所在。一般湿度在70%左右最适宜酒的储藏,建议酒窖采用独立的加湿设备,从而保证瓶塞不会发霉或者开裂,延长保存时间。一般酒窖温度控制在12~17℃最为适宜。

(二)控制存货

(1) 实行酒水库存卡制度,确立各类酒水(特别是销量大的)的标准库存量,计划酒水的每日销售量,实行酒水的动态管理。

(2) 实行永续盘存记录制度,及时反映库存的变化情况。

(3) 库房钥匙要由专人保管。

四、发料控制

(一)实行酒吧标准存货制

为了便于了解每天应领用多少酒水、饮料,每个酒吧应备有一份标准存货表。假设某种牌号的白兰地的标准存货为四瓶,那么酒吧在每日开业前就应有四瓶这种白兰地。酒吧标准存货制可保证酒吧各种饮料存货数量固定不变,便于控制供应量。酒吧标准存货数量既要保证满足顾客需求,又不能存货过多。

对于特殊用途饮料,酒吧应备足量,以便满足整个宴会的需要。在领(发)料工作中常使用酒水库存卡(表8-9)和宴会酒水领料单(表8-10)。

表 8-9 酒水库存卡

编号＿＿＿＿＿＿＿ 规格＿＿＿＿＿＿＿ 品名＿＿＿＿＿＿＿

日期	入库	出库	结余	签名

表 8-10 宴会酒水领料单

宴会主办单位：＿＿＿＿＿＿＿ 日期：＿＿＿＿＿＿＿

宴会地点：＿＿＿＿＿＿＿ 酒吧服务员：＿＿＿＿＿＿＿

酒名	数量	最初发料	增发数量	退回数量	耗用数量	单位成本	总成本

申请人：＿＿＿＿＿＿＿ 领料人：＿＿＿＿＿＿＿

发料人：＿＿＿＿＿＿＿ 回收人：＿＿＿＿＿＿＿

（二）酒瓶标记

在发料之前，酒瓶上应做好标记，标记上应有不易仿制的标识、代号或符号。每个酒吧可采用不同的标记，这样可以防止服务员将自己的酒带入酒吧出售，然后自留现金收入。

五、生产、销售控制

（一）酒单

酒单如同餐厅的菜单，是酒吧最好的推销工具，一份设计精美的酒单往往会激发顾客的消费欲望，刺激消费，增加酒水的经济效益。酒单有很多种，按照酒单使用地点不同可分为餐厅酒单和鸡尾酒单两大类；此外，也可根据酒吧季节或推销主题设计酒单，如时令酒单、葡萄酒单等。不同酒单，其内容和设计要求也不一样，但总体来说，应做到各项酒水说明内容完整，定价合理；酒单清楚整洁，设计精美，别具特色。

（二）酒水生产、销售成本控制

（1）做好酒水的生产控制，关键是要实施标准化操作程序。

① 用量标准化。要做好酒水生产控制，应首先确定各种酒水中成本最高的部分——酒的用量标准。酒水用量控制包括确定酒水用量和提供量酒根据两个方面。

② 载配标准化。酒吧经理应确定每杯酒水的容量,并为酒吧服务员提供适当的酒杯。

③ 配方标准化。要控制成本,必须使用标准配方,并规定各种酒、饮料配制时各种成分的用量标准。这样做也可以满足顾客对于酒吧提供的酒水在口感、酒精含量和调制方法上一致性的要求。

④ 酒牌标准化。

⑤ 操作程序标准化。

总之,实施标准化操作程序,能够保证提供的产品和服务的一致性,减少浪费和客人投诉,是降低酒水成本的有效手段。

(2) 根据酒吧销售方式不同,其成本控制方法又分两种情况。

① 鸡尾酒销售成本控制。鸡尾酒是酒吧销售的主要方式,各种鸡尾酒都是根据标准配方制作的,由此形成鸡尾酒的标准成本。例如,阿美里卡诺鸡尾酒是用冰块、康巴利苦酒、意大利苦艾酒、苏打水、柠檬片配制而成的。各种鸡尾酒的用料配方和比例不同,其标准成本也不一样。酒吧销售过程中,调酒员尽管都按标准配方调制鸡尾酒,实际成本往往和标准成本不完全一致,由此也会形成成本差额。鸡尾酒销售成本控制就是要在分析成本差额的基础上来发现成本管理中存在的问题,从而有针对性地采取控制措施,提高成本管理水平。

② 瓶装和杯装销售成本控制。酒吧烈性酒、啤酒和软饮料常常不经过调制,直接以瓶装或杯装方式销售,价格通常比鸡尾酒低。其成本控制方法是由管理人员事先制定瓶装和杯装销售单位成本和售价,酒吧服务人员按杯装或瓶装标准销售,由此控制成本消耗。在整装拆零销售时,要特别注意杯装配置,防止实际成本消耗超过事先规定的标准。

项目小结

餐饮产品成本构成复杂、可变性大,经营过程中成本控制的人为因素较大。因此,有效的成本控制是餐饮经营管理工作中的重中之重。加强成本核算和成本控制涉及餐饮经营管理的各个方面,是一项复杂而细致的系统工作。本项目基于实践,介绍了餐饮产品成本控制的有关基本原理和方法。

思考练习题

(1) 什么是餐饮产品成本? 其成本构成是怎样的?

(2) 餐饮产品从不同角度分类各有哪些类型? 请分别说明其成本种类和成本分类的作用。

(3) 如何有效控制食品成本?

(4) 如何有效控制饮料成本?

案例分析

飞龙饭店中餐厨房生产某种餐饮产品,成本核算员在厨房进行抽样测定。经抽查,该种产品原料用量和标准用量如表8-10所示,饭店要求产品的成本误差应在±1.5%以内。请核定和分析该种产品成本消耗。

【分析】

(1) 根据抽样测定结果，计算标准成本和实际成本消耗，如表 8-11 所示。

表 8-11　餐饮产品原料用量与标准用量

产品名称：_____　规格：_____　　　　　　　　　成本核算员：_____

原料	标准用量(kg)	实际用量(kg)	标准净价(元)	标准成本(元)	实际成本(元)
A	0.25	0.27	8.6	2.15	2.32
B	0.08	0.09	12.5	1.00	1.13
C	0.05	0.04	6.8	0.34	0.27
D	0.03	0.05	10.2	0.31	0.51
E	0.02	0.03	18.6	0.37	0.56
F	0.18	0.02	9.8	1.76	0.20
			合计	5.93	4.99

(2) 实际成本和标准成本比较，计算该种产品成本相对误差。

$$相对误差 = \frac{4.99 - 5.93}{5.93} \times 100\% \approx -15.85\%$$

实训项目一：结账与收银服务

班　级		学　号		姓　名	
实训项目	结账与收银服务		实训时间		1 学时
实训目的	通过对结账与收银服务基础知识的讲解和操作技能的训练，使学生了解结账的种类、要求，掌握结账与收银服务程序与标准，达到能熟练准确地为客人结账的能力要求				
实训方法	设计模拟场景，老师先示范，后学生实际操作，老师再指导。学生之间相互点评				
课前布置任务	基础知识：结账的种类与要求		准备工作：记录核对账单，准备结账用品		
实训内容					

1. 服务程序与标准

(1) 递交账单。

(2) 现金结账。

(3) 支票结账。

(4) 信用卡结账。

(5) 签单结账。

2. 模拟情景

结账与收银服务。

实训内容	

要点提示	(1) 注意结账的时机,不可催促客人。 (2) 客人要求结账时,不要让客人久等。 (3) 注意结账对象,应分清由谁付款。 (4) 注意服务态度,将服务做到客人离去。

能力测试				
考核项目	操作要求		配分	得分
递交账单	能够按照操作姿势进行规范操作		30	
结账	能够按照操作要求进行操作,唱收唱付		40	
结账后的服务	面带微笑送别客人		30	
合　计			100	

实训项目二:送客与收尾服务

班　级		学　号		姓　名	
实训项目	送客与收尾服务		实训时间		0.5 学时
实训目的	通过对餐位送客与收尾服务基础知识的讲解和送客与收尾服务操作技能的训练,使学生了解送客与收尾服务要求,掌握送客与收尾服务程序与标准,达到能熟练而准确地为宾客提供送客与收尾服务的能力				
实训方法	设计模拟场景,老师先示范,后学生实际操作,老师再指导。学生之间相互点评				
课前布置任务	基础知识:送客服务要求、翻台服务要求		准备工作:检查仪表、工作区域和工作用品		

实训内容	

1. 撤台服务程序与标准

(1) 撤台要求。

(2) 撤台程序与标准。

2. 送客服务程序与标准

(1) 协助客人离开座位。

(2) 向客人致谢。

(3) 送客人离开餐厅。

(4) 餐厅检查。

3. 收尾服务程序与标准

(1) 减少灯光。

(2) 撤器具、收布草。

(3) 送客人离开餐厅。

(4) 清洁。

4. 模拟情景

送客与收尾服务。

续表

实 训 内 容			
要点提示	(1) 提醒客人不要忘记随身携带的物品。 (2) 收撤换餐具时要分类收撤,轻拿轻放。 (3) 当天的收尾工作当天完成,不要放到第二天。		

能力测试			
考核项目	操作要求	配分	得分
撤台服务	能够按照操作姿势进行规范操作	30	
送客服务	协助客人离开座位	10	
	向客人致谢	10	
	送客人离开餐厅	10	
	餐厅检查	10	
收尾服务	减少灯光	10	
	撤器具、收布草	5	
	送客人离开餐厅	5	
	清洁	10	
合　　计		100	

参 考 文 献

[1] 文志平.旅馆餐饮服务与运转[M].北京:科学技术文献出版社,2003.

[2] 汪纯孝.饭店食品和饮料成本控制[M].北京:旅游教育出版社,2003.

[3] 周晓芳,傅云新.酒店管理实例与问答[M].广州:广东经济出版社,2003.

[4] 姜文宏,王焕宇.餐厅服务技能综合实训[M].北京:高等教育出版社,2006.

[5] 缪佳作,倪晓波.酒水知识[M].北京:清华大学出版社,2016.

[6] 付钢业.现代饭店餐饮服务质量管理[M].广州:广东旅游出版社,2005.

[7] 何丽芳,牛小斐.酒店酒水服务与管理[M].广州:广东经济出版社,2005.

[8] 马润洪.星级饭店餐饮服务[M].北京:旅游教育出版社,2006.

[9] 赵丽.新编饭店实用英语听说教程[M].北京:清华大学出版社,2009.

[10] 蔡万坤.新编旅馆餐饮学[M].广州:广东旅游出版社,2006.

[11] 郑万春.咖啡的历史[M].哈尔滨:哈尔滨出版社,2006.

[12] 蔡洪胜.餐饮服务技能实训[M].北京:清华大学出版社,2013.

[13] 蔡洪胜.餐饮服务与管理[M].北京:旅游教育出版社,2016.

[14] 蔡洪胜.酒吧管理与服务实训[M].北京:清华大学出版社,2011.

[15] 贾晓龙,蔡洪胜.酒店服务技能与实训[M].北京:清华大学出版社,2012.

[16] 蔡洪胜.酒店服务质量管理[M].北京:清华大学出版社,2014.

[17] 蔡洪胜.旅游市场营销[M].北京:清华大学出版社,2014.